방법서설 (성찰·세계론)

Discours de la methode

R. 데카르트 지음 | 권오석 옮김

홍신문화사

방법서설(성찰·세계론)

contents

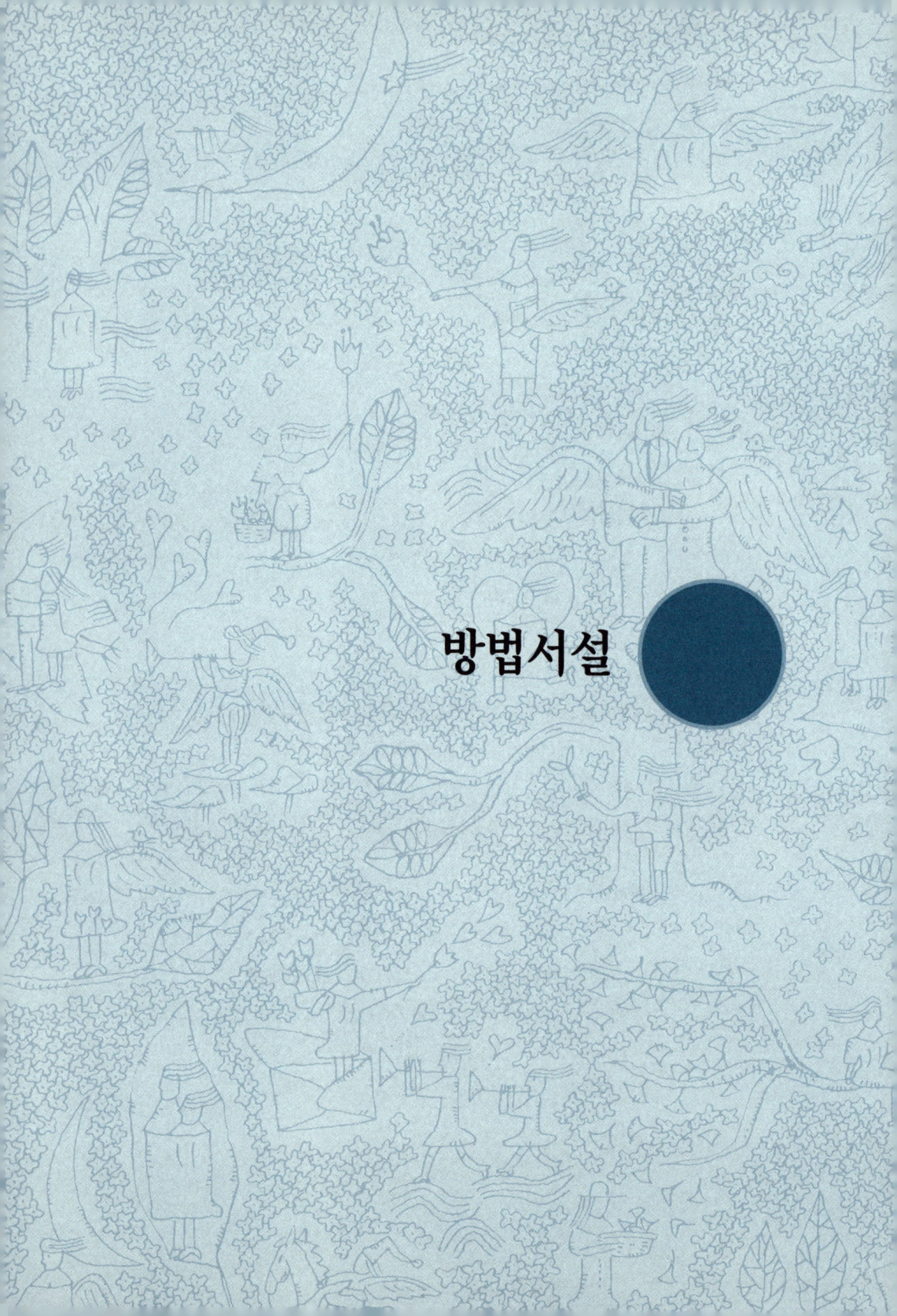

방법서설

제1부

양식(良識)은 이 세상에서 가장 공평히 배분되어 있는 것이다. 왜냐하면 누구나 모두 그것이 충분히 주어지고 있다고 생각하고 있어, 다른 모든 일로써는 만족시키기가 매우 어려운 사람들조차도 양식에 관해서는 대부분 자기가 갖고 있는 이상을 바라지 않게 마련이기 때문이다. 그러므로 이 점에 있어 모든 사람이 잘못 판단하고 있다고는 생각되지 않는다. 오히려 그것은 다음의 것을 증거하고 있는 것이다. 즉 잘 판단하여 참된 것을 거짓된 것으로부터 분리시키는 바의 능력—이것이 본래 양식 또는 이성이라고 일컬어지는 것이지만—은 모든 사람이 태어나면서부터 동등하게 부여받는 것이라는 점이다.

그런데 우리들의 의견의 다양함은 우리들 속에 있는 자가 다른 자보다도 많은 이성을 가짐으로써 생기는 것이 아니고, 다만 우리들이 자기의 생각을 갖가지로 다른 길에 의해 이끌지 않고, 또한 생각하는 일이 동일하지 않다는 데서부터 생겨나는 것이다. 왜냐하면 좋은 정신을 갖는다고 하는 것만으로는 불충분하며, 중요한 것은 정신을 보다 잘 사용하는 일이기 때문이다. 가장 큰 마음은 가장 큰 덕행(德行)을 할 수 있음과 동시에 가장 큰 악행이라도 할 수 있는 것이며, 느릿느릿 걷는 사람이라도 만일 언제나 지름길만을 택한다면, 달리는 사람이 지름길에서 벗어나는 경우보다 훨씬 앞질러 나아갈 수 있는 것이다.

나는 어떤가 하면, 자기의 정신이 어떠한 점에서도 보통 사람보다 완전할 것이라는 등의 생각은 한 적이 없다. 그렇기는커녕 나는 자주 다른 사람이 갖고 있는 듯한 재빠른 생각을, 분명하고도 틀림없는 상상을, 내용이 풍부하고 또 즉각 응해 주는 기억을 갖고 싶다고 바랐던 것이다. 그러므로 정신의 완전성을 만드는 성질로는, 나는 위에서 말한 여러 성질 이외의 것은 모른다. (위에서는 들지 않았던) 이성, 즉 판단력만이 우리들을 인간답게 만들고, 우리들을 동물로부터 분리시키는 것이기 때문에 각각의 사람에게 판단력이 완전한 형태로 갖추어져 있다고 나는 생각하고 싶은 것이고, 이 점에서 철학자들[1]의 보편적인 의견을 쫓고 싶은 것이다. 그들의 생각으로는 같은 종(種 ; espéce)에 속하는 개체(個體 ; indiridus)에 있어 그것들이 갖는 온갖 우유성(偶有性 ; accidents) 사이에서만 보다 많다든가 보다 적다든가 하는 일이 존재하며, 그 개체의 형상(形相 ; formes), 즉 본성 사이에는 다소라는 것이 존재하지 않는 것이다.

그렇지만 나에게도 자신있게 말할 수 있는 것이 있다. 그것은 나 자신이 대단히 운이 좋았다고 생각한다는 점이다. 즉 젊은 시절에 이미 어떤 길을 찾아내고, 그것에 의해 몇 개의 견해와 격율(格率)에 이끌린 나는 이것으로부터 하나의 방법을 만들어 냈던 것이다. 그 방법이라고 하는 것은, 그것에 의해 나의 인식을 점차로 늘리고 조금씩 높여, 마침내는 나의 범용(凡庸)한 정신과 나의 짧은 생애를 통해서 나의 인식이 도달할 수 있는 최고점에까지 이를 수 있다는 것이었다. 왜냐하면 나는 이미 그 방법에 의해 몇몇의 성과를 얻었으며, 비록 내가 내리는 판단으로 철학자적인 안목으로 모든 사람의 각기 다른 행동이나 사업을 바라볼 때, 거의 모든 것이 나에겐 헛되고 무익한 것처럼 보인다 하여도 진리의 탐구에 있어 내가 이미 달성했다고 생각하는 진보에는 더할 나위 없는 만족을 느끼지 않으면 안 되었고, 미래에 대해서도 큰 희망을 품지 않을 수 없었으며, 한낱 인간일 뿐인

---

1 스콜라 철학자들을 말한다.

자의 일(종교 이외의 모든 것) 가운데 틀림없이 선(善)으로서 무엇인가 유익한 것이 있다면, 그것이야말로 내가 택한 일이라고 감히 생각할 정도의 것이었기 때문이다.

그렇지만 어쩌면 나는 잘못되어 있는지도 모른다. 내가 금이나 다이아몬드라고 생각하는 것이 어쩌면 구리나 유리 조각에 지나지 않을지도 모른다. 자기 자신에 관한 사항에 있어서 우리들은 참으로 잘못되기 쉽다는 것, 또한 벗들의 판단이 우리들에게 형편이 좋은 것일 경우, 그것은 참으로 의심되는 것임을 나는 알고 있다. 그러나 나는 이 서설에 있어 내가 취해 온 길이 어떠한 것인지를 제시하고, 지금까지의 나의 생활을 한 장의 그림으로 묘사해 각자가 그것에 관해 판단을 내릴 수 있게 하며, 세상의 소문으로부터 그것에 관한 사람들의 의견을 알고 자기를 교육하기 위한 하나의 새로운 수단으로서 그것을 지금까지 늘 사용해 온 것에 덧붙이고 싶은 것이다.

그러므로 나의 의도는, 각자가 그 이성을 잘 이끌기 위해 취해야만 할 방법을 여기서 가르치려는 게 아니고, 다만 어떤 방식으로 내가 자기의 이성을 이끌고자 노력해 왔는지를 제시하려는 데 있는 것이다. 타인에게 교훈을 주고자 하는 자는, 교훈을 받는 상대보다도 유능하다고 자부하고 있을 것이다. 그러나 만일 조금이라도 잘못이 있다면, 그 때문에 당연히 비난을 받아야만 한다. 그러나 나는 이 책을 하나의 역사로서, 또는 원한다면 하나의 우화로서 제시할 뿐이다. 그 속엔 모범으로 삼아도 좋을 얼마쯤의 것과 함께 쫓지 않는 편이 좋다고 생각되는 다른 많은 것도 아마 발견되리라는 점은 물론 알고 있는 만큼, 나는 이것이 누구에게도 해롭지는 않을 것이며, 어떤 사람에겐 유익하기조차 하리라는 것을, 한편으로는 모든 사람이 나의 솔직함을 만족하게 생각해 주리라는 걸 기대하고 있는 것이다.

나는 어린 시절부터 문자의 학문으로서 양육되었고, 그것에 의해 인생에 유용한 온갖 일의 분명하고도 확실한 인식을 얻을 수 있다고 듣고 있었으므로, 그것을 배우고자 하는 대단한 열의를 품고 있었다. 그렇지만 학업의 과정을 전부 마치고 남 못지않은 학자의 대열에 끼이게 되면서부터 나의 생각은 완전히 바뀌었다. 왜냐하면 나는 많은 의심과 잘못으로 시달렸고, 지식을 얻고자 힘쓰면서 오히려 더욱더 자기의 무지(無知)를 드러내게 했다는 것 외에는 아무런 도움도 얻지 못했던 것이다. 그러나 그럼에도 불구하고 나는 유럽의 가장 유명하다고 하는 한 학교[2]에서 수학(修學)했고, 이 지상의 어딘가에 학식 있는 사람이 있다면 그곳은 바로 이 학교일 것이라고 생각했다.

이곳에서 다른 사람들이 배우는 것은 나도 모두 배웠다. 뿐만 아니라 교육되는 학문만으로는 만족하지 않고 세상의 예사롭지 않은 거라고 여기는, 극히 비술적(秘術的)인 학문(점성술·수상학·마술 따위)에 관한 책까지도 손에 넣을 수 있는 것은 모두 읽었다. 그리고 또 나는 타인이 나를 어떻게 평가하고 있는지도 알고 있었으며, 나의 동료 학생들 중에 누가 우리들 선생의 후계자로 정해져 있는지도 이미 알고 있었지만, 그렇다고 하여 내가 동료들보다 결코 열등하다고는 생각지 않았다. 그리하여 다시 덧붙인다면, 우리들의 시대는 이전의 어떠한 시대 못지않게 화려한 시대로서, 뛰어난 많은 사람들을 배출하고 있었던 것이다. 그래서 이같은 많은 이유에서 나는 자기 자신을 바탕으로 하여 다른 모든 사람의 일을 판단해도 상관없으며, 또 이전에 남에게서 들어 얻고 싶었던 학문은 아직 이 세상에 존재하지 않는 것이라고 간주해도 상관없었던 것이다.

그럼에도 불구하고 나는 학교에서 하는 공부를 역시 소중하다고 생각하고 있었다. 나는 잘 알고 있었다—학교에서 배우는 여러 나라의 언어(그리스 어·라틴 어 등)가 고전(古典)을 이해하는 데 반드시 필요하다는 것과, 역사가 말해 주는 눈부

---

2 예수회에서 세운 라 프레시 학원을 말한다.

신 사건은 정신을 높여 주는 것이므로 신중히 읽는다면 판단력을 기르는 데 도움이 되리라는 것과, 모든 양서(良書)를 읽는 일은 그것들의 저자인 과거 시대의 가장 뛰어난 사람들과 대화를 나누는 것이기 때문에 그것은 그들의 최상의 사상을 우리들에게 제시해 주는 잘 준비된 담화라는 것과, 웅변은 비할 데 없는 굳건함 및 아름다움을 가지고 있으며, 시도 역시 마음을 사로잡을 듯한 훌륭한 착상(着想)과 유쾌한 문구를 가지고 있다는 것을 말이다.

또한 수학은 극히 교묘한 갖가지 고안을 제시하는데, 이런 고안은 학문하는 사람으로 하여금 온갖 기술을 용이하게 하여 인간의 노고를 줄이는 데도 크게 도움이 된다는 것과, 도덕을 논한 책은 교훈과 덕(德)의 권유를 많이 내포하고 있고 매우 유익한 책이라는 것을 나는 알았다. 그리고 신학은 천국에 이르는 길을 제시하며, 철학은 온갖 일에 관해 자못 그럴듯한 이야기를 하여 학문이 얕은 사람들로부터 크게 칭찬을 받는 수단을 제공해 주고, 법학이나 의학 및 그밖의 학문은 그것을 배우는 사람들에게 명예와 재물을 가져다 준다는 것도 알았다. 그리하여 마지막으로 이러한 학문에 있어 가장 미신적이고 거짓이 많은 것조차 그것들의 올바른 가치를 알고, 그것들에 속지 않도록 하기 위해 이렇듯 모든 것을 음미할 수 있었다는 것이 결코 무익한 일은 아니었다는 것을 나는 알았던 것이다.

그렇지만 나는 여러 나라의 언어를 배우는 일에, 또한 고전을 읽는 일에 ― 그것이 말하는 역사나 우화에 ― 충분한 시간을 소비했다고 생각했다. 왜냐하면 전(前)시대의 사람들과 이야기하는 것은 여행을 하는 것과도 같은 일이었기 때문이다. (여행하여) 갖가지 다른 국민의 습속(習俗)을 어느 정도 아는 일은, 우리들의 방식과 반대되는 일은 모두 우스꽝스럽고 이성에 어긋나 있다는 등의 생각을 하지 않도록 하기 위해서도 유익하다. 그렇지만 여행에 시간을 너무 소비해 버리면 결국 자기 나라에서는 타국인처럼 되어버린다.

마찬가지로 지난 시대에 행해졌던 사항에 지나치게 흥미를 가지면 현시대에서 행해지고 있는 사항에 대해선 대개 극히 무지한 상태로 머무르게 되고 마는 것이다. 그 위에 또 우화는 실상 있을 수 없는 많은 일을 있을 수 있기나 하다는 듯 상상시키고, 또한 역사는 가장 충실한 것조차—비록 그것들이 읽는 보람을 증대시키기 위해서 사물의 가치를 바꾸든가 늘리든가 하지는 않는다 해도—비교적 시시하고 별로 빛나지 않는 사정이라고 간주되면 최소한 생략하는 것이 거의 예사였던 것이다. 그래서 나머지의 부분은 있는 그대로의 형태로 제시되고 있지 않게 되며, 역사로부터 얻은 모범에 의해 자기의 행동을 규정하는 사람은 우리들의 이야기에 나오는 기사처럼 엉뚱한 행위에 빠지든가 자기의 힘을 초월한 계획을 마음에 품든가 하기 쉬운 것이다.

나는 웅변을 매우 존중했고, 시에도 열중했다. 그러나 나는 양자 모두가 배워서 얻어지는 것이라기보다는 오히려 선천적인 재능이라고 생각했다. 극히 강한 추리력을 가지고 자기의 사상을 매우 논리정연하게 나타내어, 그것을 명석히 또는 이해하기 쉽게 할 수 있는 사람들은, 비록 그들이 브르타뉴[3] 해안의 사투리밖에 지껄이지 않고, 수사학(修辭學)을 전혀 배운 적이 없다 하더라도 자기가 말하는 바를 언제라도 사람들에게 가장 잘 납득시킬 수 있는 것이다. 그리하여 사람의 마음을 가장 잘 끄는 착상을 가졌고, 많은 아름다운 문구나 세련된 문장으로 그것을 표현할 수 있는 사람들은, 비록 시학(詩學)을 모른다 하더라도 역시 최상의 시인임에는 변함이 없는 것이다.

그 중에서도 특히 내 마음을 끌었던 것은 수학이었다. 추리의 확실성과 명증성(明證性)에 의해서. 그러나 당시의 나는 아직 그것의 참된 용도(用途)를 깨닫지 못했다. 그리하여 그것이 기계적 기술에만 도움이 되고 있음을 생각하고는, 그 기

---

3 프랑스 서안에 돌출해 있는 반도부(半島部)를 중심으로 한 지방이며, 고대 켈트 인의 왕국이 있었던 곳이다.

초가 이렇듯 단단하여 움직이지 않는 것임에도 불구하고 지금까지 누구도 그 위에 좀더 높은 건물을 세우지 않았다는 것을 이상히 여기고 있었다. 수학과는 반대로 나는 도덕을 취급한 고대 이교도들[4]의 저서를, 모래와 진흙 위에 건축되었을 뿐인 극히 호화롭고 장려한 궁전으로 비유하고 있었다. 그들은 덕을 크게 찬미하고, 세상의 그 무엇보다도 더 존귀한 것이라고 여기게 만들었다. 그러나 그들은 덕을 인식하는 방법에 대해서는 충분히 가르쳐 주지 않았다. 그리하여 대부분의 경우, 그들이 '덕'이라는 훌륭한 이름으로 부르고 있는 것은 냉혹이나 교만, 혹은 절망 및 친족(親族) 살해[5]에 지나지 않게 되는 것이다.

나는 우리들의 신학을 존경하고 있었다. 그리하여 다른 누구보다도 더 천국에 이르고 싶다고 바랐다. 그렇지만 천국에의 길이 가장 무지한 사람들에게도 가장 박학한 사람들에게도 동등하게 열려 있다는 것을 배우고, 또한 우리들을 천국으로 이끄는 바의 계시(啓示)된 진리라는 것이 우리들의 이해의 한계를 초월한 것이라는 점을 배운 뒤로, 나는 그러한 진리를 나의 약한 추리력에 의해 지배할 수가 없었다. 그와 같은 진리를 음미하고 업적을 이룩하기 위해서는 신으로부터 주어지는 특별한 힘이 필요하며, 인간 이상의 것이 되지 않으면 안 되는 거라고 생각했다.

철학에 관해서는 다음의 것만을 말해 두자. 즉 철학이 몇 세대 사이에 나타난 가장 뛰어난 정신의 소유자들에 의해 연구되어 왔는데도 불구하고 아직껏 논쟁의 여지가 없는, 따라서 의문을 용납할 여지가 없는 사항이 철학에는 무엇 하나 존재하지 않음을 알게 된 나는, 자기가 다른 사람들보다도 잘할 수 있다는 등의 자부심을 가질 수가 없었다. 그리하여 동일한 문제에 관한한 진실한 의견은 하나밖에

---

4 스토아 학파 철학자들.
5 한 예로, 브루투스는 자기 아들의 처형 현장에 입회했었다.

없음이 당연한데도, 실제로는 참으로 많은 상이한 의견이 행해지고, 그것이 각각 학식 있는 사람들에 의해 주장되고 있음을 보고, 나는 진실처럼 보일 뿐인 일체의 사항을 거의 거짓된 것으로 간주했던 것이다.

다음으로 그밖의 학문에 관해서 말하면, 그것들은 원리(原理)를 철학으로부터 차용하고 있는 것이므로, 그와 같이 위태로운 기초 위에는 견고한 건물이 세워질 수 없다고 판단했다. 그리하여 그러한 학문이 약속하는 명예도 이득도 나를 끌어들여 그것을 배우게 하기에는 부족했다. 왜냐하면 나는 자기 재산의 낭비를 줄이기 위해 학문을 직업으로 선택해야만 할 처지에 있다고는 느끼지 않았기 때문이었다. 그러므로 나는 키니코스 학파[6]의 철학자처럼 명예를 가벼이 한다고 공언하지는 않았지만, 그러나 가짜를 진짜로 꾸미는 것에 의해서만 얻어진다고 생각되는 그런 명예를 중시하는 따위의 일은 결코 없었던 것이다. 그리하여 마지막으로 저 의심스러운 학설로 말하면, 이미 그 정체를 알고 있는 나는, 이제는 연금술사의 약속이나 점성가의 예언이나 마술사의 요술이나, 또한 자기가 모르는 일까지 알고 있다고 주장하는 자들의 수법 및 허풍에 속아 넘어갈 걱정은 없다고 생각했다.

이러한 까닭으로 나는 성년이 되어 선생들로부터 해방되자마자 학문 연구를 모두 버렸던 것이다. 그리하여 나 자신 속에서 발견될 수 있는 학문, 혹은 또 세상이라는 크나큰 책 속에서 발견될 수 있는 학문 말고는 어떠한 학문도 구하지 않으리라 결심했다. 나는 나의 청년 시대의 나머지를 여행으로 보냈다. 여기저기의 궁정(宮廷)이나 군대를 보고, 온갖 기질이나 신분의 사람들을 방문하여 여러 가지 경험을 거듭하면서 운명이 나에게 내미는 다양한 사건을 통해 나 자신을 시험하려

---

6 소크라테스의 제자인 안티스테네스가 창설한 그리스 철학의 한 파로서, 개인적 정신의 자유를 확보하고자 세속적 번루(煩累)를 피하고 가능한한 무욕한 자연 생활을 영위하는 것을 생활의 이상으로서 간주했으며, 그러기 위해 모든 사회적 습관을 무시하고 문화적 생활을 경멸했다.

했으며, 이르는 곳곳에서 자기 앞에 나타나는 사물에 관해 반성하고는 그로부터 무언가 이익을 얻고자 힘썼던 것이다.

왜냐하면 각자가 자기에게 있어서는 중요하고, 판단을 그르치면 바로 그 결과에 따라 대가(代價)를 치를 수밖에 없는 사항에 관한 추리 속에서는, 학자가 서재에서 단순한 이론에 관한 추리보다도 훨씬 많은 진리를 찾아 낼 수 있다고 생각되었기 때문이었다. 학자가 구하는 단순한 이론은 아무런 성과도 낳지 않는 것으로서, 그것이 상식에서 동떨어져 있으면 있을수록 그것을 진실인 양 꾸며 보이기 위해 그만큼 많은 재치와 기교를 부려야만 하므로, 그곳으로부터 학자가 끄집어 내는 허영심의 만족도 또한 그만큼 크다고 하는 것 외에는 아무런 이익도 그에게 가져다 주지 않는 것이다. 이리하여 나는 나의 행동에 있어 명확히 보고, 확신을 갖고서 이 세상을 살아 나가기 위해 진실을 거짓으로부터 분리시키는 법을 배우고 싶다는 극도의 열의를 항상 가졌었다.

그건 그렇고, 내가 다른 사람들의 행동을 관찰하는 동안 나에게 확신을 주는 것을 거의 찾아 내지 못하고, 일찍이 철학자들의 의견 사이에서 인정했던 것과 거의 같은 정도의 다양성을 그곳에서 인정한 것은 사실이다. 그러므로 내가 사람들의 행동을 관찰함으로써 얻은 최대의 이익이라고 하면, 많은 일이 우리들에게 있어서는 기묘하며 우스꽝스럽게 생각되었는데도 불구하고, 역시 다른 나라 사람들에 의해 일반적으로 받아들여지고 시인되고 있음을 보고서, 내가 선례(先例)와 습관에 의해서만 그럴 것이라고 믿어 버렸던 많은 사항을 지나치게 신용해서는 안 되겠다는 사실을 깨달은 일이었다.

그리하여 나는 우리들의 자연의 빛(이성)을 흐리게 하고, 이성에 귀를 기울이는 능력을 감소시킬 염려가 있는 많은 오류로부터 조금씩 해방되어 갔던 것이다. 그렇지만 이렇듯 세상이라는 책을 연구하고 얼마간의 경험을 획득하고자 애쓰며 몇 년을 소비한 뒤, 어느 날 나는 자기 자신마저도 연구하고, 그리하여 내가 취해야 할 길을 선택하기 위해 나의 정신의 온 힘을 기울이자고 결심했다. 그리하여 나는 이 일을, 나의 조국과 나의 책을 떠난 덕분으로, 그로부터 떠나지 않았을 경우보다도 훨씬 잘 달성할 수 있었다고 생각한다.

제2부

당시 나는 독일에 머물고 있었다. 그곳에서 지금껏(1637년) 끝나지 않고 있는 저 전쟁[1]에 마음이 이끌려 나는 그곳에 가 있었다. 그리하여 황제의 대관식[2]을 본 뒤, 군대에 돌아가는 도중 겨울이 시작되어 어떤 마을에 머무르게 되었다. 거기에는 나의 기분을 풀어 줄 말벗도 없었지만, 다행스럽게도 아무런 걱정도 정념(情念)도 나의 마음을 고뇌케 하는 일이 없었으므로, 나는 종일 벽난로가 있는 방에 혼자 틀어박혀 더할 나위 없이 평안하게 생각에 잠길 수 있었다. 그런데 그때 생각한 것들 가운데 하나는 장인의 손에 의해 많은 부분으로 조립된 작품에는, 대부분의 경우 한 사람이 마무리한 작품보다 완전성이 보이지 않는다는 것을 갖가지 방면에서 잘 생각해 보리라고 마음먹었다.

이를테면 한 사람의 건축가가 설계하고 완성한 건물은, 다른 목적을 위해 만들어진 낡은 성벽 등을 많은 사람이 손으로 땜질하고 완성시킨 건물보다도 아름답고, 또 질서가 있게 마련인 것이다. 이와 마찬가지로 처음엔 성(城)의 아래 거리

---

1 1618년부터 1648년까지 30년에 걸쳐 독일을 중심으로 행해졌던 전쟁. 합스부르크가(家)의 구교(舊敎)에 의한 독일 통일책에 대하여 대제후(大諸侯)들이 반란을 일으킨 것이 발단이 되어, 덴마크 군과 스웨덴 군이 진주하고 나중에 프랑스 군도 진주하여 1648년 '웨스트팔리아 조약'에서 프랑스의 승리로 막을 내렸다. 프랑스의 유럽 제패와 프랑스 문화의 유럽 지배가 이때부터 시작되었고, 스위스·네덜란드의 독립 및 독일의 국내 분열이 촉구되었다.
2 1619년 독일 프랑크푸르트의 암 아인에서 거행되었던 독일 황제 페르디난트 2세의 대관식을 말한다.

에 지나지 않았으나 시간이 지남에 따라 규모가 커진 고도(古都)는, 한 사람의 기사가 평야 속에 마음먹은 대로 설계하여 만든 규칙 바른 시가지에 비교하면 대개는 전체의 균형이 잡혀 있지 않음을 알 수 있다. 하기야 그 속의 건물을 하나하나 떼어 놓고 보면, 새로운 시가의 건물에서 볼 수 있는 것과 똑같을 만큼의, 혹은 그것 이상의 교묘함이 발견되는 것이다. 그러나 크고 작은 그와 같은 건물이 이곳저곳에 늘어서 있고, 또한 그 때문에 길이 꼬불꼬불하고 높낮이가 일정하지 않은 것을 보면, 그것들은 이성을 사용하는 인간의 의지라기보다는 오히려 우연이라는 생각이 든다.

그러나 그럼에도 불구하고 일반 시민의 건물을 시 전체의 미관(美觀)에 도움되도록 감시하는 임무를 맡은 관리가 어느 시대에도 있었다는 것을 생각하면, 타인의 작품에 손을 대는 것만으로는 보다 훌륭한 것을 만들어 내기가 어렵다는 것을 잘 알 수 있을 것이다. 마찬가지로 나는 또 이렇게도 생각했다. 옛날엔 거의 야만적인 상태에 있었고, 그 뒤 매우 느리게 개화하여 그 법률을 범죄나 분쟁 등의 환난(患難)에 강요되어서만 만들어 본 국민이, 어떤 현명한 입법자가 만든 헌법을 지켜 온 국민만큼 잘 다스려지고 있다는 것을 기대할 수 없으리라고. 그것은 신만이 모든 율법의 명령자인, 참된 종교가 갖는 체제가 온갖 다른 체제와는 비교도 되지 않을 만큼 잘 질서지어져 있을 것이 분명하다는 것과 똑같은 이치이다. 그리하여 인간 세계의 일을 말하면, 스파르타가 그 옛날 크게 번영했던 이유는 그 법률의 하나하나가 훌륭했기 때문이 아니고[그것들의 대부분은 극히 기묘한 것으로서 양속(良俗)에 어긋나기조차 했으므로], 그런 법률이 단 한 사람에 의해 제정되어[3] 모두 동일한 목적을 향하고 있었기 때문이었다.

마찬가지로 나는 또 이렇게도 생각했다. 책에 의한 학문, 적어도 그 추리가 개

---

3 리쿠르고스(Lycourgos)의 입법을 말한다. 스파르타의 특이한 제도는 리쿠르고스가 정했다고 전해진다.

연적인 데 지나지 않고 아무런 논증도 갖지 못한 학문은 많은 다른 사람들의 의견으로부터 조금씩 조립되고 펼쳐져 온 것이므로, 양식 있는 한 사람이 눈앞에 나타나는 사항에 관해 천성의 본질로써 할 수 있는 단순한 추리만큼도 진리에 접근하지 못할 것이라고. 또한 우리들은 모두 장성한 한 인간이기 이전에 어린아이였으며, 오랫동안 우리들의 자연적 욕망과 교사에 의해 지배되지 않으면 안 되었다. 그런데 이 양자는 곧잘 서로간에 반대하고 그것들의 어느 쪽도 언제나 우리들로 하여금 최선의 것을 선택하게 하지는 못했으므로, 우리들의 판단이 우리들이 태어난 시초부터 우리들의 이성의 완전한 사용이 가능하고 오로지 이성에 의해서만 인도되어 왔다고 생각되는 경우만큼 순수하고 확실하다는 것은 거의 불가능한 일이었다.

시의 건물을 개조하고 거리를 한층 훌륭히 하고자 하는 계획만을 위해 온갖 건물을 철거한다는 등의 일을 볼 수 없다는 것은 사실이다. 그렇지만 많은 사람이 자기의 집을 다시 짓기 위해 부수는 일은 흔히 있고, 집이 저절로 무너지게 되거나 기초가 단단하지 못할 경우에는 철거하지 않을 수 없는 일조차 때로는 있는 법이다. 이러한 예를 생각하여 나는 다음과 같은 신념을 갖게 되었던 것이다. 한 개인이 한 나라 전체를 토대부터 바꾸고 그것을 일단 뒤엎어 재건한다는 방식으로 나라를 개혁하고자 시도하는 것은 참으로 부당한 일이며, 또한 그렇게까지는 하지 않더라도 온갖 학문을 가르치기 위해 정해져 있는 질서를 개혁하고자 하는 일조차도 한낱 개인이 계획할 일은 아닐 것이다.

그렇지만 내가 지금까지 자기의 신념 속에 받아들인 모든 의견에 관해서는 이야기가 달라지는데, 일단 단호히 그것들을 제거해 버리고자 의도하는 일, 그리하여 그렇게 하고서 또다시 한결 좋은 다른 의견을 받아들이든지 혹은 전과 같은 의견이라도 일단 이성의 규준에 의해 바르게 갖춘 다음 받아들이든지 하는 것이 최상의 방법인 것이다. 그리하여 이 방법을 취함으로써 나는 자기가 다만 낡은 토대 위에 세운 것에 지나지 않았던 경우보다도, 또한 어린 시절 가르쳐진 모든 원리만을 그것이 진리인지 오류인지 한번도 음미하지 않고 자기의 의지처로 삼았던 경우보다도, 훨씬 나의 생활을 성공적으로 이끌게 되리라고 굳게 믿었던 것이다.

왜냐하면 이 일에 있어서도 갖가지의 곤란이 있음이 인정되었지만, 그것들에 대한 대책이 없는 것은 아니었고, 또한 그 곤란은 극히 사소한 개혁 속에서조차도 발견되는 곤란과는 비교도 되지 않을 만큼 작은 것이었기 때문이다. 공공 조직이라는 이런 대규모 건물인 경우에는, 일단 부서지면 다시 고쳐 세우는 일이 매우 어려울 뿐만 아니라, 뒤흔들려도 지탱시키기조차 어렵고, 그 도괴(倒壞)는 참으로 심한 결과를 초래할 수밖에 없다. 그리하여 또 이런 조직이 갖는 불완전성에 관해 생각해 보면, 도대체 그것들이 여러 종류의 다른 형태를 갖는다는 사실 자체가 이미 그러한 대부분의 불완전성을 갖는 일을 생각하기에 충분한 것이다. 그러나 여러 가지 불완전성을 생각지도 알지도 못하는 사이에 제거하든가 고치든가 하므로, 우리들의 온갖 지혜를 동원해도 이렇게까지 잘 되지는 않을 것이라고 생각될 정도이다.

또한 마지막으로, 그러한 불완전성은 대개 건물의 변혁보다도 견디기 쉬운 법이다. 그것은 마치 꼬불꼬불하게 이어진 먼 길이 사람이 지남에 따라 조금씩 평평해져 걷기 쉬워지면, 지름길로 바위를 기어오르거나 벼랑의 아래까지 내려가거나 하는 것보다도 훨씬 좋다는 것과 마찬가지이다.

이 때문에 나는 천성의 신분으로 말해도, 뒤에 얻은 지위로서 말해도 공사(公事)를 관리하는 데 문제가 되고 있지 않건만 언제나 머릿속에서 끊임없이 무언가 새로운 개혁을 생각하고 있는 저돌적이고 침착하지 못한 기질의 사람들을 아무래도 용납할 수 없는 것이다. 그리하여 이 책 속에 그와 같은 어리석은 생각을 내가 갖고 있는 것인가 하고 사람들로 하여금 생각하게 하는 점이 조금이라도 있다고 생각되었다면, 나는 이 책의 간행을 허락한다는 마음은 결코 들지 않았을 것이다.

나의 계획은 나 자신의 생각을 개혁하고자 힘쓰고, 전적으로 나만의 것이기도 한 토지 위에 집을 세우려고 하는 일 이상으로 퍼진 일은 결코 없다. 내가 한 일이 나로선 충분히 만족할 만한 것이었으며, 여기에 그 모형(模型)을 독자에게 보인다고 해도 그것에 본받을 것을 권유할 의도는 조금도 없는 것이다. 신의 은총을 그 위에 넘치도록 받은 사람이라면 아마도 좀더 높은 계획을 품게 될 것이다. 그러나 나는, 나의 이 계획조차 이미 많은 사람에게 있어선 너무 대담한 것이 아닐까 두려워하는 것이다. 이전에 자기의 신념 속에 받아들인 온갖 의견을 버리겠다는 결심만이라도, 누구든 모두 본받아서 좋은 예는 아니다. 세상은 그러한 일에 전혀 합당하지 않은 두 종류의 사람들로만 이루어져 있다고 해도 좋을 정도인 것이다.

즉 그 하나는 자기를 실제보다도 훨씬 유능하다고 믿고 있어, 무슨 일에 관해서나 신중하지 못하고 성급한 판단을 내리며, 자기의 모든 사상을 순서 바르게 이끄는 데 족할 만큼의 인내도 갖지 못한 사람들이다. 그러한 사람들은 지금까지 받아들인 원리에 관해 의심하고, 보편적인 길에서 벗어날 수 있는 자유를 일단 손에 넣으면 더 한층 곧장 가기 위해 취해야만 할 소로(小路)라도 결코 걸을 수가 없어 한평생 여기저기를 방황하게 될 것이다. 또 하나는 자기들이 진실을 오류로부터 분리하는 능력에 있어 자기들을 가르칠 수 있는 어떤 다른 사람들보다도 뒤지고 있다고 판단할 만큼의 이성 혹은 겸손함을 갖고 있는 사람들로서, 이러한 사람들은 자기 자신으로 한층 좋은 의견을 구하기보다는 다른 사람의 의견을 따르는 일에 오히려 만족해야만 할 것이다.

그런데 나의 경우를 말하면, 만일 내가 단 한 사람의 선생밖에 갖지 못했다면, 혹은 또 훌륭한 학자들의 의견이 어느 시대이든 갖가지 종류로 다르다는 것을 알지 못했다면, 나는 의심할 것도 없이 제2종류의 인간에 의해 교육되었을 것이다. 그러나 나는 이미 학창시절에, 아무리 기묘하여 믿기 어려운 일이라도 철학자 중 누군가가 이미 말하고 있는 것이라는 사실을 알았다. 또 그 뒤 여행을 떠나서 우리들의 생각과는 전혀 상반되는 생각을 갖는 사람들도 그렇다고 해서 모두 야만적이고 상스러운 것은 아니며, 그런 사람들의 대부분은 우리들과 똑같을 만큼, 혹은 우리들 이상으로 이성을 사용하고 있다는 점을 인정했다.

그리하여 같은 정신을 가진 같은 인간이 어려서부터 프랑스 인 또는 독일인 사이에서 양육되었을 때, 또는 중국인이나 식인종 사이에서 생활해 왔을 경우에는 얼마나 다른 인간이 되는가를 생각하고, 또한 우리들의 패션에 있어서조차도 10년 전에는 우리들의 마음에 들었던 것이 아마도 또 10년이 지나기 전에 다시 한번 우리들의 마음에 들 것이라고 생각하는 것이 지금은 기묘하고 우스꽝스럽다고 여겨질 경우도 있으리라고 생각했다.

그리하여 마침내 우리들에게 확신을 주고 있는 것은 확실한 인식이기보다도 오히려 그보다 훨씬 많은 습관이고 선례라는 것, 더구나 그럼에도 불구하고 좀처럼 발견되지 않는 진리에 관해서는 그런 것의 발견자나 한 국민 전체라기보다도 단 한 사람이라는 편이 훨씬 진실로 생각되기 마련이므로, 그와 같은 진리에 있어서는 찬성자의 수가 많은 것은 결코 유효한 증명이 될 수 없다는 것을 알았다. 이와 같은 이유로, 나는 다른 것을 제쳐 두고 이 사람의 의견이야말로 받아들여야 한다고 생각되는 사람을 선택할 수가 없었으므로, 스스로 자기를 이끌 수밖에 없게 되었던 것이다.

그러나 나는 홀로 어둠 속을 걷는 자처럼 모든 것에 세심한 주의를 기울이기로 결심했다. 그리하면 비록 조금밖에 나아가지 못하더라도 쓰러지는 일만은 면할 수 있으리라고 생각했다. 뿐만 아니라 나는 이성에 이끌리지 않고, 전부터 내 신념 속에 들어와 있었던 의견의 어느 것이라도 처음부터 단숨에 내던져 버리고 싶지는 않았다. 그것에 앞서 충분한 시간을 가지고, 하고자 하는 바의 계획을 세워 자신의 정신이 도달할 수 있는 온갖 사물의 인식에 이르기 위한 참된 방법을 구하려 했던 것이다.

나는 젊은 시절에 철학의 모든 부문 중에서는 논리학을, 수학 중에서는 기하학자의 해석과 대수를 조금 배웠다. 그리하여 이 세 개의 기술, 혹은 학문은 나의 계획에 어느 정도 도움이 되리라 생각했다. 그러나 그것들을 음미해 본 결과 먼저 논리학에 관해서는 다음의 사실을 깨닫게 되었다. 즉 그것이 제시하는 삼단논법이나 그밖의 가르침의 대부분은 사물을 배우기 위해서라기보다는 오히려 자기가 이미 배워 알고 있는 일을 타인에게 설명하기 위해 도움이 되는 것이었고, 혹은 저 룰루스[4]의 논법과 마찬가지로 자기 자신이 모르는 사항에 관해서는 아무런 판단도 하지 않고 다만 지껄이는 데 도움이 될 뿐이었다. 따라서 논리학에는 실제로 극히 진실하고 극히 선(善)한 많은 규칙이 포함되어 있다. 하지만 동시에 해롭거나 쓸모없는 다른 많은 규칙도 거기에는 있었으므로, 진실하고 선한 규칙을 해롭고 쓸모없는 규칙으로부터 분리하는 일은 아직 애벌깎기도 하지 않은 대리석으로, 다이아나의 상(像)이나 미네르바의 상을 조각하는 일과 거의 같을 만큼 어려운 것이다.

다음에 고대인의 해석[5]과 근대인의 대수(代數)[6]에 관해서 말하면, 그것들은 모두 극히 추상적으로 아무런 쓸모도 없다고 생각되는 문제에만 사용되고 있을 뿐

4 Raymundus Lullus(1235~1315). 마조르카 섬 태생의 스콜라 철학자. 신앙의 비의(秘義)도 합리적으로 기초 다짐을 할 수 있다고 주장하며 토마스 아퀴나스의 설을 반박했다. 룰루스의 논법, 즉 가장 명백한 기본 개념의 기계적 결합으로부터 일체의 진리와 학문을 도출하는 법은 스콜라 철학뿐 아니라 브루노, 라이프니츠 등을 통해 후세의 논리학에 영향을 미쳤다.
5 그리스의 기하학으로서, 주로 작도제(作圖題)에 관해, 이것에서 구하는 도형이 이미 얻어졌다고 가정하며 그 조건에 거슬러 올라가는 방법.
6 아랍 인에 의해 전해진 대수적 방법으로서, 역시 구하는 양을 기지(旣智)라 가정하고 방정식을 만들어 가는 방법.

이다. 즉 고대인의 해석은 보통 도형(圖形)의 고찰에 묶여 있어 상상력을 크게 작용시킴으로써 지쳐 버리게 하는 일 없이는 오성(悟性)을 활동시킬 수가 없는 것이다. 또한 근대인의 대수에 있어선 사람들은 어떤 유의 규칙과 어떤 유의 기호에 지나치게 얽매어 있어, 그것을 정신을 키우는 학문이기는커녕 오히려 정신을 시달리게 하는 혼란되고 명료하지 못한 기술로 만들어 버리고 있는 것이다.

이러한 일로서 나는 이런 세 가지 학문의 장점을 겸하면서 그 결함을 모면하고 있는 무엇인가 다른 방법을 구하지 않으면 안 된다고 생각했다. 그리하여 이를테면 법률이 많은 것은 곧잘 악행에 구실을 주는 결과를 낳고, 약간의 법률밖에 갖고 있지 않은 나라가 그것을 아주 엄격히 지키고 있는 경우에는 훨씬 잘 다스려지게 마련이므로, 나는 논리학을 구성하는 저 다수의 규칙 대신 단 한 번이라도 그것으로부터 벗어나지 않겠다는 부동(不動)의 굳은 결심을 하기만 하면, 다음에서 말하는 네 가지의 규칙만으로 충분하다고 믿었다.

첫째, 내가 명증적으로 '진실'이라고 인정한 것 이외에는 어떠한 것이라도 진실로서 받아들이지 않는다. 바꾸어 말하면 주의 깊게 속단과 편견을 피하여 내가 그것을 의심하는 어떠한 이유도 갖지 않을 만큼 명백하게 나의 정신에 나타나는 것 이외에는 결코 나의 판단 속에 받아들이지 않는다.

둘째, 내가 음미하는 문제 하나하나를 되도록 많은, 그것도 그 문제를 가장 잘 풀기 위해 필요한 만큼의 적은 부분으로 나눈다.

셋째, 나의 사상을 순서에 따라 이끈다. 가장 단순하고 가장 인식하기 쉬운 것부터 시작하여 조금씩, 말하자면 계단을 밟아 가장 복잡한 것의 인식에까지 올라가고, 또한 자연 그대로는 앞뒤의 순서를 갖지 않는 것조차도 순서를 상정(想定)해 나간다.

마지막으로, 어떠한 것도 빠뜨리지 않았다고 확신할 수 있을 정도로 완전한 매거(枚擧)와 전체에 걸친 통람(通覽)을 온갖 경우에 행한다.

기하학자들이 그들의 가장 곤란한 증명에 도달하기 위해 사용하는 것을 통례로 하는, 참으로 단순하고 용이한 갖가지 추리의 긴 연쇄(連鎖)는 나에게 다음과 같은 것을 생각하게 하는 기연(機緣)을 주었다. 즉 인간 인식의 범위에 들어갈 수 있는 모든 사물은 똑같은 방식으로 서로 이어져 있으므로, 그런 사물 가운데 진실 아닌 어떠한 것도 진실로서 받아들이는 일없이, 한편 그런 사물의 어떤 것을 다른 것으로부터 연역(演繹)하는 데 필요한 순서를 항상 지키기만 한다면 아무리 멀리 떨어져 있다 하더라도 결국은 도달할 수 있는 것이며, 아무리 숨겨진 것이라도 결국은 발견할 수 있다. 그리하여 이때 어떠한 것에서부터 시작해야만 하는가를 묻는 데 있어 나는 별로 어려움을 겪지 않았다. 즉 나는 이미 그것을 가장 단순하고 가장 인식하기 쉬운 것부터 시작해야만 한다는 것을 알고 있었던 것이다. 그리하여 이제까지의 학문에 있어 진리를 탐구한 모든 사람들 중에서 몇 개의 논증을, 즉 몇 개의 확실하며 명증적인 추리를 찾아낼 수 있었던 자는 오직 수학자뿐이었음을 생각하고서, 나는 수학자가 음미한 것과 동일한 문제를 갖고서 시작해야만 한다는 것을 의심하지 않았다.

하기야 내가 그러한 수학의 문제에서 얻고자 기대한 바는, 나의 정신이 언제나 진리를 식량으로 하고, 그릇된 추리에는 결코 만족하지 않는다는 습관을 얻는 것 뿐이었지만. 그렇지만 이와 같이 수학에서부터 시작하지 않으면 안 된다 해도, 나는 수학이라는 공통의 이름에 의해 지시된 숱한 개개의 학문 전부를 배우려고 꾀했던 것은 아니다. 그리하여 이런 학문의 대상은 매우 다양하기는 하지만, 그런 학문은 대상에 있어 찾아지는 갖가지의 관계, 즉 비례(比例)[7]만을 고찰한다는 의미에 있어 모두 일치되어 있음을 인정하고, 나는 다음과 같이 하는 편이 좋겠다고

---

7 원어는 rapports ou proportians이지만, 좁은 의미에서 비(比) 또는 비례(比例)라고 하는 것이 아니고, 순서 관계와 대소 상등(大小相等)의 양적 관계를 모두 포함하여 관계 혹은 비례라고 하는 것이다.

생각했다.

즉 이런 비례만을 일반적으로 음미하고, 또한 그러한 비례 인식을 나에게 있어 한결 용이하게 하는 데 도움이 되는 듯한 대상에 있어서만 그 비례를 상정하는 것이다. 게다가 그 비례를 언제까지라도 그 대상에만 결부시켜 두는 것이 아니고, 그것이 적합(適合)할 수 있는 다른 모든 대상에도 나중에 한층 잘 적용할 수 있도록 하는 것이다. 다음에, 그와 같은 비례를 인식하고자 한다면 어떤 때는 그것을 하나하나 따로 고찰할 필요가 있고, 또 어떤 때는 다만 그것들을 마음에 남기는 것, 바꾸어 말하면, 그것들의 대부분을 한꺼번에 파악할 필요가 있다는 것을 깨달았으므로, 나는 이렇게 생각했다.

먼저 그것들을 개별적으로 더 한층 잘 보기 위해서 나는 그것들을 선(線)에 있어 규정해야만 하는 것이다. 왜냐하면 선 이상으로 단순한 것은 나에겐 발견되지 않았고, 또한 선 이상으로 명백하게 나의 상상과 감각에 제시할 수 있는 것은 없었기 때문이다. 그러나 다음에 그런 비례를 마음에 남기는 것, 바꾸어 말한다면, 그런 것의 대부분을 한꺼번에 파악하기 위해서 나는 그것들을 될 수 있는 한 짧은 어떤 종류의 기호에 의해 제시하지 않으면 안 되는 것이다. 그리하여 이런 식으로 함으로써 기하학적 해석과 대수의 온갖 장점을 빌리고, 더구나 양자의 온갖 결점을 교정할 수 있을 것이라고 나는 생각했다.

내가 택한 이러한 약간의 규칙을 정확히 지킴으로써, 나는 위의 두 가지 학문의 범위에 포함되는 온갖 문제를 쉽게 푸는 능력을 내 것으로 만들었던 것이다. 그리하여 이러한 학문을 음미하는 데 소비한 2~3개월 사이에 나는 가장 단순하고 가장 일반적인 문제부터 손을 대기 시작했는데, 내가 하나의 진리를 찾아내면 그것은 반드시 다른 많은 진리를 찾아내기 위한 규칙으로서 도움이 되었다. 결국 나는 이전에 매우 어렵다고 생각하고 있었던 많은 문제(3차, 4차 방정식의 해답, 접선(接線)의 문제 등)를 풀 수가 있었을 뿐 아니라, 마지막으로 내가 아직 몰랐던 문제에 관해서조차도 어떠한 식으로 하면 어느 정도까지 그것들을 푸는 일이 가능한 것인지를 결정할 수 있을 것처럼 생각되었던 것이다.

그러나 이와 같은 것을 말하면, 내가 실제로는 잊을 수 없는 일을 과장하여 말하고 있는 것처럼 생각될지도 모르지만, 그것은 그렇지가 않았다. 즉 하나의 일에 대해서는 단 하나의 진리밖에 없는 것이므로, 그 진리를 발견한 사람은 누구라도 그 일에 관한 한 이미 인간이 알 수 있는 한계 내의 전부를 알고 있는 것이며, 이를테면 어린이가 산술을 알고 있어 그 규칙에 따라 더하기를 했을 경우, 그 어린이는 그가 문제삼고 있는 수화(數和)에 관한 한 무릇 인간 정신이 찾아낼 수 있는 모든 것을 찾아낸 것이라고 확신할 수 있는 것이다. 왜냐하면 결론적으로 진실한 순서를 지키고, 또한 구하는 것의 온갖 조건을 정확히 열거하라고 가르치는 바의 학문이야말로 산술의 규칙에 확실성을 주는 모든 것을 포함하는 것이기 때문이다.

그러나 이 방법이 나를 가장 만족시킨 점은, 이 방법에 의해 나의 이성을 완전히는 아니더라도 적어도 나로서 할 수 있는 한 가장 잘 적용하고 있는 것이라고 확신할 수 있었다는 것이다. 그 위에 또 이 방법을 사용함으로써 나의 정신이 그 대상을 더욱더 현명하고 명백하게 생각하는 습관을 조금씩 획득해 간다고 느낀 일이었고, 또한 그 방법을 어떤 특수한 문제에 국한시킨 것이 아닌 까닭에 그것을 대수 문제에 적용한 경우와 마찬가지로 유효하게 다른 학문에도 적용할 수 있으리라 기대할 수 있었던 것이다. 그러나 그렇다고 해서 내가 처음으로 그러한 학문이 제출하는 모든 문제를 남김없이 음미하겠다고 꾀했던 것은 아니다. 왜냐하면 그와 같은 행위는 그야말로 방법이 명하는 바의 순서에 위배되는 것이기 때문이다.

그런 학문의 원리는 모두 철학에서 비롯되는 것이어야만 한다는 것, 더구나 철학에 관한 한 나는 아직 확실한 아무것도 찾아내지 못하고 있다는 것에 주의하여,

나는 무엇보다도 먼저 철학에 있어 확실한 원리를 수립하는 일에 힘써야만 한다고 생각했다. 그리하여 이것은 세상에서 가장 중요한 일이며 더구나 그것에 있어서 가장 두려워해야 할 것은 속단과 편견이기 때문에, 당시 23세였던 나는 가장 성숙한 연령에 이른 다음이 아니면 그러한 것의 결말을 짓겠다는 의도를 가져서는 안 될 것이라고 생각했다. 그리하여 또 나의 정신으로부터 그때까지 받아들여졌던 온갖 잘못된 견해를 뿌리째 제거하는 한편 많은 경험을 모아 나중에 나의 추리의 재료가 되도록 하고, 또한 내가 스스로 과(課)한 방법을 더욱더 단단히 몸에 지니기 위해 그것을 계속 사용함으로써 미리 많은 시간을 준비 과정에 소비한 다음이 아니면 안 된다고 생각했다.

제3부

마지막으로, 자신이 사는 집을 개축하고자 할 경우에는 그에 앞서 그것을 부수든가, 건축 재료 및 건축가를 선정하든가, 스스로 건축 기술을 배우든가, 설계도가 작성되어 있다든가 하는 것만으로는 부족하며, 건축 중인 동안 생활하는 데 불편하지 않도록 다른 집을 준비하지 않으면 안 되는 것과 마찬가지로, 이성이 내 판단에 대해 미결정으로 있으라고 명하는 동안에도 나의 행동이 미결정의 상태에 머무르는 일이 없게 하기 위해, 그리하여 그때부터 역시 되도록 행복하게 살기 위해, 나는 잠정적으로 자기를 위해 어떤 도덕의 규칙을 정했다. 그것은 서너 가지의 원칙들로 이루어져 있을 뿐이지만, 그것들을 독자에게도 전해 두고 싶다.

제1의 원칙은 내 나라의 법률과 습관에 복종하고, 신의 은총에 의해 어려서부터 교육 받아 온 종교를 굳건히 지킨다. 모든 일에 있어서 내가 함께 살아가지 않으면 안 될 사람들 중 가장 분별 있는 사람들이 보편적으로 실생활에 받아들이고 있는 가장 온건한, 극단으로부터 동떨어진 의견을 쫓아 자기를 이끈다. 왜냐하면 바야흐로 나 자신의 의견은 이미 아무런 가치도 없다고 간주하기 시작하고 있었으므로, 가장 분별 있는 사람들의 의견을 쫓는 게 가장 좋다고 믿었기 때문이다. 따라서 페르시아 인이나 중국인 사이에도 우리들과 마찬가지로 분별 있는 사람들이 아마 있을 테지만, 역시 내가 함께 살아가야 할 사람들의 생각을 쫓아 나를 규정하는 일이 가장 유익하다고 생각되었다.

또한 그런 분별 있는 사람들의 의견이 진실로 어떠한 것인지를 알기 위해서는, 그들의 말보다는 오히려 그들의 실제 행동에 주의해야만 할 것이라고 생각되었다. 이것은 우리들의 도덕이 타락해 가는 까닭에 스스로 믿는 바를 자기 자신도 모르고 있기 때문이었다. 또한 사람이 어떤 일을 믿을 때의 사고 활동은 자기가 어떤 일을 믿고 있음을 알 때의 사고 활동과는 다른 것으로서, 전자가 후자를 동반하지 않는 경우는 자주 있기 때문이었다.

그리고 나는 세상에 받아들여지고 있는 많은 의견 중에서 가장 온건한 것만을 선택했는데, 이것은 첫째로 온갖 극단적인 것은 대개 해를 끼치는 것이 되기 마련이므로 어떠한 경우에도 온건한 편이 실행하는 데 한결 편리하고 아마도 한층 좋은 것이기 때문이었다. 둘째로는 내가 틀린 경우에도 온건한 의견을 취하고 있는 편이, 양극단의 하나를 택한 뒤에 또 하나를 택해야만 했을 것이라고 깨달은 경우보다는 참다운 길로부터 벗어나는 일이 적을 것이기 때문이었다.

그리하여 나는 특히, 나중에 이르러 자기의 생각을 바꿀 수 있는 자유를 잃게 되는 약속이라는 것을 모두 극단적인 것으로 단정했던 것이다. 단 그렇다고 해서 내가 약속이라는 것을 시인하고 있는 저 온갖 법률을 부당하다고 하는 것은 아니다. 그러한 법률은 사람들이 무엇인가 좋은 계획을 마음에 품었을 때는〔이를테면 종교상의 발심(發心)〕마음의 변덕을 방지하기 위해서, 혹은 또 사람들이 별로 좋지도 나쁘지도 않은 계획을 품는 경우에 있어서조차도(예를 들어 상거래) 거래의 안전을 기하기 위해서 사람들에게 그런 계획을 줄곧 갖도록 강요하는, 이른바 맹세라든가 계약을 행하는 일을 허용하고 있는 것이지만, 나는 그러한 법률을 부당하다고 하는 것은 아니다.

내가 약속이라는 것을 배제하는 이유는 이 세상에서 어떤 것도 항상 똑같은 상태로 머무르는 일은 없음을 인정했기 때문이었다. 또한 특히 나는 내 판단을 차츰 완벽하게 바꾸고자 생각하고 있으며, 그것을 나쁜 것으로 하고자 생각하고 있는 것은 아니었다. 만일 내가 그때 어떤 일을 좋다고 함으로써 그로 인해 나중에 그 일이 이미 선(善)이 아닌 듯한 일이 생길 경우, 혹은 내가 그것을 선이라고 인정하지 않는 경우라도 여전히 그 일을 좋다고 인정할 수밖에 없게 되는 상황에 빠진다면, 나는 양식에 대해 커다란 과실을 저지르는 셈이 된다고 생각했기 때문이었다.

나의 제2의 원칙은, 나의 행동에 되도록 확고하고 단호한 태도를 취하는 일이고, 아무리 의심스런 의견이라도 일단 그것을 받아들이기로 결심했을 경우에는 그것이 극히 확실한 경우처럼 한결같은 태도로 믿고 따르는 일이다. 숲에서 길을 잃은 나그네는 이리저리 헤매고 다녀서는 안 되고, 그렇다고 한곳에 머물러 있어도 안 되며, 항상 일정한 방향으로 곧장 걸어가야만 할 것이다. 처음엔 그들이 우연히 그 방향을 택하게 되었다고 할지라도, 뚜렷한 이유도 없이 방향을 바꾸어서는 안 된다. 왜냐하면 이렇게 함으로써 나그네들은 그들이 원하는 그 장소에는 갈 수 없더라도, 적어도 마지막에는 어딘가에 다다르게 되고, 그것은 아마 숲의 한가운데보다는 좋은 장소일 것이다.

위의 원칙에 있어 나는 이러한 나그네에게 배우고자 했던 것이었다. 그리하여 그것과 마찬가지로 실생활에 있어서의 행동은 곧잘 유예(猶豫)를 인정하지 않는 것이므로, 보다 참된 의견을 구별할 수가 없을 경우에는 보다 개연적인 것을 우리들이 취해야만 한다고 하는 이 일 자체는 극히 확실한 진리인 것이다. 뿐만 아니라 비록 어느 쪽의 의견이 보다 더 개연성이 많은지 알 수 없을 경우에도, 어느 한 쪽의 의견을 선택하지 않으면 안 된다. 일단 선택을 결심한 뒤에는 실행에 관한 한 그 의견은 이미 의심스런 것이 아니며, 극히 정당하고 확실한 것이라고 보아야만 할 것이다.

왜냐하면 우리들로 하여금 그것을 취하도록 결심하게 한 이유 그 자체는 매우 정당하고 확실한 것이기 때문이다. 그리하여 이런 태도에 의해 나는 저 심약하고 동요되기 쉬운 사람들, 즉 어떤 일을 좋다고 인정하여 우유부단한 태도로 실행하고, 나중에 이르러서는 그것이 잘못되었다고 생각하는 사람의 양심을 늘 괴롭히는 후회나 회한의 모든 것으로부터 벗어날 수가 있었던 것이다.

나의 제3의 원칙은 항상 운명에 승리하기보다는 오히려 자기에게 승리하도록 힘쓰고, 세계의 질서보다는 오히려 자기의 욕망을 바꾸려고 노력하는 일이었다. 그리하여 우리들이 완전히 지배할 수 있는 것은 우리들의 사상밖에 없고, 우리들의 외적인 것에 관해서는 최선의 노력을 다하여도 좀처럼 이룰 수 없는 사항은 절대적으로 불가능하다고 믿는 습관을 붙이는 것이다. 그리하여 나 스스로가 얻을 수 없는 것을 미래에 바라지 않도록 하였고, 따라서 스스로 만족을 얻게 하는 데에는 위의 일만으로도 충분하다고 생각되었다.

사실 우리들의 의지(意志)는 그 본질상 어떠한 방법으로든 가능한 것으로서 오성이 제시하는 바의 것만을 원하는 것이므로, 만일 우리들이 외적인 선을 모두 균등하게 스스로 지배할 수 없는 것이라고 간주한다면, 예컨대 우리들이 중국이나 멕시코의 왕국을 소유하지 못했다고 해서 아쉬워하지는 않는 것과 마찬가지로, 우리들의 천성에서 기인한다고 생각되는 선을 우리들이 갖지 못한다 하여도 스스로의 잘못으로 잃은 것이 아닌 이상 그것을 아쉬워하는 일은 없을 것이다. 그리하여 또 우리들이 다이아몬드처럼 썩지 않는 물질로 된 신체를 갖고 싶다든가, 새처럼 날기 위해 날개를 갖고 싶다든가 하고 바라지 않는 것과 마찬가지로, 우리들은 속담에서 말하듯이 '필연을 덕으로 변화시켜', 지금 병을 앓고 있으면서도 건강을 계속 유지하고자 바라거나, 지금 감옥에 있으면서도 자유롭고자 바라거나 하지는 않게 되리라는 것도 확실하다.

그렇지만 온갖 사물을 이런 각도에서 보는 일에 익숙해지기 위해선 오랫동안의 훈련과 사색이 필요함을 나도 인정한다. 그리하여 나는, 옛날 철학자들이 운명의 지배로부터 벗어나 고통이나 빈곤에도 불구하고 신들과 그 행복을 겨룰 수가 있었던 이유도 주로 여기에 있었다고 생각한다. 왜냐하면 그들은 자연에 의해 그들에게 부과된 많은 제한을 쉴새없이 고찰하면서 결국 자신들이 지배할 수 있는 것은 그들의 사상밖에 없다는 것을 확신하기에 이르렀고, 오로지 이 일에 의해서만 다른 사물에 대한 온갖 집착으로부터 벗어날 수 있었기 때문이다.

그러나 그들은 스스로의 사상에 대해서는 절대적인 지배권을 갖고 있었으므로, 이 점에서 비록 천성과 사회적 지위에 있어 아무리 혜택받고 있어도 이런 철학을 갖지 않고 스스로 탐하는 모든 것을 자유롭게 지배할 수 없는 사람들보다도, 그들은 스스로를 보다 부유하고, 보다 유력하고, 보다 자유롭게, 보다 행복하다고 생각했던 것은 당연했다.

최후로 이와 같은 도덕의 결론으로서, 나는 사람들이 이 세상에서 종사하는 갖가지의 일을 모두 음미의 대상으로 삼아 그중에서 가장 좋은 것을 택하려고 했다. 그리하여 다른 사람의 일에 관해서는 아무것도 말할 생각이 없지만, 나 자신은 지금 종사하고 있는 일을 계속하는 게 가장 좋다고 생각했다. 그것은 전 생애를 나 자신의 이성의 개발에 사용하고, 스스로 부과한 방법에 의해 진리를 인식할 수 있는 한 전진하는 일이었다. 그리하여 나는 이 방법을 쓰기 시작한 이래 항상 이로 인해 더없는 만족을 느껴왔으며, 이 세상에서 이것 이상으로 유쾌하고 또한 죄 없는 만족을 가질 수는 없으리라 생각되었을 정도였다.

그리하여 이 방법에 의해—나로선 상당히 중요하다고 생각되지만 다른 대부분의 사람에게는 알려져 있지 않은—몇 개의 진리를 나날이 발견해 갔으므로, 거기서 얻어지는 만족은 나의 정신을 완전히 채우고 있었다. 그리하여 다른 일은 모두 아무래도 좋다고까지 생각되었을 정도였고, 또 앞에서 언급한 세 개의 원칙도 실상 스스로를 교육하려는 나의 계획에 의한 것이었던 셈이다. 즉 신은 우리들 한 사람 한 사람에게 진실을 거짓으로부터 분리하는 어떤 빛을 주고 있는 것이므로, 만일 나중에 적당한 시기가 왔을 때 나 자신의 판단력으로써 타인의 의견을 음미하는 일을 스스로 기하고 있지 않았다면, 한순간도 타인의 의견에 만족해야만 한다고는(제1의 원칙) 믿지 않았으리라.

또 보다 좋은 의견이 있을 경우 그것을 찾아내는 기회를 결코 잃는 일은 없으리라고 생각하지 않았더라면, 타인의 의견을 쫓아 안심하고 나아가는(제2의 원칙) 일을 할 수 없었으리라. 그리하여 마지막으로 만일 내가 선택한 길이 내가 도달할 수 있는 온갖 인식을 확실히 얻을 수 있는 길이며 동시에 그대로 내가 지배할 수 있는 온갖 진실한 선을 확실히 얻을 수 있는 길이라고 생각하지 않았더라면, 나는 나의 욕망을 제한하는 일도 만족을 얻는 일도(제3의 원칙) 할 수 없었으리라.

실제로 우리들의 의지는 우리들의 오성이 사물의 선악에 따라 그 사물을 추구하든가 피하든가 하는 데 향하는 것이므로, 잘 행하기 위해서는 잘 판단하는 것만으로 충분하다. 따라서 최선을 다하기 위해, 바꾸어 말하면 온갖 덕을 획득하고 또한 우리들이 손에 넣을 수 있는 온갖 다른 선마저도 획득하기 위해서는 제대로 판단하는 것으로 충분하며, 이 일을 우리들이 확신할 수 있는 한 마음의 만족을 깨는 일은 결코 없을 것이다.

이런 원칙을 확인하고, 그것들을 항상 나의 첫번째 신념 위에 놓여 있던 신앙의 진리와 합쳐 일단 따로 한 이상은, 내 의견의 나머지 부분을 내던지는 데에는 이미 아무런 망설임도 필요하지 않다고 나는 판단했다. 그리하여 이 일을 훌륭히 이루기 위해서는 지금까지의 모든 일을 생각했던 '난로가 있는 방'에 더 이상 머물러 있기보다는 세상으로 나아가 사람들과 사귀는 편이 좋으리라 생각했다. 그리하여 그 겨울이 다 끝나기 전에 나는 또다시 여행길에 나섰다. 그 이후 9년 동안 세상에서 공연되는 어느 연극에서도 배우이기보다는 관객이 되리라 노력하면서 여기저기 돌아다니기만 했다.

그리하여 하나하나의 사항에 관해 의심스런 점, 우리들을 오류에 빠뜨리기 쉬운 점에 대한 반성에 마음을 써 가면서, 전부터 나의 정신에 숨어 들어 있었던 모든 오류를 차례로 뿌리째 뽑아 버렸던 것이다. 그렇다고 하여 내가 저 회의론자들, 즉 단지 의심하기 위해서만 의심하고 언제든지 비결정의 태도를 주장하는 사람들을 본받았던 것은 아니다. 왜냐하면 나의 계획은 전혀 그 반대였고, 스스로 확신을 얻는 일, 움직이기 쉬운 흙이나 모래를 파헤치고 바위나 찰흙을 찾아내는 일만을 목표로 하고 있었기 때문이다. 나는 이 일을 제법 잘해냈다고 생각하고 있다.

왜냐하면 자기가 음미하고 있는 명제의 허위 혹은 불확실성을, 빈약한 추측에 의해서가 아니라 명석하고 확실한 추리에 의해 폭로하고자 노렸했으므로, 아무리 의심스런 명제와 만나더라도 그곳으로부터 항상 확실한 어떤 결론을 충분히 이끌어 낼 수가 있었기 때문이었다. 비록 그 결론이, 정작 그 명제는 확실한 아무것도 포함하지 않는 것 그 자체였다 하더라도. 그리하여 사람들이 낡은 집을 철거할 때, 철거한 것들을 보관해 두었다가 새집을 지을 때 사용하듯이, 나도 나의 의견 중 근거가 빈약하다고 판단되는 것을 한편에선 파괴하고, 다른 한편에선 갖가지 관찰을 행함으로써 많은 실험을 수집했는데, 이것들은 그 뒤 가장 확실한 의견을 수립하는 데 도움이 되었던 것이다.

또 나는 내가 스스로에게 과한 방법을 사용하는 연습을 계속해 나가기도 했다. 즉 나는 물론 자기의 사상을 전체적으로 방법의 규칙에 따라 이끌려고 노력했지만, 때로는 시간을 할애하여, 특히 수학 문제 또는 그와 거의 같은 형태로 고칠 수가 있었던 다른 어떤 유형의 문제(그러한 문제를 수학의 문제와 같은 형태로 고치는 데에는, 그것들을 나로서는 별로 확실하지 않다고 생각되는 다른 모든 학문의 원리로부터 분리하기만 하면 되었는데, 이 책―특히 《굴절광학(屈折光學)》과 《기상학(氣象學)》―에서 풀이되고 있는 많은 문제에 관해 내가 그것을 실행하고 있음을 독자는 보게 되리라)를 해결하는 데 적용하는 방법을 연습했던 것이다.

아무튼 이와 같이 하여 즐거운 생활을 영위하는 일 외에 아무런 일도 없이, 쾌락을 악으로부터 분리하는 일에 주의는 하지만, 그러나 여가를 권태롭지 않게 보내기 위해 온갖 죄 없는 유희를 즐기는 사람들과 외적으로는 전혀 다르지 않은 생활을 하면서 나는 자기의 계획을 계속 지녔으며, 진리의 인식에 있어 내가 가령 책을 읽고만 있든가 학자를 찾아다니고만 있었던 경우보다도 어쩌면 한층 더 많이 전진할 수가 있었던 것이다.

그러나 학자들 사이에서 보편적으로 논의되고 있는 여러 가지 문제에 관해서는 아직 아무런 결정도 내리지 못한 채 통상의 철학(스콜라 철학) 이상으로 확실한 그 어떤 철학의 기초를 구하고자 시도하기도 전에 9년의 세월이 흘렀다. 그리하여 이전에 똑같은 일을 계획하여 성공하지 못했다고 생각되는 뛰어난 많은 사람들의 예는, 그것이 극히 곤란하다는 걸 생각케 해 주었다. 그러므로 내가 이미 그러한 계획을 완성했다는 소문을 누군가가 떠들어대고 있음을 몰랐더라면, 나는 아마 이렇듯 빨리 그것을 스스로 꾀하지는 않았을 것이다.

나는 사람들이 무엇에 근거하여 그렇게 생각했는지 모른다. 나 자신이 이야기한 것에 의해 얼마쯤 그러한 소문에 힘을 곁들였던 것이라고 한다면, 그것은 지적 수준이 그다지 높지 못한 사람들의 평범한 방식보다도 좀더 솔직히 자기가 모르는 일을 모른다고 고백했기 때문이었을 것이다. 그리하여 또 어쩌면 나 자신이 어떤 학설을 긍지에 차서 말하기보다는 오히려 다른 사람들이 확실하다고 생각하고 있는 많은 사항에 관해 내가 의구심을 갖는 이유를 제시했기 때문이었을 것이다. 그렇지만 나는 성격상 실제 모습보다 남에게 다르게 보여지는 것을 썩 달갑지 않게 여겼던만큼, 나는 자기를 주어진 명성에 알맞은 인간으로 만들기 위해 온 힘을 기울이지 않으면 안 된다고 생각했다. 그리하여 지금으로부터 꼭 8년 전, 그러한 소망이 나를 아는 이가 있을지도 모르는 장소로부터 떠나 이 나라(네덜란드)에 숨어 살도록 결심하게 했던 것이다.

오랫동안 계속된 전쟁¹이 나라에 훌륭한 규율을 생겨나게 하고 있어, 상주군(常駐軍)은 사람들이 안심하고 평화의 선물을 즐길 수 있도록 하기 위해서만 존재하는 것 같았다. 나는 여기서 타인의 일에 흥미를 갖기보다는 자기의 일에 열심인, 극히 활동적인 다수의 사람들 속에서 가장 인구가 많은 도시에서 얻을 수 있는 생활의 편의가 무엇 하나 부족되는 일 없이, 게다가 가장 먼 황야에 있는 것과 똑같이 고독하게 숨은 생활을 할 수가 있었던 것이다.

---

1 1568년부터 1648년까지 계속되었던 네덜란드 독립전쟁을 말한다.

제4부

이 나라에서 내 최초로 사색에 관해 말해야 할지 모르겠다. 그것은 극히 보편적인 생각으로부터 동떨어진 형이상학적(추상적)인 것이라 누구든 모두 흥미를 가진다고는 말할 수 없기 때문이다. 그렇지만 내가 택한 토대가 충분히 탄탄한 것인지 어떤지 판단을 받기 위하여, 나는 그것에 관해 말하도록 강요되고 있는 것이다. 아무튼 앞에서도 말했던 것처럼 실생활에 있어서는 극히 불확실하다고 알고 있는 의견이라도, 그것이 의심할 수 없는 것이기나 한 듯이 따르는 일이 때로는 필요하다고 훨씬 전부터 깨닫고 있었다.

그렇지만 이제 나는 다만 진리 탐구에만 몰두하고자 바라고 있는 것이므로, 전혀 반대의 일을 해야만 한다고 생각했다. 조금이라도 의심스러운 것은 모두 내던져 버리고, 전혀 의심할 수 없는 무엇이 내 신념 속에 남는가 어떤가를 보아야만 할 것이다. 그리하여 우리들의 감각이 때로는 우리들을 기만하는 까닭에, 나는 감각이 우리들의 마음에 그리는 듯한 것은 아무것도 존재하지 않는다고 상정하려 했다.

다음에, 기하학의 가장 단순한 문제에 관해서조차 오류를 범하는 사람들이 있게 마련이다. 그래서 나 역시 다른 누구와 마찬가지로 잘못할 수 있다는 판단하에 내가 이전에 명백한 논증이라 생각했던 온갖 추리를 그릇된 것으로서 던져 버렸다. 그리하여 마지막으로 우리들이 깨어 있을 때 갖는 모든 사상이 그대로 우리들이 잠자고 있을 때도 역시 우리들에게 나타날 수 있는 것이다.

더구나 이 경우에는 그런 사상의 어느 것도 참이라고는 할 수 없다(꿈의 사상에는 존재가 대응하지 않는다)고 하는 것을 생각하여, 나는 그때까지 내 정신에 들어와 있었던 모든 것은 내 꿈의 환상과 마찬가지로 진실이 아닌 것으로 가상하리라 결심했다. 그렇지만 나는 즉시 깨달았다. 모든 것은 진실이 아니라고 생각하고 있는 사이에도 필연적으로 무엇인가가 아니면 안 된다는 것을. 그리하여 '나는 생각한다, 그러므로 나는 존재한다(Je Pense, done je suis).'라고 하는 이 진리가 회의론자의 터무니없는 상정에 의해서도 흔들리지 않을 만큼 견고하고 확실한 것이라는 점을 나는 인정했다. 나는 이 진리를 내가 구하고 있었던 철학의 제1원리로 받아들이기로 판단했다.

이어서 나는 무엇인가를 주의 깊게 음미하고, 다음의 (두 가지의) 것을 인정했다. 즉 나는 내가 신체를 갖지 않고, 세계라는 것도 존재하지 않으며, 내가 있는 장소라는 것도 없다고 가상할 수는 있지만, 그렇다고 해서 내가 존재하지 않는다고는 가상할 수가 없다. 반대로 내가 다른 것의 진리성을 의심하고자 생각하는 것 자체로부터 극히 확실하게 내가 존재한다는 결론이 나오는 것이다. 또한 내가 만일 생각하는 일을 그만두었다고 하면, 비록 그때까지 내가 상상했던 모든 다른 것(나의 신체나 세계)이 진실이었다 해도, 그렇다고 해서 내가 그 사이에 존재하고 있었다고 믿을 아무런 이유도 없는 것이다.

아무튼 이런 일로부터 나는 하나의 실체로서 그 본질, 혹은 본성은 다만 생각한다는 것 이외의 아무것도 아니고, 존재하기 위한 어떠한 장소도 필요하지 않으며, 어떠한 물질적인 것에도 의존하지 않는다는 것을 알았다. 따라서 이 '나'라고 하는 것, 즉 나를 존재하도록 하고 있는 바의 '정신'은 물체로부터 완전히 분리되어 있는 것이며, 또한 정신을 물체보다도 인식하기가 쉽고 비록 물체가 존재하지 않는다 하여도 정신은 정신으로서 존재하기를 그만두지는 않는다는 것이다.

다음에 나는 일반적으로 하나의 명제가 '진실'이며 확실한 것이기 위해 필요한 조건을 고찰했다. 왜냐하면 진실이고 확실하다고 내가 알고 있는 하나의 명제를 지금 찾아낸 것이므로, 그 확실성이 무엇에 있어 성립하는 것인가도 역시 알 수 있으리라고 생각했기 때문이다. 그리하여 '나는 생각한다, 그러므로 나는 존재한다.'라는 명제에 있어 내가 진리를 언명(言明)하고 있음을 확신시키는 것은, 생각하기 위해선 존재하지 않으면 안 된다는 것이다. 극히 명석하게 내가 본다는 것 외에는 아무것도 없다는 것을 인정했으므로, 나는 '우리들이 극히 명석하고 명확히 이해하는 것은 모두 진실이다.' 라는 것을 일반적 규칙으로서 인정해도 좋다고 생각했다. 그러나 다만 우리들이 명확히 이해하는 것이 어떤 것인지를 바르게 인정하는 경우에는 어느 정도의 곤란이 따를 것으로 보았다.

그것에 이어서 나는 내가 의심하고 있다는 점, 따라서 나의 존재는 온갖 점에서 완전한 것이 아니라는 점(왜냐하면 의심하기보다도 인식하는 편이 보다 큰 완전성이라는 것을 나는 명석하게 보기 때문에)을 반성하고, 나는 나 자신보다 완전한 무엇인가를 생각하는 일을 대체 어디서 배웠던 것일까에 대해 탐구하는 것으로 향했다. 그리하여 나는 그것이 실제로 나보다 완전한 어떤 존재에 의해서가 아니면 안 된다는 것을 명확하게 알았다.

나의 밖에 있는 다른 많은 것, 이를테면 하늘이나 땅이나 빛이나 열이나 그밖의 수많은 것에 대해, 내가 가지고 있는 사상에 관한 한 그것들이 어디로부터 왔는지를 아는 데 그리 힘들지는 않았다. 왜냐하면 그러한 사상 중에서는 그것들을 나 자신보다 뛰어난 것으로 보이게 하는 점은 아무것도 인정되지 않았으므로, 그것들이 진실일 경우에는 내 본성이 무언가 완전성을 갖는 한 그것들은 나의 본성에 의존하는 것이라고 생각할 수가 있었고, 또한 그것들이 거짓일 경우에는 무(無)에서 비롯되기 때문이다. 바꾸어 말하면 내가 결함을 갖는 까닭에 그것들은 나의 내부에 있는 것이라고 생각할 수 있었기 때문이었다.

그렇지만 나의 존재보다도 완전한 존재의 관념에 관한 한 나는 마찬가지의 말을 할 수가 없었다. 왜냐하면 그러한 관념을 무(無)로부터 끄집어 내는 일은 명백히 불가능했고, 또 그것을 나 자신으로부터 끄집어 내는 일도 불가능했기 때문이다. 즉 보다 완전한 것(신의 관념)이 보다 불완전한 것(나의 존재)의 결과이고, 이것에 의존하는 것이라고 함은, 무로부터 어떤 것이 생긴다고 하는 것 이상으로 모순이기 때문이다. 따라서 정작 관념은 나보다도 완전하고, 또한 내가 생각할 수 있는 온갖 완전성을 자기 자신 안에 갖는 존재자, 즉 신에 의해 나의 내부에 놓여진 것이라고 한마디로 말할 수밖에 없었다.[1]

그리하여 나는 이것에 덧붙여 다음과 같이 생각했다. 나는 내가 갖지 않은 몇 개의 완전성을 알고 있으므로, 나는 현존하는 유일의 존재자가 아니며(여기서 스콜라 철학의 용어[2]를 자유로이 사용하는 것을 용서하기 바란다), 따라서 내가 그것에 의존하고 내가 갖고 있는 것을 나에게 주는 원천으로서의 완전한 다른 존재자가 아무래도 있지 않으면 안 된다. 왜냐하면 만일 내가 유일의 것으로서 다른 모든 것으로부터 독립된 존재이고, 따라서 약간이나마 완전한 존재로부터 나에게 주어지는 것을 나 자신의 힘으로부터 얻고 있는 것이라면, 같은 이유에 의해 내가 내 자신에게 결여되어 있다고 알고 있는 바의 나머지의 완전성 전부까지도 나 자신으로부터 끄집어 낼 수가 있었을 것이며, 나는 스스로 무한이고 영원이고 불변이고 전지 전능이며, 결국 신에게만 가능하다고 내가 인정한 온갖 완전성을 가질 수가 있었을 것이기 때문이다.

그러므로 내가 위에서 행한 추리(신의 존재의 두 가지 증명)에 의하면, 나의 본성으로서 가능한 한 신의 본성을 인식하기 위해서는 내가 나의 내부에 그 관념을

---

1 이 절의 이상의 부분이 신의 존재의 1증명이고, 이하는 제2의 증명과 신의 속성에 관한 설명이다.

2 '현존하다(exister)' 또는 '몫으로서 갖는다(participer)' 등을 말한다.

갖는 온갖 것에 관해 그 자체를 소유하는 일이 완전성이었는지 아니었는지를 고찰하는 것만으로 충분했고, 한편 어떤 불완전성을 제시하는 것은 신의 내부에는 전혀 존재하지 않으며, 그밖의 모든 게 신의 내부에 있다고 하는 걸 나는 확실히 아는 것이다. 이를테면 의심이나 마음의 동요, 슬픔, 그밖의 비슷한 것은 나 자신이 그것들을 모면하고 싶다고 생각하는 것이므로 신 속에는 있을 수 없다고 인정했다.

그리고 이것들 외에 나는 감각적이고 물체적인 많은 것들에 대한 관념을 갖고 있었지만(왜냐하면 나는 꿈꾸고 있고, 내가 보거나 상상하는 것은 전부 거짓이라고 상정했던 것이지만, 그러한 것의 관념이 내 생각 속에 진실로 있다는 사실만은 부정할 수 없었으므로), 나는 이미 지성적 본성이 물체적 본성과는 다르다는 것을 분명히 인식하고 있었고, 또한 합성(合成)이라는 것이 언제나 의존성을 나타내는 것인 까닭에 의존성은 명백히 하나의 결합이라는 것을 생각한 후, 다음과 같이 판단했다. 즉 두 개의 본성으로 합성되어 있다는 것은 신이 갖는 하나의 완전성일 수가 없고, 따라서 신은 (정신과 물체로) 합성되어 있지는 않다고. 또한 세계 속에 어떤 물체, 여러 가지 점에서 완전하다고는 할 수 없는 어떤 지성적 존재자(천사), 또는 다른 존재자(인간)가 있는 것이라면, 이러한 존재는 신의 힘에 의존하지 않을 수 없고, 이것들은 신 없이는 한순간도 존재할 수가 없을 것이라고.

이어서 나는 다른 진리를 구하고자 하였고, 우선 기하학자가 취급하는 대상을 떠올렸다. 그것은 하나의 연속적인 물체, 바꾸어 말하면 길이와 넓이와 높이 또는 깊이 등에 있어 무한으로 연장되는 하나의 공간으로서 다양한 모양과 크기를 갖는 여러 부분으로 분할될 수 있는 것이었고, 온갖 방식으로 움직일 수 있는, 즉 대체될 수 있는(운동은 장소의 변화이다) 것이라고 생각했다. 왜냐하면 기하학자가 이런 모든 것을 그들의 대상 속에서 상정하고 있었기 때문이다.

아무튼 나는 이와 같은 대상을 떠올리고, 기하학자의 논증 가운데 비교적 단순한 것을 몇 개 따라가 보았다. 그리하여 모든 사람으로 하여금 기하학의 논증으로 돌아가게 하는 저 크나큰 확실성은 내가 앞서 말한 규칙을 쫓아 명증적으로 이해하는 것에 의해서만 기초되고 있음을 인정한 뒤, 또한 그러한 논증 속에는 그 대상의 현존을 나에게 확신시키는 듯한 것이 아무것도 없음까지도 인정했다. 왜냐하면 삼각형이 있다고 하면 당연히 그것의 세 각(角)의 합은 두 직각이어야 하지만, 그렇다고 해서 세계 속에 삼각형이 있다고 나에게 확신시키는 것은 이 논증 속에서는 인정되지 않았기 때문이다.

그런데 또다시 완전한 존재자의 관념에 대한 음미로 돌아가면,[3] 완전한 존재자의 관념 속에는 현존이라는 것이 포함되어 있고, 그것은 마치 삼각형의 관념에는 그 세 각의 합이 두 직각과 같다는 것이 포함되고, 구(球)의 관념 속에는 그 각 부분이 중심으로부터 똑같은 거리에 있음이 포함된다는 것과 마찬가지로 명증적이고 혹은 오히려 그보다 더 명증적이라는 것을 나는 찾아냈다. 따라서 완전한 존재자인 신이 현존한다고 하는 것은, 적어도 기하학의 어떤 논증 못지않게 확실하다는 것을 나는 찾아냈던 것이다.

그렇지만 신이 존재한다는 것을 확인하기란 어렵다고 믿고, 또한 스스로의 정신이 무엇인지 확인하는 일조차 어렵다고 믿는 사람들이 많은 이유는 무엇인가? 그것은 그들이 그들의 정신을 감각적 사물 위에 두는 일이 결코 없기 때문이다. 그들은 물질을 상상하는 일밖에 생각하지 않는다는 습관에 얽매여 있고, 더구나 상상이란 물질적 사물에 있어서만 해당되는 사고 방식이므로, 결국 상상할 수 없는 것은 모두 이해될 수 없는 것이라고 생각되는 것이다. 그리하여 이것(사람이 상상에 얽매여 있는 것)을 충분히 나타내는 것은, 철학자들마저 학원에 있어(스콜라 철학에 있어) "먼저 감각 속에 존재하지 않았던 것은 오성 속에도 존재하지 않는

---

3 여기서부터 신의 존재에 관한 제3의 증명, 이른바 존재론적 증명이 시작된다.

다."고 하는 것을 격률로서 택하고 있는 것이다.

그러나 신의 관념과 정신의 관념이 감각 속에 먼저 존재하지 않았다는 것은 확실하다. 신과 정신을 이해하기 위해 상상력을 사용하고자 하는 사람들은, 소리를 듣고 냄새를 맡기 위해 눈을 사용하고자 하는 사람들과 다름이 없는 것이다. 단, 다음과 같은 것을 염두에 두고서 말이다. 즉 시각은 후각이나 청각과 같은 정도로 대상의 진리를 확신시키는 데 반하여 우리들의 상상이나 감각은 오성이 개입하지 않는다면 무슨 일이든 우리들에게 확신시킬 수 없다는 것이다.

마지막으로, 내가 풀이한 이유에 의해서는 신과 자기 자신의 정신과의 현존에 관해 아직도 충분한 확신을 가질 수 없는 사람들이 있다면, 나는 그러한 사람들에게 알려주고 싶다. 아마도 그들이 더한층 확실하다고 생각하고 있을 것이 분명한 그밖의 모든 것, 예를 들어 신체를 갖는다든가 별이나 지구가 있다든가 그밖에 똑같은 것이 있다든가 하는 것이 실은 더한층 불확실한 것이라는 사실을. 이런 일에 관해 사람들은 실제적인 확신을 갖고 있으므로 그것을 의심하는 것은 상식 밖이라 생각할 것이다. 그러나 또 형이상학적인 확실성이 문제가 될 경우엔 이성에 어긋난 방식이 아니라면 우리들이 잠자코 있을 때 자기의 신체와는 다른 신체를 갖는다든가, 현재 있는 것과는 다른 별이나 대지를 본다고 상상하지만, 그런 것은 실제로는 존재하지 않는다. 그러므로 위와 같은 사항이 전적으로 확실하다고 할 만한 이유가 불충분함을 부정할 수는 없을 것이다. 왜냐하면 꿈에 나타나는 사상 쪽에 곧잘 다른 사상보다 힘차고 분명한 것이 있는 이상, 꿈의 사상이 다른 것보다 진실하지 않다고 확신할 만한 근거는 없기 때문이다.

나는 가장 뛰어난 정신을 가진 사람들이 아무리 이 일에 대해 고찰한다 해도, 만일 그들이 신의 현존을 전제로 하지 않는다면 이 의심을 제거할 만한 충분한 이유를 제시할 수는 없을 것이라고 생각한다. 왜냐하면 첫째로 앞에서 내가 규칙으로 정한 일, 즉 우리들이 극히 명석하고 명확히 이해하는 바의 것은 모두 진실이라는 것조차도 신이 현존한다는 것, 신이 완전한 존재라는 것, 우리들 속에 있는 모든 것은 신으로부터 비롯되고 있다는 이유에서만 확실한 것이기 때문이다. 그리하여 이 점에서 우리들의 관념이나 개념은, 그것들의 명백한 모든 부분에 있어 어떤 실재성[4]을 가지며, 한편 신으로부터 비롯되는 까닭에 그 점에 있어 진실하지 않을 수 없게 되는 것이다.

반대로 우리들의 관념이나 개념이 곧잘 허위를 포함하는 일이 있음은 그러한 관념이나 개념의 혼란된 불명료한 부분에 관해서이고, 그와 같은 점에 있어 그것들은 무(無)를 나눠 갖고 있기 때문인 것이다. 바꾸어 말하면, 그것들이 우리들 중에서 그와 같이 혼란되고 있음은 우리들이 여러 가지로 완전하지 않기 때문인 것이다. 그리하여 허위 또는 불완전성인 한에 있어 그것들이 신으로부터 비롯된다는 일은, 진리 또는 완전성이 무로부터 비롯된다는 것과 마찬가지로 명백히 모순인 것이다. 그러나 우리들 속에서 실재성을 가지며 진실인 모든 것은 완전하고 무한한 존재로부터 비롯된다고 확실히 알지 못한다면 우리들의 관념이 아무리 명석하고 확실하다 할지라도 그런 관념이 '진실'이라는 완전성을 포함했음을 확신할 만한 이유를 우리들은 갖지 못할 것이다.

아무튼 신과 정신과의 인식의 저 규칙을 이렇듯 확실한 것으로 만든 이상, 이미 우리들이 수면 중에 마음으로 그리는 환상이 각성될 때 우리들이 갖는 사상의 진리성을 의심케 하는 이유는 될 수 없다는 것이 참으로 쉽게 알려지는 것이다. 왜냐하면 한 사람의 기하학자가 뭔가 새로운 논증을 찾아낸다면, 그가 그때 잠자고 있었다 하여도 그 논증이 역시 참이라는 데에는 변함이 없기 때문이다. 그러나 우리들의 꿈이 보이는 가장 일반적인 오류, 즉 꿈이 여러 가지의 대상을 우리들의 외부 감각과 다름없는 방법으로 보인다는 것은 어떤가 하면, 그와 같은 꿈의 오류

---

4 여기서는 관념적 또는 표현적 실재성을 말한다.

가 감각적 관념의 진리성을 우리들에게 의심케 하는 기회를 주어도 아무 상관이 없는 것이다. 왜냐하면 감각적 관념은 비록 우리들이 잠자고 있지 않아도 똑같을 만큼 자주 우리들을 속일 수 있기 때문이다. 이를테면 황달에 걸려 있는 사람은 모든 것이 황색으로 보이며, 별이나 그밖의 먼 곳에 있는 물체는 우리들에게 실제보다 훨씬 작게 보이기 때문이다.

결국 우리들은 깨어 있든 잠자고 있든 이성의 명확한 증거에 의하지 않고서는 결코 사물을 믿어선 안 되는 것이다. 그러므로 내가 여기서 '이성'이라고만 말할 뿐, '상상'이니 '감각'이니 말하지 않는다는 데 주의해 주기 바란다. 이를테면 우리들은 태양을 아무리 자세히 본다고 해도, 그것이 보인 그대로의 크기라고 판단해서는 안 된다. 또한 우리들은 산양의 몸통에 사자의 머리가 붙여져 있는 것을 충분히 상상할 수는 있지만, 그렇다고 해서 저 키마이라(Chimaira)라고 일컫는 사자두양신(獅子頭羊身)의 괴물이 세상에 존재한다고 결론지어선 안 된다. 왜냐하면 이성은 우리들이 이와 같이 보든가 상상하는 것을 진실이라고는 가르치지 않기 때문이다. 그러나 이성은 우리들의 관념이나 개념이 모두 무엇인가 진실에 근거할 것이라고(이를테면 감각이나 상상도 전혀 거짓은 아니다) 가르친다.

왜냐하면 참으로 완전하고 진실한 신이 그와 같은 진리성 없이 관념을 우리들 속에 두는 일은 있을 수 없을 것이기 때문이다. 따라서 우리들이 잠자고 있을 때의 우리들의 추리는 결코 깨어 있을 때만큼 명확한 것일 수도 완전할 수도 없는 것이다. 비록 우리들의 상상이 수면 중에 각성될 때와 마찬가지로, 혹은 그것 이상으로 힘차고 분명해져 있는 경우가 이따금 있다 하여도, 이성은 역시 다음과 같이 가르치는 것이다. 즉 우리들이 온갖 점에서 완전한 것은 아닌 까닭에 우리들의 사상도 온갖 점에서 진실일 수는 없는 것이므로(특히 감각이나 상상은 무를 포함하는 것이므로), 우리들의 사상의 진실한 부분은 꿈에 있어서보다도 오히려 우리들이 깨어서 갖는 사상에 있어 틀림없이 발견될 것이라고.

제5부

나는 이야기를 더욱 진행시켜, 제1의 진리로부터 내가 연역한 다른 모든 진리의 연쇄를 여기에 제시하고 싶은 것이다. 그렇게 되면 자연히 학자들 사이에서 논쟁의 대상이 되고 있는 많은 문제에 관해 이야기할 수밖에 없게 될 것이다. 그러나 나는 그런 학자들과 불화를 일으키고 싶지는 않으므로 가능한 한 자세히 이야기하는 것은 삼가고, 다만 그러한 문제가 어떤 것들인지를 개괄적으로 설명하는 데 그치고자 한다. 이런 문제를 좀더 자세히 세상에 알리는 일이 과연 유익한지 어떤지에 대한 판단은 나보다 현명한 사람들에게 맡기는 편이 좋다고 생각한다.

그건 그렇고, 나는 신과 정신과의 존재를 증명하기 위해 앞서 사용한 원리 이외의 어떠한 것이라도 상정하지 않도록 하며, 또 이전에 명확하다고 생각되었던 기하학자들의 논증보다도 더욱 명확하다고 생각되는 것이 아니면 어떤 것이라도 진실로 받아들이지 않기로 한다는 결심을 굳게 지켜 나갔다. 그럼에도 불구하고, 나는 철학에 있어 일반적으로 논의되고 있는 모든 주요한 난문에 관해 스스로 만족할 만한 결과를 얻을 수 있었을 뿐 아니라, 어떤 종류의 법칙마저도 인식할 수 있었다. 그 법칙은 신이 자연 속에 확고히 정하고 있는 것이고, 한편 그 관념을 우리들의 정신 속에 확고히 새기고 있으므로, 그것에 관해 충분히 반성만 한다면 그런 법칙이 세계에 존재하고 생성(生成)하는 모든 것에 엄밀히 지켜지고 있음을 우리들은 의심할 수 없을 것이다. 그리하여 나는 더욱 이런 법칙의 귀결을 음미하여 그때까지 내가 배우고 또는 배우고자 했던 모든 일보다도 더욱 유익하고 더욱 중요한 많은 진리를 발견했다고 생각한다.

그런 진리의 주된 것을 나는 한 논문에서 설명하고자 노력했다. 그러나 몇 가지 사정에 의하여 공표하지 못했으므로, 그러한 진리들을 사람들에게 제시하는 데는 그 논문의 내용을 여기서 간추려 말하는 것이 가장 좋은 방식이라고 생각된다. 나는 물질적 사물의 본성에 관해 그때까지 자기가 알고 있다고 생각한 모든 것을 그 논문에 포함시키고 싶었다. 그러나 예컨대 화가들이 입체(立體)의 여러 가지 면을 모두 평평한 화면에 충분히 그릴 수가 없으므로 중요한 한 면을 택하여 그 면을 중심으로 명암을 생기게 한 다음, 우리들의 시야에 들어오는 것만 이것들을 부분적으로 화면에 나타내는 데 그치듯이, 나도 마음에 갖고 있었던 모든 생각을 도저히 그 논문에 다 옮겨 쓸 수는 없다고 생각했으므로, 빛에 관해 내가 갖는 생각만을 충분하고도 자세히 설명하고자 했다.

그리하여 이 기회에 빛을 발산하는 태양과 항성에 관해서, 빛을 나르는 천공에 관해서, 또한 빛을 반사하는 유성·혜성·지구에 관해서, 또한 색이 있거나 투명하거나 반짝이는[1] 지상의 물체에 관해서도, 그리고 마지막으로 이런 모든 것을 보는 인간에 관해서도 각각 얼마쯤 덧붙이고자 했다. 뿐만 아니라 이런 모든 것을 약간 그늘지게 해 그것들에 관한 내 자신의 생각을 한층 거침없이 말할 수 있게 하고, 더구나 그때 학자들 사이에서 받아들여지고 있는 의견에 찬성하든가 반대하든가 하지 않아도 될 수 있도록, 나는 이 현실세계에 관한 한 전부 그 학자들의 논쟁에 맡겨 버리리라고 결심했다. 그리하여 가령 신이 상상적 공간의 어딘가에 새로운 세계를 형성하기에 충분할 만큼의 물질을 내고, 이 물질

---

1 갈릴레이가 로마의 종교 재판소에서 '지동설(地動說)'로 인해 유죄 판결을 받은 것은 1633년이었다. 데카르트는 이 소식을 듣고 그의 저서 《세계론》의 출판을 중지하기로 결심했다. 《방법서설》은 3년 뒤인 1636년에 완성되었으므로, 태양계에 관한 그의 의견은 그 동안의 소식을 말해 준다.

의 온갖 부분을 다양하게, 또한 무질서하게 뒤흔들어 시인이 상상하는 듯한 혼돈 상태를 이루어 놓은 다음, 그 위에 신은 다만 그 통상의 협력[2]만을 자연에게 주어 그가 정한 여러 법칙을 쫓아 자연이 움직이는 대로 내맡긴 경우로, 이 새로운 하나의 세계에 있어 탄생하게 될 그 무엇, 이것들에 관해서만 나는 이야기하고자 결심했다.

그리하여 나는 먼저 이 물질에 관해 말하고, 이전에 신과 인식에 관해 말한 것을 제외하고는 이만큼 명석하고 이만큼 이해하기 쉬운 것은 이 세상에 없다고 생각될 만큼 분명히 물질을 그려내어 제시하고자 힘썼다. 왜냐하면 나는 물질 속에는 학원에서 논의되는 것과 같은 '실체적' 형상(形相)이나 '실재적' 성질 등이라는 것은 존재하지 않고, 일반적으로 우리들이 모르는 척할 수조차 없을 정도로 그것들에 대한 인식이 우리들의 정신에 선천적으로 결여되어 있는 듯한 어떠한 것도 저 물질 속에는 존재하지 않는다고 명백히 상정하기까지 했기 때문이다.

다음에 나는 자연의 여러 법칙이 무엇인가를 제시했다. 그리하여 나의 추리를 신의 무한한 완전성이라고 하는 원리에만 의거하여, 조금이라도 의심할 여지가 있는 듯한 법칙은 모두 증명하고자 힘썼고, 그러한 법칙은 신이 끊임없이 많은 세계를 창조했다 해도 그것들의 어느 것에 있어서든 지켜지지 않는 경우란 있을 수 없는 법칙임을 제시하고자 힘썼다. 다시 계속해서 나는 다음의 것을 제시했다. 저 혼돈 상태에 있는 물질의 대부분이 이런 법칙을 쫓아 어떤 방식으로 배치되고 정돈되어 우리들의 모든 천공과 비슷한 것이 되는가[3]를 제시하고, 그렇게 하는 동안

---

2 스콜라 철학의 용어로서 통상의 협력이라는 것은 신이 세계에 대해서 자기의 존재를 보존한다는 의미이다. 이 용어는 물론 자연의 법칙에 의해서는 설명될 수 없는 기적과도 같은 신의 관여를 나타내는 비정상적인 협력과는 대립 관계에 있다.
3 에테르와 같은 물질에 소용돌이가 생기고, 그 중심에서 별이 생긴다. 각각의 소용돌이가 하나의 천공인 것이다.

물질의 어떤 부분은 지구를 만들고 어떤 부분은 유성과 혜성을 만들며, 또 다른 어떤 부분은 태양과 항성을 만드는가를 제시했다.

그리고 이곳에서 빛에 관한 문제로 향하여, 나는 태양이나 항성 속에서 발견되는 빛이란 어떠한 것이며, 어떻게 하여 빛은 태양이나 항성으로부터 파생되어 여러 천공의 광대한 공간을 일순간에 가로지르는가, 어떻게 하여 그것은 유성이나 혜성으로부터 반사되어 지구에 도달하는가를 매우 자세히 설명했다. 나는 또 이런 천공과 천체와의 실체·위치·운동 및 그 온갖 성질에 관해 많은 것을 덧붙였고, 그리하여 우리들이 살고 있는 이 세계 안에서 인식되는 천공이나 천체에는, 내가 지금 말하고 있는 세계 안에서 아주 비슷한 형태로 나타나고 있지 않는 것, 혹은 적어도 나타날 수 없는 것은 전혀 발견되지 않는다고 하는 것을 충분히 이해할 수 있도록 설명하리라 생각했다.

그리고 나는 지구에 관해 자세히 설명하는 일로 향했다. 지구를 형성하고 있는 물질 중에 '무게'라는 것을 신은 두지 않았다고 나는 분명히 가정했는데도 불구하고 역시 지구의 온갖 부분이 바로 그 중심을 향해 끌리고 있다는 점, 지구의 표면에는 물과 공기가 있기 때문에 모든 천공과 모든 천체와의 배치, 특히 달의 배치에 의해 그곳에 조수의 간만이 생기고, 이것은 우리들 세계의 바다에 있어서의 조수의 간만과 닮아 있다는 점, 그리고 물과 공기와의 양쪽에 동으로부터 서로 향하는 어떤 흐름이 생기는데, 이것도 역시 지상 세계의 열대지방에서 볼 수 있는 것과 같다는 점, 산·바다·샘·강 등이 지구상에 자연히 생기고 광물이 광산에서 생기고 식물이 들판에서 나고, 일반적으로 혼합체라든가 합성체라고 일컬어지는 모든 것이 그곳에서 탄생된다는 점, 그리하여 특히 이 세상에서 빛을 낳는 것으로서는 천체 이외에는 불밖에 인정되지 않으므로, 나는 불의 본성에 속하는 모든 것을 충분하고 명백히 말하고자 힘썼다.

불은 어째서 생기고 어째서 키워지는가. 어째서 불은 때로 열만을 갖고 빛을 갖지 않는가.[4] 또한 때로는 빛만을 갖고 열은 갖지 않는가.[5] 어떻게 하여 불은 온갖 물체에 온갖 다양한 색깔이나 그밖에 여러 가지의 성질을 생기게 할 수 있는가. 어떻게 하여 불은 어떤 물체를 녹이고 또 어떤 물체를 단단하게 하는가. 어째서 불은 대부분의 것을 태우는가, 즉 재와 연기로 바꾸는가. 마지막으로 어떻게 불은 이 재로부터 오로지 스스로의 활동에 의해 유리를 만들어 낼 수 있는가. 재에서 유리로의 이 변화는 자연에 있어 생기는 다른 어떤 변화 이상으로 놀랄 만한 것이라고 생각되었으므로, 나는 특히 즐겨 그것을 말했다.[6]

그렇지만 나는 이러한 모든 것으로부터 우리들이 사는 이 세계가 내가 말한 듯한 방식으로 창조되었던 것이라고 결론지으려 한 것은 아니었다. 왜냐하면 신이 세계를 처음부터 그것이 있어야 할 모습으로 있게 하였다는 편이 훨씬 진실하게 생각되기 때문이다.

그렇지만 신이 현재 세계를 보존하고 있는 활동은 신이 처음으로 세계를 창조할 당시의 활동과 일치한다는 것은 확실하며, 또 신학자들 사이에서 일반적으로 받아들여지고 있는 의견이다. 따라서 비록 신이 처음에 세계에 대해 혼돈의 형태밖에 주지 않았다고 가정해도, 동시에 신은 자연의 모든 법칙을 정하고 자연이 일반적인 방식으로 활동할 수 있도록 협력했다고 생각한다면, 단지 그것만으로도 순수하고 물질적인 모든 사물은 시간과 함께 우리들이 현재 볼 수 있는 것으로 될 수 있었으리라고 저 창조의 기적을 결코 해치는 일 없이 믿을 수가 있는 것이다. 따라서 그런 물질적인 것의 본성은, 그것들을 완성된 모습을 보는 편이 훨씬 이해하기 쉬운 것이다.

---

4 사료용 풀이나 석탄이 갖는 열의 경우.
5 인광(燐光)을 발하는 나무나 물의 경우.
6 유리는 천연으로 산출되지는 않지만 적어도 3000년 내지 4000년 전부터 인간들이 사용해 왔다. 서력 기원이 시작되기 훨씬 이전에 유리는 《성서》에서 말하는 가나안 땅에서 만들어졌다.

무생물체(無生物體)와 식물에 관한 서술에서 동물, 특히 인간에 관한 서술로 옮겼다. 그렇지만 동물이나 인간에 관한 한 당시 나의 지식은 아직도 불충분했고, 다른 것과 같은 방식으로 그것들에 관해 말할 수는 없었다. 즉 결과를 원인에 의해 논증하고, 어떠한 씨앗으로부터 어떠한 방식에 의해 자연이 그것들을 낳게 되는지를 밝힐 수가 없었던 것이다. 그래서 나는 다음과 같이 상정하는 것으로 만족했다. 즉 신이 외형에 있어서도, 내적 기관의 구조에 있어서도 우리들 중의 한 사람과 매우 비슷한 한 개의 인체를 만들고, 더구나 내가 이미 말한 물자만을 사용해 그것을 조립했던 것이며, 또한 처음엔 이성적 정신은 물론 이른바 식물적 정신이나 감각적 정신의 활동을 할 어떠한 것도 그곳에 깃들이게 하는 일 없이, 다만 그 인체의 심장 속에 저 빛 없는 불의 일종을 일으켰다고 상정하는 일로 만족했다 (이 종류의 불에 대해선 이미 위에서 말했는데, 그것은 내가 생각하기엔 풀을 말리지 않고 밀폐시켜 두면 그것을 가열시키는 불이나 새로운 포도액을 그 짠 찌꺼기와 함께 발효시킬 때 그 액을 비등시키는 불과 같은 성질의 불이다).

　왜냐하면 위와 같은 상정의 결과 이 인간의 신체 속에서 생길 수 있는 모든 기능을 조사하여, 나는 거기에서 우리들 속에 있되 우리들이 그것을 생각지 않는 온갖 기능—따라서 우리들의 정신(즉 신체와는 분리되어 있고, 생각하는 것만을 본성으로 하는 우리들의 부분)으로부터 아무런 도움도 받지 않고 우리들 속에 있는 것이 가능한 기능—을 고스란히 그대로 찾아냈기 때문이다. 그러므로 이런 기능은 모두 이성을 갖지 않는 동물이 우리들과 똑같이 갖고 있는 기능인 것이다. 다만 나는 거기서 저 생각하는 활동에 의존하며, 인간으로서의 우리들에게만 속하는 모든 기능은 찾아낼 수 없었다. 이쪽의 기능이 모두 발견되었던 것은, 뒤에 신이 이성적 정신을 만들고 내가 말한 어떤 방식으로 그것을 위의 신체에 결합했다는 걸 다시 상정한 다음의 일이었다.

　그렇지만 어떠한 식으로 내가 이 문제를 취급했는지를 보여 주기 위해, 나는 여기서 심장과 동맥과의 운동에 대해 설명하고자 한다. 이 운동은 동물에 있어 인정되는 제1의, 그리고 가장 근본적인 운동이므로, 다른 모든 운동에 관해 어떻게 생각해야 할 것인가는 이것으로써 쉽게 판단할 수가 있을 것이다. 그리하여 내가 이제부터 말하는 것을 쉽게 이해하고자 해부학에 능통하지 않은 사람들은 이것을 읽기 전에, 폐장을 갖는 큰 동물의 심장—그것은 인간의 심장과 여러 가지로 매우 닮아 있다—을 눈앞에서 해부해 보고, 거기에서 두 개의 심실(心室)을 보기를 바라는 것이다.

첫째는 심장의 오른쪽에 있는 심실인데, 여기에는 매우 굵은 두 개의 관이 통하고 있다. 하나는 대정맥으로서 혈액의 주된 용기(容器)이고, 신체 내의 다른 모든 정맥을 가지로서 갖는 나무의 줄기와 같은 것이다. 또 하나는 동맥성 정맥으로서—이것은 실상 동맥이므로 이름이 잘못되어 있는 것이지만—그것은 심장에 근원을 갖고, 그곳으로부터 많은 가지를 형성하면서 폐장의 온갖 부분에 퍼져 있다.

둘째는 심장의 왼쪽에 있는 심실로서, 여기에도 마찬가지로 두 개의 관이 통하고 있고, 이것들은 앞의 관과 같은 정도이거나 혹은 한층 굵다. 하나는 정맥성 동맥으로서—이것은 실상 정맥이므로 역시 이름이 잘못되어 있는 것이지만—폐장으로부터 오고 있으며, 폐장에서 많은 가지로 나뉘어져 있고, 그 가지는 동맥성 정맥의 많은 가지와, 또 호흡기관이 갖는 많은 가지와 얽혀 있다. 또 하나의 관은 대동맥으로서, 심장으로부터 나와 온몸에 가지를 뻗치고 있다.

그런데 나는 또 두 개의 심실에 있는 네 개의 입구를 마치 작은 문과 같은 상태로 열리든가 닫히든가 하는 열한 개의 작은 판(瓣)을 조심스럽게 살펴보기를 바란다. 열한 개의 판 가운데 삼첨판(三尖瓣)은 대정맥의 입구에 있고, 이 판은 대정맥 속의 혈액이 심장의 우심실로 유입하는 것을 방해하지 않지만, 반대로 혈액이 심장으로부터 나오는 것을 엄격히 저지한다. 또 세 개의 반월판(半月瓣)은 동맥성 정맥의 입구에 있고 앞의 것과 완전히 반대 방향에 위치하고 있어, 이 심실에 있는 혈액이 폐장으로 가는 것을 방해하지는 않지만, 폐장에 있는 혈액이 돌아오는 것은 결코 받아들이지 않는다.

마찬가지로 다른 두 개의 이첨판(二尖瓣)은 정맥성 동맥의 입구에 있고 혈액이 폐장으로부터 좌심실로 유입하는 것은 방해하지 않지만, 그것이 되돌아오는 것은 받아들이지 않는다. 또한 세 개의 반월판은 대동맥의 입구에 있고 혈액이 심장으로부터 나가는 것은 방해하지 않지만, 심장으로 돌아오는 것은 저지한다. 그리하여 이들 판의 수가 열한 개인 이유는 정맥성 동맥의 입구가 그 장소의 사정에 의해 달걀 모양을 하고 있어서 두 개의 판으로 편리하게 닫히지만, 다른 세 개의 입구는 원형으로서 세 개의 판으로 잘 닫힌다는 것으로 충분하다.

그런 다음 다시 다음의 것도 보여 주고자 한다. 즉 대동맥과 동맥성 정맥은, 정맥성 동맥이나 대정맥보다 훨씬 단단하고 튼튼하게 만들어져 있다는 것과, 또한 정맥성 동맥과 대정맥은 심장에 들어가기 전에 부풀어 오른 두 개의 주머니와 같은 모양인 까닭에 심장의 귀라 불리고 심장과 같은 살로 만들어져 있다는 것이다. 또한 심장 안에는 항상 신체의 어떤 다른 장소에 있어서보다도 많은 열이 있다는 것과, 마지막으로 혈액이 몇 방울 심실에 들어가게 되면 이 열의 힘에 의해 한순간에 부풀고 팽창되어, 그것은 액체가 뜨거운 용기 속에 한 방울씩 떨어뜨려지는 경우와 똑같다. 이런 것을 염두에 두기 바란다.

왜냐하면 그것만 염두에 두면 심장의 운동에 대한 설명은 다음으로 충분하기 때문이다. 즉 심장의 심실에 혈액이 차 있지 않을 때는 대정맥으로부터 우심실로, 정맥성 동맥으로부터 좌심실로 혈액은 필연적으로 유입한다. 왜냐하면 대정맥과 정맥성 동맥은 언제나 혈액으로 차 있고, 또한 그것에서 심장에 이르는 입구는 이때 닫혀 있지 않기 때문이다.

따라서 이와 같이 하여 두 방울의 혈액이 각각 저마다의 심실에 들어가면 이 방울—입구가 매우 크기 때문에 이 피의 방울도 매우 크다—은 심장 내에 있는 열로 인해 희박해지고 팽창하며, 이 팽창에 의해 심장 전체를 부풀게 하고, 혈액이 흘러든 두 개의 관 입구에 있는 다섯 개의 작은 문을 밀쳐 닫아 버림으로써 혈액이 더 이상 심장 속으로 흘러들지 못하도록 한다. 그리하여 더욱더 희박해지면서 다른 두 개의 관, 즉 동맥성 정맥과 대동맥의 입구에 있는 다른 여섯 개의 문을 밀어 열고 나가 마침내 동맥성 정맥과 대동맥의 모든 가지를 심장과 거의 동시에 팽창시킨다. 그런데 심장은 곧 다시 수축되고 동맥도 역시 수축되는데, 이것은 그곳에 들어간 혈액이 식기 때문이다. 그래서 동맥의 여섯 개의 판은 또다시 닫히고 대정맥과 정맥성 동맥의 다섯 개의 판이 또다시 열려 두 방울의 피를 통과하게 하고, 이것들이 앞의 두 방울과 마찬가지로 또다시 심장과 동맥을 부풀게 해주는 것이다.

그리하여 이렇듯 심장으로 흘러들어가는 혈액은 심이(心耳)라고 불리는 두 개의 주머니를 지니게 되는데, 이 때문에 심이의 운동은 심장의 운동과 반대가 되고, 심장이 팽창할 때 심이는 수축하게 된다. 그리고 수학적 논증의 힘을 알지 못하고 참된 추리인 것처럼 보이는 추리로부터 구별하는 일에 서투른 사람들이 내가 이곳에서 설명한 것을 경솔하게 부정하는 일이 없도록 다음의 것을 주의해 두고 싶다. 즉 마치 시계의 운동이 추 및 톱니바퀴의 힘이나 위치 및 모양으로부터 필연적으로 생기는 것과 마찬가지로, 내가 지금 설명한 심장의 운동은, 심장에 있어 우리가 눈으로 분명히 인정할 수 있는 모든 기관의 배치 그 자체와, 심장에 있어 손가락으로써 느낄 수 있는 열과 실험에 의해 알 수 있는 혈액의 성질로서 필연적으로 생기는 것이라는 사실을.

그렇지만 정맥의 혈액이 그와 같이 쉴새없이 심장에 유입되고 있음에도 불구하고 어째서 말라붙지 않는가, 또 심장에 유입된 혈액은 모두 동맥으로 옮겨짐에도 불구하고 어째서 동맥이 혈액으로 넘치는 일이 없는가 하고 묻는다면, 영국의

한 의학자[7]에 의해 이미 책에 씌어진 것 이외의 대답을 할 필요는 없다. 이 의학자는 이 문제에 관해, 얼음을 깨고 처음으로 다음의 일을 가르친 사람으로서 칭찬하지 않으면 안 된다. 즉 동맥의 말단에는 많은 작은 통로가 있고, 심장으로부터 동맥에 유입된 혈액은 그 통로를 지나 정맥의 작은 가지에 유입되며, 그리고 다시 심장에 유입되는 것으로서, 이리하여 혈액의 흐름은 끊임없는 순환이라는 것이다. 이 점을 그는 외과의사가 그러하듯이 간단한 실험에 의해 대단히 잘 증명하고 있다.

그 실험이란, 팔의 정맥을 절개한 다음, 그 절개한 부분의 위쪽을 알맞은 강도로 동여맴으로써 그곳을 동여매지 않았을 때보다도 많은 양의 혈액을 절개한 부분으로부터 유출시키는 일이다. 그러므로 만일 절개 부분보다 아래쪽을 절단 부분과 손끝 사이에서 묶든가, 혹은 절개 부분보다 위쪽을 이번에는 아주 세게 묶든가 한다면 정반대의 현상이 일어날 것이다. 왜냐하면 명백히 알맞게 묶은 끈은 이미 팔에 와 있는 혈액이 정맥을 지나 심장 쪽으로 유입되어 가는 것을 저지할 수 있지만, 동맥을 지나 새로운 혈액이 항상 유입되는 것을 저지할 수는 없기 때문이다. 즉 동맥은 정맥보다도 안쪽에 있고 그것의 막(膜)은 정맥보다도 튼튼하여 누르기가 어려우며, 또한 심장으로부터 오는 혈액은 동맥을 지나 손 쪽으로 갈 때가, 정맥을 지나 손으로부터 심장에 돌아갈 때보다도 훨씬 세차게 흐르는 것이다.

그러므로 이 동맥혈은 정맥의 하나에 있는 절개한 부분을 통하여 팔로부터 흘러나오는 것이므로 끈보다 아래쪽에, 즉 손끝에 어떤 통로가 아무래도 있어야만 하고, 그것을 거쳐 혈액은 동맥으로부터 정맥에 유입될 수 있는 것이어야만 하는

---

7 하비(Harvey, William : 1578~1657)를 말한다. 혈액 순환의 발견에 의해 고전 의학을 완전히 뒤엎고 근대 실험 생리학을 개척했다.

것이다.

그는 또 혈액의 순환 방식에 관한 자신의 주장을, 첫째로 어떤 종류의 판이 있음을 제시하는 것에 의해, 둘째로 어떤 실험에 의해 대단히 교묘하게 증명하고 있다. 즉 첫째로 정맥에 따라 온갖 장소에 어떤 종류의 작은 판이 있고, 이것들이 정맥혈을 신체의 중심으로부터 말단에 역류시키지 않고 다만 말단으로부터 심장에 다시 유입되는 것만을 허용하는 것이다. 또한 둘째로 단 한 개의 동맥을 절개할 뿐이며, 설령 그 동맥을 심장과 매우 가까운 곳에서 단단히 동여매고 그 끈과 심장 사이에서 절개할 경우라도 신체 내부에 있는 혈액은 극히 짧은 시간 안에 전부 그곳에서 유출되어 버린다. 따라서 혈액이 심장 이외의 곳으로부터 온다고 상상할 여지는 전혀 없는 것이다.

그렇지만 혈액의 이와 같은 운동의 참된 원인은 내가 위에서 말한 바와 같으며, 그것을 증거할 많은 다른 사항이 있다. 이를테면 첫째, 정맥으로부터 나오는 혈액과 동맥으로부터 나오는 혈액과의 사이에 인정되는 상위는, 혈액이 심장을 지남으로써 희박해지고, 이를테면 증류되기 때문에 심장으로부터 나오는 순간, 즉 동맥 안에 있을 때는 심장에 돌아가기 직전, 즉 정맥 안에 있을 때보다도 더 미세하고 더 활발하며 더 뜨겁다는 것에서 유래한다고밖에 생각할 수 없다. 그리하여 좀더 유심히 살펴본다면, 이 상위가 심장 가까이에서만 두드러지게 나타나고, 심장과 멀리 떨어진 장소에서는 그리 두드러지게 나타나지 않는다는 것을 발견할 수 있을 것이다.

둘째, 동맥성 정맥과 대동맥을 형성하고 있는 막이 단단하다는 것은, 혈액이 정맥의 막벽(膜壁)보다도 동맥의 막벽 쪽에 보다 강한 힘으로 충돌한다는 것을 충분히 나타내고 있다.

셋째, 좌심실과 대동맥이 우심실 및 동맥성 정맥보다도 더욱 넓고 굵은 이유는 무엇일까? 그것은 정맥성 동맥 안에 있는 혈액이 이미 심장을 거치고 폐장도 지나 대정맥으로부터 왔을 뿐인 혈액보다도 더욱 미세하고 세차며, 또한 더욱 쉽사리 희박해지기 때문이라고밖에 설명할 수 없다.

넷째, 혈액은 그 성질을 바꿈에 따라 심장의 열에 의해 희박해지는 일이 이전보다도 강해지거나 약해지고, 또한 빨라지거나 늦어진다는 것을 의사가 만일 모른다면, 그들은 맥박을 통해 대체 무엇을 깨달을 수 있다는 것일까.

다섯째, 심장의 열이 어떻게 신체의 다른 부분에 전해지는가를 조사해 보면, 그것은 혈액이 심장을 통과하는 일에 의해 가열되고 그곳에서부터 전신을 순환하기 때문이라고 인정하지 않으면 안 될 것이다. 그래서 만일 신체의 어딘가로부터 혈액을 제거하면, 동시에 그곳으로부터 열을 제거하는 것이 된다. 또한 심장이 비록 달군 쇠처럼 뜨겁더라도 그것이 쉴새없이 새로운 피를 내보내지 않는다면, 사실상 인정될 만큼 손이나 발을 따뜻하게 하기에는 이르지 못할 것이다.

다음에 여섯째, 위의 일로 미루어 알 수 있는 것이지만, 호흡의 참된 용도는 폐장에 신선한 공기를 충분히 공급해 줌으로써 심장의 우심실에서 희박해져, 이를테면 증기로 바뀌어 폐장에 온 혈액을 좌심실로 들어가기 전에 폐장에서 식혀 진하게 하고, 또다시 액체 상태로 바꾸는 일이다. 이러지 않는다면 혈액은 심장 속에 있는 물의 알맞은 양분이 될 수 없는 것이다. 이것은 또 다음의 사실로도 확인된다. 즉 폐장이 없는 동물은 심장에 있어서도 하나의 심실밖에 갖고 있지 않고, 또한 어머니의 태내에 갇혀 있는 동안 폐장을 사용할 수 없는 태아는 혈액을 대정맥으로부터 좌심실로 흘려 보내는 하나의 구멍과, 동맥성 정맥으로부터 폐장을 거치지 않고 대동맥으로 혈액을 이끄는 관을 갖고 있는 것이다.

일곱째, 만일 심장이 동맥에 의해 위장에 열을 보내지 않고, 또한 동시에 위장에 섭취된 식물을 녹이는 역할을 하는 혈액의 가장 유동적인 부분의 얼마쯤인가를 위장에 보내지 않는다면 어떻게 위장이 소화기능을 발휘할 수 있겠는가? 그리하여 만일 그 식물의 즙이 몇 번이고, 아마도 매일매일 100회 또는 200회 이상 심장을 통과함으로써 증류된다는 것을 생각하면, 식물의 즙을 혈액으로 바꾸는 작용에 대해서도 쉽게 이해할 수 있는 것이 아닐까?

여덟째, 영양 작용과 체내에 있는 각종 체액의 산출을 설명하는 데에는 다음의 일만으로도 충분한 것이 아닐까?[8] 즉 혈액이 희박해져 동맥의 말단에 나아가는 힘의 활동에 의해 혈액 중 일부는 때마침 만난 신체 부분의 사이에 머무르게 되고, 그곳에 이전부터 있었던 혈액의 부분을 몰아내고 대신 그 자리를 차지하게 된다. 그리하여 혈액이 만나는 구멍의 위치·모양·크기에 따라 혈액의 어떤 부분은 다른 부분과는 다른 장소로 향하게 되는데, 그것은 바로 여러 가지 형태를 가진 체가 제각기 다른 크기를 가진 낟알을 구별해 내는 것과 같은 것이다.

마지막으로 아홉째는, 이런 모든 사항 중 가장 주목해야 할 것은 동물 정기(動物精氣)[9]의 발생이다. 동물 정기란 극히 미세한 공기와 같은 것, 혹은 오히려 매우 순수하고 활발한 불길과 같은 것으로서, 쉴새없이 심장에서 뇌를 향해 풍부히 올라가고, 거기서부터 신경관(神經管)에 의해 근육 쪽으로 향하며 신체의 모든 부분에 운동을 주는 것이다. 이때 혈액의 모든 부분 중 가장 활동적이고 투과력이 강하여 이 정기가 되기에 가장 알맞은 부분을 뇌 쪽으로 향하게 하며 다른 쪽으로는 향하지 않게 하는 원인으로서는 다음의 일을 생각하면 된다.

즉 정기를 뇌로 보내는 모든 동맥은 다른 동맥보다도 심장으로부터 가장 직선적으로 뇌에 이른다는 것과, 또한 좌심실에서 나온 혈액이 뇌로 향할 때와 마찬가

---

8 신체의 각 부분은 혈액으로부터 영양을 얻고, 불필요한 부분은 소변이나 땀으로서 밖으로 배출되는 것으로 생각된다. 체액이란 소변·땀·타액 등을 말하는 것이다.

9 동물 정기에 대한 이론은 데카르트 생리학에 있어 가장 중요한 부분이다. 이러한 개념은 스콜라 철학에서 생겨난 것인데, 스콜라 철학이 동물 정기 속에서 혼합된 실체를 보는 데 반해 데카르트는 동물 정기를 매우 미세하고 운동성이 있는 물질의 작은 분자라고 생각하고 있다. 따라서 동물 정기는 심장의 열이 동물에게 주는 극단적인 속도만을 취하고 있는 가장 거친 부분으로부터 분리되는 과정의 혈액에서 생겨난다. 그리하여 동물 정기는 송과선(松果腺) 부근에 위치하고 있는 뇌의 공간에서 만나, 운동과 감각의 기계론적 작용의 역할을 하는 모든 기관으로 퍼진다.

지로 많은 것이 동시에 같은 방향으로 움직이려 하지만, 그 방향에 그것들 전부를 수용할 만한 충분한 장소가 없을 때는, 자연의 규칙이기도 한 기계적 기술의 규칙에 의거하여 보다 약하고 보다 활발하지 못한 것은 보다 강한 것에 의해 밀려나게 되고, 따라서 보다 강한 것만이 그 장소에 도달할 수가 있다는 것이다.

이러한 모든 것을 이전에 발표하려고 했던 논문 속에서 나는 꽤 자세히 설명했다. 그리고 이어서 다음과 같은 것도 말했다. 목이 잘려 떨어지면 그것은 이미 생명체가 아님에도 불구하고 한동안은 여전히 움직이며 흙을 깨물든가 한다는 예에서 볼 수 있듯이, 동물 정기가 인간의 신체 부분을 내부로부터 움직이는 힘을 가질 수 있기 위해서는 신경이나 근육의 구조는 어떻게 형성되어야만 하는 것일까? 각성이나 수면이나 꿈을 일으키기 위해서는 어떠한 변화가 뇌 속에 일어나야만 하는 것일까? 빛·소리·향기·맛·열, 그밖의 외적 대상이 갖는 모든 성질이 어떤 방식으로 감각기관을 통하여 뇌 속에 갖가지의 관념을 새길 수 있는 것일까? 어떤 방식으로 굶주림이나 목마름이나 그밖의 내적 정념(情念)도 또한 자기 자신의 관념을 뇌에 보내 줄 수가 있는 것일까? 뇌 속에서 그러한 관념을 받는 장소인 공통 감각은 어떠한 것이라고 생각해야만 하는 것일까? 관념을 보존하는 이른바 기억이란 어떠한 것일까? 관념을 여러 가지로 바꾸든가, 새로운 관념을 조립하는 일이 가능한 상상이란 어떠한 것일까?

그리하여 이 상상은 또 동물 정기를 근육 속에 보내주고, 이 인체의 모든 부분에 여러 가지의 운동을 행하게 하는 것으로서, 그 운동은 우리들의 신체 부분이 의지에 이끌리는 일없이 행하는 운동과 그 다양성에 있어 똑같고, 또한 감각기관에 나타나는 온갖 대상 및 신체 내에 있는 각종 내적 정념에 따라 매우 다양하다는 점에서도 똑같은 것이다.—인간이 그 기술로써 여러 가지 자동 기계를 만들 수 있음을 아는 사람들, 더구나 그때 다수의 뼈·근육·신경·동맥·정맥과, 그밖에 각 동물의 신체가 갖는 여러 부분에 비하여 극소수의 부분밖에 사용하고 있지 않음을 아는 사람들은 위와 같은 인체가 신의 손에 의해 만들어진 까닭에 인간이 만들어 낼 수 있는 어느 기계와도 비교가 되지 않을 만큼 뛰어난 질서를 가졌고, 또한 훌륭한 운동을 스스로 할 수 있는 하나의 기계라고 간주할 것이다. 또한 그러한 사람들이라면 위에서 내가 말한 것을 기묘한 일이라고는 생각하지 않을 것이다.

그리고 나는 여기서 멈추어, 다음의 것을 말해 두었다. 원숭이 또는 어떤 다른 이성을 갖지 않은 동물과 동일한 기관을 가지며 동일한 모양의 기계가 있다면, 그 기계가 그런 동물과 어느 점이 다르다고 인정할 만한 수단을 우리들은 갖지 못할 것이다. 그렇지만 우리들의 신체와 매우 유사하고, 또한 우리들의 행동을 흉내내는 듯한 기계가 있다 하여도, 그것은 결코 인간이 아니라는 것을 인정하기 위한 확실한 두 가지의 수단을 우리들은 가지게 될 것이다.

첫번째는, 우리들이 타인에게 자기의 생각을 전달하는 데 말을 사용하거나, 또는 다른 기호를 조립하여 사용하는 일을 그러한 기계들은 결코 할 수 없을 것이라는 점이다. 기계가 말을 할 수 있도록, 나아가서 그 기관에 어떠한 변화를 일으키는 물체적 작용에 따라 어떠한 말을 할 수 있도록까지―이를테면 어느 부분을 만지면 '무슨 도울 일이라도' 하고 묻는다거나 다른 부분을 만지면 '아프다'고 외친다든가―만들어져 있다고 생각할 수는 있다. 그렇지만 그러한 기계가 자기 앞에서 모든 질문에 대답을 하기 위해 말을 여러 가지로 배열한다고는 생각할 수 없다. 이것은 아무리 어리석은 인간이라도 할 수 있는 일이다.

그런데 두 번째 수단은, 그러한 기계는 많은 것을 우리들처럼, 때로는 우리들보다 훨씬 더 능숙하게 할 수 있을 테지만, 결코 할 수 없는 일도 있을 것이다. 이런 점으로 보아 그 기계는 인식에 의해 행동하고 있는 것이 아니라, 단지 기관의 배치에 의해 행동하고 있는 것이라는 사실이 폭로되는 것이다. 왜냐하면 이성은 보편적인 도구로서 온갖 종류의 기회에 사용할 수 있는 것이지만, 그런 기관은 하나하나의 개별적인 행동을 위해 일종의 개별적인 배치를 필요로 하는 것이며, 따라서 삶의 여러 상황에서 우리들의 이성이 우리들을 행동시키는 것과 같은 방식으로 그 기계가 행동할 수 있도록 다양한 기관의 배치가 하나의 기계 속에 있다는 일은 사실상 불가능한 것이기 때문이다.

그런데 이 두 가지 수단에 의해, 인간과 동물의 다른 점을 알 수 있다. 아무리 둔하고 어리석은 사람일지라도, 또한 정신이상자라도 여러 가지 단어를 모아 배열하고 하나의 이야기를 만들어 내어 자기의 생각을 다른 사람에게 전할 수가 있다. 그러나 동물의 경우에는 아무리 완전하고 훌륭한 소질을 가졌더라도 그와 같은 일은 절대로 할 수가 없다. 이것은 주목할 만한 일이다. 그것은 동물에게 어떠한 기관이 결여되어 있기 때문에 생기는 일은 아니다. 그 증거로, 까치나 앵무새는 우리들과 마찬가지로 말을 할 수는 있지만, 우리들과 같은 식으로 이야기하지는 못한다. 즉 자신이 입에 담는 것이 자기가 생각하고 있는 것임을 명백히 제시하면서 이야기하지는 못하는 것이다.

그런데 인간은 선천적으로 농아자로서 다른 사람이 말을 하기 위해 사용하는 기관을 결여하고 있다는 점에서 동물과 똑같거나, 혹은 동물보다 심할 경우마저도 어떤 종류의 기호를 스스로 만들어 내는 것이 보통이고, 그러한 기호에 의해 시종 그들과 함께 하면서 그들의 말을 배우고자 하는 사람들에게 자기의 생각을 전달할 수 있는 것이다. 그러므로 이것은 동물이 인간보다도 적은 이성을 갖는다는 것을 나타낼 뿐만 아니라, 나아가서는 이성을 전혀 갖고 있지 않다는 것을 나타내는 것이다. 왜냐하면 이야기를 하기 위해서는 약간의 이성밖에 필요하지 않음은 명백하기 때문이다. 그러므로 동일한 종(種)에 속하는 개개의 동물 사이에는 개개의 인간 사이에 있어서와 마찬가지로 불평등이 인정되고, 어떤 동물은 다른 동물보다 훈련시키기가 쉽다는 것이 사실이므로, 그 종에 있어 가장 완전한 한 마리의 원숭이 또는 앵무새가, 인간 중 가장 어리석은 어린이, 혹은 적어도 지능상으로 문제가 있는 어린이보다도 말의 사용이라는 점에서 뒤떨어진다는 것은, 만일 그들의 정신이 우리들의 정신과 완전히 다른 것이 아니라고 한다면 도저히 믿기지 않는 일이다.

그리고 또 말과 자연적인 행동을 혼동해서는 안 된다. 자연적인 행동은 정념을 표명하며, 동물에 의해서도 또한 기계에 의해서도 모방할 수 있는 것이다. 또한 어떤 고대인들[10]과 같이, 우리들이 이해할 수는 없지만 동물은 말을 하고 있다고 생각해선 안 된다. 만일 그것이 사실이라면 동물들은 우리들의 기관과 비슷한 많은 기관을 갖고 있는 것이므로, 그들은 그들의 동류(同類)에게 이야기를 전달할 수 있는 것과 마찬가지로 우리들에게도 이야기를 전달할 수 있을 것이기 때문이다.

또한 다음과 같은 주목할 만한 일도 있다. 많은 동물의 행동 중에는 우리 인간들을 능가하는 교묘함을 보이지만, 그 동물들이 다른 많은 사항에 있어서는 전혀 그러한 교묘함을 보이지 않는 일이 인정된다. 따라서 그들이 우리들보다 잘한다는 것은 그들이 정신을 갖고 있다는 증명은 될 수 없다. 왜냐하면 만일 그러하다면 그들은 우리들 중 누구보다도 많은 정신을 갖는 셈이 되고, 모든 일에 있어 우리들보다 잘할 것이기 때문이다. 그것은 오히려 그들이 정신을 전혀 갖지 않고, 그들 중에는 자연이 그들의 온갖 기관의 배치에 따라 활동하고 있다는 증거인 것이다. 흡사 시계가 톱니바퀴와 태엽만으로 조립되어 있는데도 불구하고 우리들이 지혜를 다 동원해도 따르지 못할 정확성으로 시간을 셈하고 시간을 재는 일을 할 수 있는 것과 같다.

---

10 루크레티우스 등을 말한다. 루크레티우스는 고대 로마의 시인이자 철학자로서 에피쿠로스에 심취하였으며, 그의 철학시 《만유의 본성》에서 유물론을 주장하였다. 특히 그는 "종교의 근원은 무지로부터 비롯되는 공포이다. 즉 지상에 최초의 신을 만든 것은 공포이다."라고 했다. 후세의 유물론 및 계몽사상에 큰 영향을 미쳤다.

다음으로 나는 이성적 정신에 관해 말하고, 그것이 지금까지 말해 왔던 것처럼 물질의 힘으로부터 추출할 수 있는 것은 결코 아니며, 특별히 창조된 것이 아니면 안 된다는 것을 제시했다. 그리하여 또한 이성적 정신은 수로(水路) 안내인이 배에 타고 있는 듯한 식으로 인간의 몸 안에 깃들여 있는 것만으로는 불충분하다는 것(하기야 손발을 움직이기 위해서라면 그리 생각하는 것만으로도 충분할지 모르지만), 그것에 더하여 우리들이 갖는 감각이나 욕망을 가질 수가 있고, 따라서 한 사람의 참된 인간을 형성할 수 있기 위해서는 정신은 신체에 더욱 밀접히 결부되고 합일(合一)되어 있지 않으면 안 됨을 나는 제시했다.

그리고 나는 여기서 정신의 문제에 관해 다소 구체적인 논의를 했다. 그것은 가장 중요한 문제의 하나이기 때문이었다. 즉 신을 부정하는 사람들의 잘못은 이미 충분히 반박했다고 나는 생각하지만, 이 잘못에 뒤이어 동물의 정신이 우리들의 정신과 같은 성질의 것이고, 따라서 파리나 개미와 마찬가지로 우리들도 이세상의 삶이 있고 난 뒤에는 아무런 두려움도 바람도 갖지 않는다고 믿어 버리는 일만큼, 약한 정신을 덕의 길로부터 벗어나게 하기 쉬운 잘못은 존재하지 않는 것이다.

그리하여 반대로 우리들이 동물의 정신과 인간의 정신이 얼마만큼 다른 것인지를 안다면, 우리들의 정신이 신체로부터 완전히 독립되어 있는 종류의 것이고, 따라서 신체와 함께 죽어야만 할 것이 아니라는 증명에 대한 논의를 훨씬 잘 이해할수 있을 것이다.

한편 또 정신이 파괴되기에 이르는 원인으로서는 신체의 죽음 이외에는 아무것도 발견되지 않는 것이므로, 사람은 절로 정신이 불사(不死)라고 판단하게 되는 것이다.

제6부

지금으로부터 3년 전, 이것들 모두를 풀이한 논문을 끝내고 출판사에 넘기기 위해 수정을 하고 있을 때, 나의 사상에 대해 권위를 갖는 사람들[1]이 조금 전에 어떤 사람[2]에 의해 발표된 자연학상의 한 의견을 반박했음을 알게 되었다. 그런데 나 자신이 그 의견에 동감한다고 말할 생각은 없지만, 즉 그들의 검열이 있기 전에는 그 의견 중에 종교에도 국가에도 유해(有害)하다고는 인정하지 않았다. 가령 이성이 나로 하여금 그 의견을 취하도록 했다 해도, 나에게 그 논문의 발표를 단념케 할 만한 점은 무엇 하나 발견되지 않았다고 말해 두고 싶다.

또한 나는 지금까지 확실한 논증 없이는 어떠한 새로운 의견도 나의 신념 속에 받아들이지 않을 것이며, 누군가에게 불리하게 작용할 것 같은 의견에 관해서는 아무것도 쓰지 않겠다고 매우 주의를 기울여 왔다. 하지만 위와 같은 일이 있고 보니 나의 의견 중에도 역시 오류가 있을지도 모른다는 생각에 두려워졌다.

아무튼 이 일은 내 의견을 발표하고자 하는 내 결심을 바꾸도록 하기에 충분했었다. 왜냐하면 내가 그 결심을 한 이유는 대단히 유력한 것이기는 했지만, 책을 만들어 내는 일을 싫어했던 나의 본래적인 경향은 그 결심을 번복할 구실이 되는

---

1 로마 교황청의 사람들을 말한다.
2 갈릴레이를 말한다.

온갖 다른 이유를 즉각 발견하게 했기 때문이었다. 그러한 여러 가지 이유를 여기서 말하고 싶지만, 나뿐만이 아니라 세상 사람들 또한 그것을 알고 싶다고 생각할지도 모른다.

나는 나 자신의 정신에서 나온 것을 대단하다고 생각한 적은 한 번도 없다. 그리하여 내가 사용하는 방법이 탄생시킨 열매로 수확한 것이, 이론적인 학문에 속하는 어떤 난문에 관해 만족할 만한 해답을 얻었다든가, 혹은 그 방법이 나에게 가르치고 있는 온갖 이유로 의해 내가 스스로의 행동을 규정하는 데 힘썼다든가, 이러한 일에만 머물렀던 동안은 그것에 관해 나는 무언가를 써야만 한다고는 생각하지 않았다. 왜냐하면 도덕에 관한 한 각자가 나름대로 충분한 생각을 갖고 있게 마련이며, 만일 신이 군주로서 인민 위에 앉혔다든가, 또한 충분한 은총과 열의를 부여한 다음 예언자로 삼은 것이 아닌 다른 사람들에게 도덕을 조금이라도 변혁하는 일이 허용된다면 사람들의 머릿수만큼의 개혁자가 나타날지도 모르기 때문이다. 또한 나의 이론적 사색은 참으로 내 마음에 들지만, 다른 사람들도 또한 어쩌면 더한층 그들의 마음에 드는 이론을 갖고 있을 것이라고 나는 생각했던 것이다.

그렇지만 내가 자연학에 관해 어떤 일반적인 원리를 획득하고, 그것들을 온갖 특수 문제에 있어 시험하기 시작하면서 그러한 원리가 어디까지 인도해 줄 수 있으며, 또한 지금까지 사람들이 써 온 여러 원리와 어느 정도의 상위점을 보이고 있는가를 인식하자마자, 나는 그것들을 사람들에게 알리지 않고서 두는 일이, 우리들의 힘이 있는 한 온갖 인간의 일반적 행복을 꾀하라고 명하는 저 율법에 아무래도 크게 어긋난다고 생각하기에 이르렀다.

왜냐하면 그러한 일반적 원리가 나에게 가르치는 바에 의하면, 인생에서 극히 유익한 온갖 인식에 이르는 일이 가능하다는 것이었고, 학원에서 가르쳐지는 이론적 철학 대신 하나의 실제적 철학을 찾아낼 수 있으며, 이것에 의해 우리들은 불이나 물이나 바람이나 별이나 천공이나 그밖에 우리들을 둘러싸는 모든 물체가 갖는 힘과 그 활동을 장인(匠人)들처럼 명백하게 알아, 그러한 것을 장인의 기능을 사용할 경우와 마찬가지로 저마다에게 알맞는 용도에 충당할 수가 있고, 이리하여 우리들 자신을 자연의 주인 또는 소유자로 만들 수 있기 때문이다.

이 일은 다만 애쓰지 않고서 지상 세계의 온갖 과실과 편의를 사람들로 하여금 즐기게 하는 숱한 기술의 발명이라는 점에서 바람직할 뿐 아니라 또한 주로 명백히 지상 세계에서의 삶의 제일선(第一善)이고, 한편 온갖 다른 선의 기초인 건강의 보지(保持)라고 하는 점에서도 바람직한 것이었다. 즉 정신마저도 체질과 신체의 모든 기관의 배치에 의존하는 바가 크기 때문에, 인간을 지금까지보다도 더한층 현명 또는 유능하게 만드는 어떤 수단이 발견될 수 있는 것이라면, 그것은 의학 중에서 구해야 마땅할 것이라고 생각될 정도인 것이다.

현재 행해지고 있는 의학에는 눈부신 효용(效用)을 나타내는 것이 거의 포함되어 있지 않다. 그렇다고 해도 나는 지금의 의학을 경멸할 마음은 조금도 없지만, 누구라도 의술을 업으로 삼는 자마저도 현재 의학에 있어 알려져 있는 모든 사항이, 앞으로 알아야 할 것으로서 남겨져 있는 사항에 비하면 거의 무(無)나 같다고 인정하지 않을 수 없다. 또한 신체 및 정신의 숱한 병에 관해, 그리고 노년의 쇠약에 관해서조차도, 만일 그것들의 원인 및 자연이 우리들에게 주고 있을 온갖 요법을 충분히 안다면, 사람들은 그것들을 피할 수 있으리라고 확신하는 것이다.

그런데 나는 이와 같이 필요한 학문을 탐구하는 데 전생애를 바치리라 마음먹고, 단명(短命)이나 실험의 부족에 의해 방해받지만 않는다면, 틀림없이 그 학문의 발견으로 인도해 준다고 생각되는 하나의 길을 찾아낼 수가 있었는데, 이 단명과 실험의 부족이라는 두 가지 장해에 대한 대책으로서는 다음과 같이 판단했다. 즉 내가 찾아낸 것은 그것이 아무리 적을지라도 모두 있는 그대로 세상에 전함으로써 유능한 사람들을 나보다도 더욱 앞으로 나아가도록 촉진하고, 그들이 각자의 기호와 능력에 따라 필요한 실험에 협력하도록 하는 한편, 그들도 또한 자기 자신이 배워 온 바를 모두 세상에 전하도록 촉진하는 일이었다. 이렇게 하면 뒷사람은 앞사람이 이루어 놓은 곳에서부터 시작하게 되고, 이렇듯 많은 사람의 생애와 노력을 합치는 것에 의해 우리들은 모두 함께 각자가 혼자서 도달할 수 있는 것보다 훨씬 멀리까지 나아갈 수 있으리라고 생각했던 것이다.

그밖의 실험에 관해서는, 우리들의 지식이 나아가면 나아갈수록 그것이 더욱더 필요해진다는 것을 나는 인식했다. 왜냐하면 처음 한동안은 우리들의 감각에 저절로 나타나고, 조금만 주의해서 살펴보면 반드시 알 수 있는 경험을 사용하는 편이 진기하고 복잡한 실험을 구하기보다도 좋은 것이기 때문이다. 즉 그러한 진기한 실험은 사람이 지극히 보편적인 사항의 원인을 아직 모를 때는 곧잘 사람을 속이게 마련이고, 또한 그것에 의존하는 모든 조건은 대부분의 경우 극히 특수하고 미세한 것으로서 구명하는 일이 어려운 것이다.

아무튼 이 일에 관해 내가 취한 순서는 다음과 같은 것이었다. 첫째로, 나는 일반적으로 이 세계에 있는 것과 있을 수 있는 모든 원리, 즉 모든 것의 제1원인을 찾아내고자 힘썼다. 다만 그 때문에 세계를 만든 신만을 안중(眼中)에 두고, 또한 모든 원리를 우리들이 선천적으로 정신에 갖추고 있는 일종의 진리의 씨앗으로부터만 끄집어냈던 것이다.

다음에 나는 이러한 원인으로부터 끌어낼 수 있는 최초의 가장 보편적인 결과가 어떠한 것인지를 조사했다. 이렇게 함으로써 나는 모든 천공, 모든 천체 및 지구를 찾아냈고, 또한 지구상에서는 물·공기·불·광물 및 모든 것 중에서 가장 일반적이고 가장 단순하며, 따라서 가장 알기 쉬운 그밖의 여러 가지를 찾아냈다고 생각한다.

이어서 내가 가장 특수한 것으로 내려가려 했을 때, 내 앞에 너무도 다양한 것이 제시되었으므로, 인간 정신에 있어서는 지상에 있는 물체의 형상—다시 말하면 종(種)—을, 신이 만일 뜻하면 그곳에 있을 수도 있었던 무한의 다른 물질종(物質種)으로부터 구별하는 일은 분명히 불가능하고, 따라서 우리들이 그것을 사용하는 일도 불가능하다고 생각되었을 정도였다. 만일에 우리들이 (순서를 거꾸로 하여) 결과 쪽을 먼저 보고, 그 다음에 원인에 이르듯이 하여 많은 특수한 실험을 해 보지 않는다면 말이다.

아무튼 계속해서 나는 그때까지 나의 감각에 나타났던 온갖 대상을 또다시 찾아냈지만, 이미 찾아낸 원리에 의해 쉽게 설명하지 못할 것은 아무것도 없었다는 것을 서슴없이 말하는 바이다. 즉 자연의 힘은 참으로 풍부하고 광대한 반면 저 원리는 매우 단순하고 일반적이기 때문에 내가 찾아낸 거의 모든 특수한 결과에 관해서는, 처음에는 그것들이 원리로부터 많은 다른 방식으로 연역될 수 있음을 알았고, 따라서 나의 최대의 곤란은 통상 이런 많은 방식 중의 어느 것에 있어 그 특수한 결과가 원리에 의존하고 있는지를 찾아내는 것이었다.

그런데 이것이 곤란하다는 이유는, 그 방책으로서 단지 다음과 같은 일밖에 모르기 때문이다. 즉 그 설명의 한 가지 방식을 취하는 것이 옳을 경우와, 다른 방식을 취하는 것이 옳을 경우와는 각각 다른 결과에 이르게 될 어떠한 실험을 다시 찾아보는 것이다. 그리하여 나는 그러한 식으로 도움이 될 대부분의 실험에 어떠한 각도로부터 손을 대야 할 것인가를 충분히 볼 수 있는 지점까지 도달했다고 생각한다. 그러나 또 그러한 실험이 귀찮은 것이고 또한 매우 많기 때문에, 나의 손도 나의 수입도 비록 지금의 천 배나 있다 한들 그 전부를 실행하기에는 부족하리라는 것을 알고 있다. 따라서 이후로 내가 그 실험을 많이 할 수 있는가 적게 할 수 있는가에 따라 자연의 인식에 있어서의 나의 진보도 또한 많아지거나 적어지거나 할 것이다.

이러한 것을 나는 내가 쓴 논문을 통해 제시하고자 했던 것이며, 또한 그러한 연구로부터 세상이 받을 수 있는 이익을 명백히 제시함으로써 인간의 선(善) 일반을 바라는 사람들, 즉 외적으로만 정말로 유덕(有德)한 사람들이, 자신들이 이미 행한 실험을 나에게 전하거나 앞으로 행해야 할 실험의 탐구에 있어 나를 도와주리라 기대했던 것이다.

그러나 그 뒤 다른 이유가 나타나 나는 생각을 바꾸기에 이르렀다. 물론 나는 어느 정도라도 중요하다고 판단한 사항은 모두 그것의 진리를 발견함에 따라 적어 나가고, 더구나 그것을 인쇄를 할 경우와 똑같이 주의를 기울여야만 한다고 생각하고 있었다. 그것은 하나의 사항을 충분히 음미할 기회를 많이 갖기 위해서였는데, 우리들은 많은 사람들이 보게 되리라고 생각하는 것에 대해서는, 자기 한 사람만을 위한 것에 대해서보다도 항상 더 주의를 기울이게 마련이며, 생각하는 단계에서는 그것이 '진실'이라고 여겨졌던 사항이 그것을 종이에 옮겨 쓰고자 하는 단계에 이르면 '거짓'으로 여겨졌던 경우가 나로서도 자주 있었기 때문이다.

또 한 가지는 될 수 있는 한 공중의 이익을 도모하기 위해서였는데, 내가 쓴 것이 다소라도 가치를 갖는다면 나의 사후(死後)에 그것을 손에 넣은 사람이 가장 알맞은 방식으로 사용할 수 있도록 하고 싶었기 때문이었다. 그렇지만 나는 내가 생존해 있는 동안에 그것을 공표하는 일에는 결코 동의해선 안 된다고 생각했다. 그것은 아마도 내 논문이 받게 될 것이 분명한 반대나 경쟁으로 인해, 나아가서는 책에 의해 얻게 될지도 모를 얼마쯤의 명성 등으로 인해 자기를 교육하기 위해 예정하고 있는 시간을 잃어버리는 경우가 발생하면 곤란하기 때문이었다.

확실히 모든 사람에게는 될 수 있는 한 타인의 선(善)을 꾀할 의무가 있고, 누구에게도 도움이 되지 않는 인간은 엄격히 말하면 아무런 가치도 없는 인간이다. 그러나 또 우리들의 배려는 현대보다도 멀리 미쳐야만 할 것이므로 오늘날의 사람들에게 얼마쯤의 이익을 가져다 주리라고 생각되는 것을 무시하는 일도, 만일 더욱 많은 이익을 우리들의 자손에게 가져다 주는 다른 것을 하기 위해서라면 용서되어도 좋은 것이다. 솔직히 말한다면 실상 내가 지금까지 배운 약간의 일은, 내가 아직 모르는 일에 비하면 거의 무나 같은 것이었다. 그러나 나는 내가 아직 모르는 사항을 배울 수 있다고 하는 희망을 버리고 있지는 않은 것이다. 왜냐하면 학문에 있어 조금씩 진리를 발견해 가는 자의 경우는, 부유해지기 시작하는 사람이 큰 이익을 얻는 데 있어, 전에 아직 가난했을 때는 훨씬 작은 이익을 얻기 위해 소비한 노력보다도 훨신 적은 노력만으로도 충분하다는 경우와 거의 같기 때문이다.

혹은 오히려 학문을 하는 자를 군대의 지휘관에 비유할 수도 있을 것이다. 지휘관의 힘은 승리에 따라 늘어나게 마련이어서, 패전한 뒤에 군대를 지탱하기 위해서는, 승리한 뒤에 시(市)나 나라를 점령하는 데 소요되는 것보다도 훨씬 큰 지휘력이 필요한 것이다. 즉 우리들이 진리의 인식에 도달하는 것을 방해하는 온갖 곤란과 오류를 극복하고자 힘쓰는 일은 실로 전투에 임하는 것이나 다를 바가 없는 것이어서, 얼마쯤 일반적이고 중요한 문제에 관해 무엇인가 그릇된 생각을 받아들이는 일은 전투에서 패배하는 일인 것이다. 그러므로 일단 오류에 빠져든 뒤 이전과 같은 상태로 복귀하기 위해서는, 이미 확실한 원리를 갖고 있어 큰 전진을 하는 데 소요되는 것보다도 훨씬 큰 교묘함이 필요한 것이다.

나의 일을 말하면, 내가 이전에 학문에 있어 얼마쯤의 진리를 찾아 냈다고 한다면(이 책에 포함되어 있는 사항을 보아 독자는 그리 판단해 주리라 생각하지만), 그것은 내가 넘은 대여섯 가지의 대답하기 어려운 질문의 귀결이고 파생물로서, 나는 그런 질문을 스스로 이긴 대여섯 차례의 전투로 셈한다고 할 수가 있다. 그리하여 더욱 거리낌없이 말한다면, 나는 나의 계획을 달성하는 데는 두세 차례의 똑같은 전투에서 승리하는 것만으로도 충분하다고 생각하고 있으며, 또한 그리 나이가 많지 않으므로[3] 자연의 보편적인 흐름에 따라 아직 그러기 위한 충분한 시간을 나는 가질 수 있을 것이다.

그러나 나는 남겨진 시간을 잘 활용할 수 있다는 희망을 갖는 만큼 더욱더 그것을 절약하지 않으면 안 된다고 생각한다. 그러므로 나의 자연학의 기초를 공표했다면, 시간을 헛되게 하는 많은 기회가 나타났을 것이 분명했다. 즉 나의 자연학의 기초 원리는 모두 명증적(明證的)이어서, 그것을 이해하면 즉각 진실이라고 믿지 않을 정도이고, 한편 또 필요하다면 어떤 원리에도 나는 증명을 할 수 있다고 생각하지만, 그런 원리가 다른 사람들의 모든 의견과 일치한다는 일은 불가능한 까닭에 그것들이 불러일으키는 반대론에 의해 나는 자주 자기의 일로부터 마음을 빗나가게 할 것이 분명한 것이다.

그러한 반대론은 유익한 것일지도 모른다. 그것은 나로 하여금 자기의 잘못을 깨닫게 할 것이고, 또한 내가 무언가 좋은 것을 갖고 있다면, 사람들은 그것을 이 반대론이라는 수단에 의해 보다 잘 이해하기에 이를 것이며, 한 사람보다도 다수가 더 많은 것을 볼 수 있으므로, 그들은 지금 당장이라도 내가 찾아낸 것을 이용해 스스로 새로운 발견을 하고, 그것으로써 나를 도와주리라고 말할지도 모른다. 그렇지만 나는 스스로가 오류를 범하기 쉽다는 것을 인정하고, 내가 생각해 내는 최초의 아이디어에는 거의 언제나 믿지 않는다고는 하나 사람들로부터 받는 반대에 관해 내가 갖는 경험은, 그로부터 어떤 이익을 기대하는 것을 금하는 것이다. 왜냐하면 나는 이미 몇 번이고 타인의 판단이라는 것을 음미해 보았으며, 내가 벗이라고 생각했던 사람들로부터도, 나의 일을 별로 좋거나 나쁘게 생각하지 않는 것 같은 사람들로부터도, 나아가 애정 때문에 친구들로선 보이지 않았던 것을 악의와 질투를 갖고서 폭로하고자 힘쓰고 있다고 생각되는 사람들로부터도 비판을

---

3 당시 데카르트는 41세였다.

받아 왔기 때문이다.

그러나 거의 모든 사람들이 반대한 일은 내가 이미 예견하고 있었던 일이거나, 아니면 내 문제로부터 매우 동떨어진 사항이었다. 따라서 내 의견의 비판자로 나 자신만큼 엄격하고 공정하다고 생각되는 사람은 거의 만나지 않았던 셈이다. 또한 나는 학원에서 행해지는 논쟁이라는 수단에 의해, 전에는 알려지지 않았던 어떠한 진리가 발견되었다는 예를 한 번도 본 적이 없다. 왜냐하면 이 사람 저 사람 상대를 말로써 이기고자 할 때는, 쌍방의 의견을 저울에 달기보다는 타당성 있는 것을 내세우고자 열을 올리기 때문이다. 이와 같은 점에서 볼 때, 오랫동안 뛰어난 변호사로 활약했던 사람이라고 하여 나중에 뛰어난 재판관이 된다고는 할 수 없다.

내 사상의 전달로부터 사람들이 받게 될 이익을 생각해 보면, 이것 역시 그다지 크지는 않다. 왜냐하면 나는 내 사상을 아직 널리 펼치지는 못했으므로, 그것을 실용(實用)에 제공함에 앞서 많은 것을 덧붙이지 않으면 안 되기 때문이다. 그리하여 자만하는 것은 아니지만, 그것이 가능한 누군가가 있다면, 그것은 다른 사람 아닌 바로 나 자신일 것이다. 세상엔 내 정신과는 비교도 되지 않을 만큼 얼마든지 뛰어난 정신의 소유자들이 있다는 것을 나는 부정하지 않는다. 어떤 일을 배울 경우, 스스로 발견하는 것만큼 그것을 충분히 이해하고 내 것으로 할 수는 없기 때문이다. 그리하여 지금 우리들이 문제삼고 있는 사항에 관해서는 참으로 그대로인 것이다.

나는 내 몇몇 의견들을 아주 뛰어난 정신의 소유자들에게 자주 설명한 일이 있다. 내가 이야기하는 동안은 그들도 아주 명백하게 내 의견을 이해하고 있는 것처럼 생각되었는데도 불구하고, 그것이 그들 자신의 입을 통해 다시 한번 말할 단계가 되면 그들은 예외없이 그것을 바꾸어 버리는 까닭에, 나로서는 이미 그것을 자기의 의견이라고는 인정할 수 없게 되는 것이다.

또한 이 기회에 후세의 사람들에게 부탁하고 싶은 것은, 나의 의견이라고 남에게서 듣게 되더라도 나 자신이 공표한 것이 아니면 결코 믿지 말기를 바란다. 그러므로 나는 사람들이 어떤 터무니없는 의견에 대해서, 그것을 저서(著書)를 전하지 않은 고대 철학자들의 것으로 돌리고 있는 것에 놀라지는 않으며, 또한 그렇다고 해서 그들의 사상이 실제로 매우 불합리했었다고도 판단하지 않는다. 왜냐하면 그들은 그 시대의 가장 뛰어난 사람들이었기 때문이다. 나는 다만 그들의 사상이 잘못 전해진 것이라고 판단할 뿐이다.

그리고 또한 그들의 추종자 가운데 그들을 능가한 사람은 거의 없었다는 것도 명백한 사실이다. 그리하여 현재 가장 열심히 아리스토텔레스에 따르는 사람들이 자연에 관해 그가 갖고 있었던 만큼의 인식을 스스로 얻는다면, 비록 그것 이상은 아무것도 얻을 수 없는 조건부라 해도, 스스로를 행복한 사람으로 생각하리라는 것은 확실하다.

그들은 댕댕이덩굴과 같아서, 그것을 받쳐 주는 나무보다 높이 오르려 하지 않고, 정상까지 도달한 뒤에는 곧잘 또다시 아래로 내려온다. 실상 자기들이 존경하는 사람의 저서 속에서 명쾌하게 설명되어 있는 것만으로는 만족하지 않고, 아직도 그 위에 그 저자가 전혀 설명하지 않고 어쩌면 생각조차 해 보지 않았을 그와 같은 많은 문제의 해결까지도 그곳에서 찾아내려 하는 사람들은 댕댕이덩굴처럼 또다시 내려오는 것이며, 바꾸어 말하면 그들이 연구를 그만둔 경우보다도 어떤 의미로는 한층 자기의 무지(無知)를 나타내는 것이다.

그렇지만 그들의 철학 연구 방식은 극히 범용(凡庸)한 정신밖에 갖지 않는 사람들에게는 아주 적당한 것이다. 왜냐하면 그들은 자기가 사용하는 정의나 원리의 불명료성 덕분에 무슨 일이라도 다 알고 있는 듯이 대담하게 이야기할 수가 있고, 가장 날카롭고 유능한 사람들을 상대로 하더라도 자기 자신의 모든 주장을 고집할 수가 있으며, 더구나 말로써는 질 염려가 없기 때문이다. 이 점에서 나는 그들이 하는 일은, 장님이 눈뜬 사람과 대등한 조건하에 싸우기 위해 상대를 캄캄한 동굴 속으로 데리고 들어가는 것과 같다고 생각된다.

그러므로 이러한 사람들에게는 내가 스스로 사용하고 있는 철학 원리의 공표를 삼가는 일은 유리하다고 하여도 좋다. 왜냐하면 그 원리는 사실 극히 단순하고 명백하여 그것을 공표하는 것에 의해 나는 그들이 싸우기 위해 들어간 동굴에 몇 개의 창문을 내어 빛을 비추게 하는 일과 비슷한 짓을 하는 셈이기 때문이다.

그렇지만 한편 보다 뛰어난 정신의 소유자들도 역시 나의 원리를 알고자 원하는 이유를 갖지 않을 것이다. 왜냐하면 만일 그들이 모든 일에 관해 이야기할 수 있게 되기를 바라고 학자라는 명성을 얻고자 바란다면, 진리를 구하기보다는 진실처럼 보이는 것에 만족하여 안주하는 편이 쉽다고 생각할 것이기 때문이다. 진실처럼 보이는 것은 별다른 노력 없이 찾아낼 수 있지만, 진리는 어떤 한정된 사항에 관해 조금씩밖에 발견되지 않는다. 따라서 그러한 사람들은 그밖의 사항에 관해 이야기해야만 할 경우에는 '그것은 모른다'고 솔직히 고백할 수밖에 없게 되는 것이다.

그러나 지금 그들이 무슨 일에 관해서 알고 있는 척하는 허영보다도 소수의 진리를 인식하는 것을 좋다고 하여도(사실 그 편이 훨씬 좋음은 말할 것도 없다), 또한 그들이 나의 계획과 똑같은 계획을 추구한다 하여도 내가 이 서설에서 시작하여 여기에 이르기까지 말한 것 이상의 일을 그들에게 말하는 것은, 그들에게 있어 필요하지 않은 것이다. 왜냐하면 만일 내가 도달한 것보다 더 앞으로 나아가는 일이 그들에게 가능하다면, 그들은 내가 이미 찾아냈다고 생각하는 사물을 그들 자신의 힘으로 찾아낼 수 있을 것이기 때문이다.

게다가 또한 나는 무슨 일이든 순서를 정해 음미해 왔던 만큼 내가 이제부터 발견해 내야 할 것은, 내가 전에 찾아낼 수 있었던 것보다도 한층 곤란하고 숨겨진 것이라는 점만은 확실하며, 그들은 그것을 스스로 터득하는 것보다도 내게 배움으로써 훨씬 작은 기쁨밖에 가질 수 없게 될 것이다. 그들이 먼저 손쉬운 것을 구하고, 한층 어려운 것으로 서서히 옮겨감으로써 몸에 익히게 될 습관은, 나의 모든 교시(教示)보다도 그들에게 도움이 될 것이다.

실제 나 자신의 일을 말하면, 내가 만일 젊었을 때 이미 그 뒤에 이르러 내가 증명을 구한 진리의 모든 것을 남에게서 배우고 그것을 배우는 데 아무런 노력도 하지 않았다면, 나는 아마도 그 이외의 어떠한 진리에도 도달하지 못했을 것이다. 그리고 진리를 구하고자 본격적으로 달려들면 곧 잇따라 새로운 진리를 찾아낼 수 있다는 습관과 숙련을(그것을 나는 현재 갖고 있다고 생각하지만) 얻지 못했을 것이다. 요컨대 그것을 시작한 자가 또한 그것을 가장 잘 완성시킬 수 있는 자라고 하는 일이 세상에서 가능하다면, 그것이야말로 내가 하고 있는 일인 것이다.

이 일에 도움이 될 것 같은 실험에 관해서 말하면, 한 인간이 그것들 모두를 해낼 수 있는 것이 아님은 물론이다. 그렇지만 장인이나, 또는 돈으로 고용할 수가 있고 이득이라는 대단히 유력한 수단에 의해 이쪽에서 명하는 모든 일을 정확히 실행시킬 수 있는 사람들의 손을 제외한다면, 자기의 손 이외의 타인의 손을 효과적으로 사용하는 일도 가능하지 않을 것이다. 왜냐하면 호기심 또는 지식욕에 의해 도움을 제안하는 유지(有志)인 협력자에 관해 말하면, 그들은 대개 자기가 실제로 할 수 있는 이상의 것을 약속하고 여러 가지 훌륭한 제안을 하지만 모두 잘되지 않을 것이다. 뿐만 아니라 반드시 그 보수로써 어떠한 문제의 설명이라든가 적어도 무익한 인사 혹은 담화를 구하지만, 이것은 손해가 되지 않을 정도의 적은 시간으로는 결코 끝나지 않는다.

또한 다른 사람들이 이미 행한 실험은 비록 그들에게 그것을 전해 주고자 하는 의지가 있다 하더라도(실험을 '비밀'이라고 이름짓는 사람들[4]은 결코 전하려고는 하지

---

4 예컨대 연금술사 등.

않지만) 그러한 실험은 대개 많은 조건이나 쓸데없는 요구로 이루어져 있기 때문에, 거기에서 진리를 읽어내는 일은 극히 어렵다. 게다가 실험을 한 사람들이 그것을 자기들의 원리와 일맥상통하는 것처럼 보이고자 힘썼기 때문에 그런 실험은 거의 모두 심한 방법으로 설명되어 있고, 때로는 거짓이기조차 하여 비록 도움되는 것이 있다 하여도 시간을 들여 그것을 골라낼 만큼의 가치는 없다.

따라서 만일 대중에게 이익이 되는 중대한 사항을 발견할 만한 능력을 갖추었다고 모두가 믿는 사람이 이 세상에 있으며, 다른 사람들도 그에 가담하여 온갖 수단을 동원해 그의 계획이 달성되도록 도와준다면, 사람들이 할 수 있는 일은 그가 필요로 하는 실험의 비용을 대신 지불하는 일과, 또한 그의 시간이 어느 누구의 방해를 받지 않도록 하는 것밖에 없다고 나는 생각한다. 그렇지만 나 자신은 무엇인가 예사롭지 않은 것을 약속할 만큼 자만에 빠져 있지도 않고, 세상이 나의 계획에 큰 관심을 기울일 것이라는 허무한 생각에 잠기는 자도 아니며, 또한 나에게 걸맞지 않은 어떤 호의를 받겠다는 비열한 마음을 갖는 자도 아니다.

이러한 생각이 모두 하나가 되어 나를 움직인 결과 3년 전에는, 내가 갖고 있던 논문을 세상에 공표하지 않으리라 생각했고, 살아 있는 동안은 이렇듯 전반적이고, 또 나의 자연학의 기초를 사람들에게 알리는 어떠한 다른 논문도 결코 발표하지 않으리라 결심했다. 그러나 그 뒤 또 두 가지의 다른 이유가 생겨서 여기에 약간의 특수한 시론(試論)[5]을 썼고, 한편 나의 행동과 계획에 관해 얼마쯤의 설명[6]을 공표할 수밖에 없게 되었다.

첫번째 이유는, 만일 내가 그리하지 않는다면 이전에 내가 어떤 저작을 출판하고자 하는 의도를 갖고 있었다는 사실을 알고 있는 많은 사람이, 내가 출판을 단

---

5 《굴절광학》·《기상학》·《기하학》 등 세 가지의 시론을 말한다.
6 《방법서설》을 말한다.

넘한 원인이 사실 이상으로 나에게 불리한 것이었기 때문이라고 상상할지도 모를 일이기 때문이다. 왜냐하면 나는 명예를 지나치게 추구하는 자도 아니고, 또 사실 내가 무엇보다도 소중히 생각하는 마음의 평화를 해친다고 판단하는 한에 있어서는(이렇게 말해도 좋다면) 명예를 미워하는 자라 할지라도, 그러나 또 나는 자기의 행동을 무언가 죄악이거나 한 것처럼 숨기고자 애쓴 일은 없으며, 세상에 알려지지 않기 위해 매우 조심한 일도 없기 때문이다. 그러한 일은 나 자신을 부당하게 취급하는 것이라 생각했고, 또한 그런 짓을 하면 내가 구하는 마음의 평화에 완전히 위반되는 어떤 유의 불안을 마음에 품는 셈이라고 생각했던 것이다. 이렇듯 특별히 남에게 알려지고 싶다든가 혹은 알려지고 싶지 않다는 생각으로 쭉 지내오다가, 결국 어떤 유의 명성을 얻는 것을 피할 수는 없었으므로, 나는 적어도 악명만은 어떻게든 모면해야 된다고 생각했던 것이다.

나로 하여금 이 책을 쓰게 한 두 번째 이유는, 수많은 실험이 필요했지만 스스로를 교육한다는 나의 계획이 지지부진한 상태를 벗어나지 못하고 있음을 생각해보니, 비록 세상이 크게 배려해 준다고 기대할 만큼의 자만심은 갖지 않을망정 후세 사람들이 다음과 같이 나를 비난할 수 있는 요인을 만들어 줄 정도로 나 자신의 일을 등한히 하고 싶지는 않았기 때문이었다. 즉 그들이 나의 계획에 어떻게 협력할 수 있는지를 알려주는 데 내가 그토록 게을리하지 않았다면, 나는 훨씬 좋은 유산을 그들에게 남길 수 있었을 것이다.

그래서 별로 논쟁의 씨앗이 되지 않고, 또한 나의 원리에 관해 내가 바라는 이상의 것을 공표하지 않아도 되며, 게다가 내가 학문에 있어 무엇을 할 수 있고 무엇을 할 수 없는가를 충분히 명백하게 제시하는 듯한 약간의 문제를 쉽게 고를 수가 있다고 나는 생각했다.

그러나 이 점에서 성공하고 있는지 어떤지 나로서는 말할 수 없다. 나 스스로 자기의 저작에 관해 이야기함으로써 사람들의 판단을 앞지르고 싶지는 않은 것이다. 나는 내 저작을 사람들이 잘 음미해 주기를 바란다. 그리하여 가능한 한 음미할 기회가 많아질 수 있도록 뭔가 반대론을 가진 분은 누구라도 그 저작을 나의 출판사에 보내 주시기 바란다. 그러면 출판사로부터 통지를 받음과 동시에 나는 나의 답변을 곁들이도록 힘쓰겠다.

이렇게 하면 독자는 반대론과 답변을 모두 보고, 그만큼 쉽게 진리에 관해 판단을 내릴 수가 있을 것이다. 왜냐하면 나는 결코 길고 지루한 답변을 늘어놓을 생각이 없으며, 다만 자기의 잘못을 깨닫게 되면 그것을 솔직히 시인하고, 또한 그것을 깨닫지 못한다면 내가 쓴 내용의 변호를 위해 필요한 바를 간단히 설명하고, 무언가 새로운 문제의 설명을 덧붙임으로써 언제까지나 끌려다니는 일은 결코 하지 않을 생각이기 때문이다.

내가 《굴절광학》과 《기상학》의 첫부분에서 설명한 사항 중 어떤 것을 나는 '가설'이라 부르고 있으면서, 그것을 '증명'하려고도 하지 않는 것처럼 보이는 데 대해 독자는 처음엔 의심스럽게 여길지도 모른다. 그러나 인내심을 가지고 전체를 주의 깊게 읽어 본다면 이해할 수 있으리라고 생각한다. 왜냐하면 나의 생각으로는, 그곳에서는 많은 이유가 상호간에 이어져 있어 뒤의 것은 그러한 원인이기도 한 처음의 것에 의해 논증되고, 처음의 것은 그런 것의 결과인 뒤의 것에 의해 논증되는 형식으로 되어 있기 때문이다.

그러나 이렇게 말한다고 해서 논리학자가 순환논증이라 부르는 잘못을 내가 범하고 있다고 생각해선 안 된다. 왜냐하면 실험이 그런 결과의 대부분을 확실한 것으로 하고 있으며, 그 결과들이 연역되는 원인은 그 결과들을 '증명'하기보다는 오히려 '설명'하는 역할을 하고 있고, 전혀 반대로 원인이야말로 결과에 의해 '증명'되는 것이기 때문이다. 그러므로 내가 그러한 원인을 '가설'이라고 이름 지은 것은, 이미 설명한 여러 가지의 제1원리로부터 그것들의 원인을 연역할 수 있다고 나는 생각하지만, 여기선 그 연역을 일부러 하지 않는다는 것을 사람들에게 알리기 위해서였던 것이다.

내가 연역하지 않으려는 이유는, 사람이 20년에 걸쳐서 생각한 것의 전부를 두서너 마디의 말을 듣는 것만으로 금방 알 수 있다고 생각해 버리는 사람들, 더구나 예리하고 재빠를수록 오류에 빠지기 쉽고 진리를 포착하지 못하는 일이 많다고 생각되는 사람들이, 나의 원리라고 그들이 믿는 것을 바탕으로 하여 무엇인가 기교(奇矯)한 철학을 세우지 못하게 하기 위해, 또 그러한 철학이 나의 잘못으로 돌려지는 것을 막기 위해서인 것이다. 나의 의견에 관해 말한다면, 나는 그것을 새롭고 기발한 의견이라고 변명을 하고 싶지는 않다. 왜냐하면 나의 의견이 어떠한 이유에 근거하고 있는지를 신중히 생각해 준다면 나의 의견이 매우 단순하고 상식에 일치되고 있음을 발견할 것이므로, 같은 문제에 관한 다른 어떤 의견보다도 이상한 점이나 기묘한 점이 적다고 깨닫게 될 것임을 확신하기 때문이다.

또한 나는 의견들 중 어느 것에 관해서도 그 최초의 발견자이니 하면서 자랑하지는 않는다. 그러나 이전에 다른 사람이 그 의견을 말했기 때문도 말하지 않았기 때문도 아니고, 다만 이성이 그것을 나에게 납득시켰으므로, 나는 그 의견을 받아들였던 것이라고 자랑하고 싶다.

《굴절광학》에서 풀이된 발명을 장인들이 바로 실행할 수는 없다고 하여 그 발명을 나쁘다고 하지는 못할 것이라고 나는 믿는다. 왜냐하면 내가 말한 여러 가지 기계를 모든 면에 있어 결함이 없도록 만들어 내고 잘 조작하도록 하기 위해서는 솜씨가 있어야 함은 물론 그것에 익숙해져야 하므로, 만일 장인들이 처음부터 그것을 잘 해낸다면 나는 누군가가 좋은 악보(樂譜)를 받은 것만으로 하루만에 하프를 연주할 수 있게 되었다는 경우처럼 매우 놀랄 것이기 때문이다.

또한 내가 나의 선생들의 말인 라틴 어가 아니라 내 나라의 언어인 프랑스 어로 저술하는 것은, 옛날의 서적밖에 믿지 않는 사람들보다 가장 자연적인 이성만을 믿는 사람들이 나의 의견을 더욱 옳게 판단해 주리라 생각하기 때문이다. 그러한 양식(良識) 위에 학문도 겸비하고 있는 사람들이라면, 이 사람들이야말로 나는 내 재판관으로 모시고 싶은 것이다. 즉 내 주장을 통속어[7]로 설명하고 있다는 이유로 그들이 듣기 거부할 만큼 라틴 어를 지극히 중요하게 여긴다고는 믿지 않는다.

그리고 또 학문에 있어 자기가 앞으로 어느 정도 진보할 수 있다는 생각에 관해 나는 여기서 자세히 풀이하지 않고, 확실히 실행할 수 있을지 어떨지도 모르는 무 언가의 약속을 세상에 하지는 않는다. 다만 다음과 같은 것만을 말해 두고 싶다. 의학에 대해 지금까지의 규칙보다도 확실한 규칙을 줄 수 있는 어떤 종류의 자연 인식을 얻는 일에만 내 남은 생을 바치리라 결심하고 있다는 것과, 온갖 다른 종 류의 계획, 특히 어떤 사람들에게 이익을 주면 반드시 다른 사람을 해치는 셈이 되는 계획(군사 기술의 연구 등)은 나의 기호에서 극히 먼 것이므로, 어쩌다가 그와 같은 일에 종사하기를 강요받는 일이 있더라도 그것을 잘 해낼 수 있는 능력이 나 에게 있다고는 생각하지 않겠다는 것이다.

이것을 나는 여기에서 분명히 말해 둔다. 이러한 말을 함으로써 그것이 나를 세 상에서 비중 있는 사람이 되게 하는 데 소용되지는 않는다는 것을 나 자신이 잘 알고 있으며, 나도 세상에서 비중 있게 취급되고 싶다는 소망은 조금도 갖고 있지 않다. 그러므로 나에게 이 세상에서 가장 명예로운 소임을 주는 사람들보다도, 내 가 아무런 방해도 받지 않고 한가로움을 즐길 수 있도록 호의를 베풀어 주는 사람 들에게 나는 항상 고맙게 생각할 것이다.

---

7 프랑스 어를 말한다.

성찰

가장 식견이 깊고 가장 명성이 높은 성스런 파리 신학부의 학부장 및 박사 제위에게

내가 이 책을 여러분에게 헌정(獻呈)하는 것은 극히 정당한 이유가 있어서이며, 여러분도 또한 내 의도를 알아주신다면 이 책을 비호(庇護) 아래 두는 데 있어서의 극히 정당한 이유를 갖게 되리라고 확신합니다. 그러므로 이에 이 책의 인가를 청원하는 데 있어서는 내가 그 안에서 꾀한 바를 간단히 알려드리는 게 가장 좋다고 생각합니다.

나는 늘 이렇게 생각해 왔습니다. 즉 신에 관한 문제와 정신에 관한 문제는 신학(神學)보다는 오히려 철학에 의해서 논증되어야 할 가장 중요한 문제라고 말입니다. 왜냐하면 저희 신앙인들에게 인간의 정신이란 신체와 함께 사라지는 것은 아니라는 사실과 신이 존재한다는 사실은 신앙에 의해 믿는 것만으로도 충분하긴 합니다만, 신앙이 없는 사람들의 경우에는 사정이 달라서 미리 이 두 가지의 일을 자연적 이성에 의해 증명해 보인 다음이 아니면 어떠한 종교도, 또한 일반적인 어떠한 덕의 권유조차도 그들로 하여금 받아들이도록 할 수가 없다고 생각되기 때문입니다. 게다가 이 세상에서는 곧잘 덕행보다도 악행 쪽에 큰 보수가 주어지는 까닭에 만일 신을 두려워하는 일도 내세에 관한 기대를 갖는 일도 없다면, 이득보다도 정도(正道)를 택하는 사람은 거의 없을 것입니다.

그런데 신의 존재를 믿어야만 하는 것은 그것이 성서가 가르치는 것이기 때문이며, 반대로 성서를 믿어야만 하는 것은 그것이 신으로부터 비롯되는 것이기 때문이라고 함은 참으로 진리인 것입니다(신앙이 신의 은총인 이상, 다른 일을 믿게 하기 위해 은총을 주고 있는 신은 마찬가지로 은총을 주는 일에 의해 신 자신이 존재함을 우리들로 하여금 믿게 할 수도 있을 것이기 때문입니다). 그렇지만 이러한 논의를 신앙이 없는 사람 앞에 끄집어낼 수는 없는 것입니다. 그들은 그것을 순환론(循環論)이라고 판단할 것이기 때문입니다.

그리하여 실제 제가 깨달은 바를 말씀드린다면, 여러분을 비롯한 다른 모든 신학자들도 신의 존재는 자연적 이성에 의해 증명될 수 있다고 주장하고 계신 것입니다. 뿐만 아니라 성서로부터의 신에 관한 인식은 피조물에 관해 우리들이 갖고 있는 수많은 인식보다도 얻기 쉬운 것이라는 점, 그것을 갖지 못한 사람은 문책을 받아 마땅할 만큼 참으로 얻기 쉬운 것이라는 점이 추론되는 것입니다. 이것은 《지혜의 서(書)》 제13장 [1]에서 볼 수 있는 다음의 말에 의해서도 분명한 것입니다. "그들도 용서할 수가 없다. 그들에게 우주를 탐색할 만큼의 지식이 있었다면 왜 좀더 빨리 주님을 찾아내지 못했던 것인가." 또 《로마 인에게 보내는 편지》 제1장 [2]에서는 "그들은 변명을 하지 못한다."고 말하고 있습니다. 또 같은 곳 [3]에서 "신에 관해 알 수 있는 일은 그들에게 있어서도 명백하다."고 했습니다.

이것으로 미루어, 신에 관해 알 수 있는 온갖 일은 이성에 의해 증명될 수 있으므로 다름 아닌 우리들 그 자체에서 신을 구할 수 있으며, 우리들의 정신만이 우리들에게 신을 알려줄 수 있음이 고지(告知)되어 있는 것처럼 생각됩니다. 그러므로 어떠한 수단에 의하여 그러한 일이 달성될 수 있으며, 또한 어떻게 하면 신을 이 세상의 것보다도 더욱 용이하게 더한층 확실하게 인식할 수 있는가를 내가 탐구하는 것도 부당한 일은 아니라고 생각했던 것입니다.

다음에 정신에 관해서는, 많은 사람들이 그 본성은 쉽게 규명될 수 있는 것이

---

1 〈고린도전서〉 13장 8~9절.
2 〈로마서〉 1장 20절.
3 〈로마서〉 1장 19절.

아니라고 생각하고 있으며, 어떤 사람들의 인간적인 논거(論據)에 따르면 정신이 신체와 동시에 사라지는 것이라고 인정할 수밖에 없고, 다만 신앙에 의해서만 반대의 주장이 고집되는 것이라고조차 감히 언명하는 형편이었습니다. 그렇지만 레오 10세의 주재하에 열린 '라테란 공의회' [4]는 그 제8차 회기에서 그들을 이단(異端)이라 선언했고, 그리스도교 철학자들에게 그들의 그릇된 견해를 파기하고 온 힘을 다하여 진리를 증명하도록 분명히 명하고 있는 바이므로, 나도 또한 주저없이 이 일에 착수했던 것이다.

게다가 많은 무신론자들이 신이 있다는 것과 인간의 정신이 신체와는 분리된 것이라는 사실을 믿으려고 하지 않는 이유는, 그들이 말하는 바에 의하면 지금까지 어느 누구도 이 두 가지 사항을 증명하지 못했기 때문이라는 것도 나는 잘 알고 있습니다. 물론 나 자신 결코 그들에게 동의하는 것은 아니고, 반대로 이런 문제에 관해 위대한 선인(先人)들에 의해 제출된 이유의 대부분은 충분히 이해만 된다면 증명으로서의 효력을 나타내는 것이라고 생각하고 있으며, 이미 누군가 다른 사람에 의해 엮어진 일이 없는 전혀 새로운 이유를 끄집어낸다는 것은 거의 불가능함을 확신하고 있습니다.

그렇지만 모든 이유 중에서 가장 뛰어난 것을 주의 깊게 찾아내고 극히 엄밀하고 명확하게 전시하여, 이것이야말로 참된 논증이라고 앞으로도 모든 사람들 사이에서 인정된다면 철학에 있어 이 이상 유익한 일은 없을 것이라고 믿습니다. 그리하여 마지막으로, 내가 많은 학문에 있어 대답하기 어려운 어떠한 질문이라도 풀 수 있도록 어떤 방법을 개발했다고 믿고 있는 몇몇 사람들로부터 내가 그 일에 손대도록 하라는 강력한 요구를 받았으므로, 나는 위의 문제에 관해 얼마쯤

---

4 1513년 라테란 교황청에서 공의회가 열렸는데, 아베로에스(Averoes)파의 설(說) ― 인간에게 있어서 개별적인 정신은 신체의 죽음과 동시에 사라진다는 사상 ― 을 이단이라고 선고했다.

노력해 보는 것을 자기의 의무라고 생각하기에 이르렀던 것입니다(내가 개발해 낸 방법은 특별히 새로운 것은 아니며—진리보다 오랜 것은 없기 때문입니다—단지 내가 자주 이것을 다른 분야에 적용하여 상당한 성과를 올리는 일이 그들의 주목을 끌었던 것입니다).

아무튼 내가 이룬 모든 것이 논문 속에 포함되어 있습니다. 그렇지만 나는 위의 두 가지 사항을 증명하기 위해 끄집어낼 수 있는 이유는 무엇이든 모두 여기에 망라하고자 애쓰지는 않았습니다. 실제로 또 그와 같은 일을 하는 것은, 충분히 확실한 이유가 발견되지 않는 경우 이외에는 헛일에 지나지 않는다고 생각합니다. 나는 다만 제1의 주요한 모든 원리만을 추구했으며, 바야흐로 이것들을 가장 확실하며 가장 명증적인 증명으로서 제시할 수 있는 바입니다.

덧붙인다면, 이러한 것보다도 더욱 뛰어난 이유를 찾아낼 수 있는 길은 인간의 정신에게는 열려 있지 않다고 생각합니다. 여기서 내가 여느 때의 방식과는 달리 다소 버릇없이 자기의 일에 대해 말하는 것도, 사항의 중요성 및 이것들 모두가 관련을 갖는 신의 영광이 그렇게 하기를 나에게 강요하기 때문입니다.

그런데 나는 그러한 이유를 대단히 확실하고 명증적이라고 생각하고는 있습니다만, 그렇다고 하여 그것들이 모든 사람에게 이해된다고는 믿지 않습니다. 오히려 사정은 기하학에 있어서와 같은 것입니다. 아르키메데스, 아폴로니우스, 파포스, 그밖에 여러 사람들에 의해 많은 증명이 남겨져 있고, 그것들은 모든 사람들에 의해 명증적이고 확실한 것으로 간주되고 있습니다. 그것들은 개별적으로 고찰되었을 때 매우 용이하게 인식되지 않는 것을 그 속에 하나도 포함하지 않고, 귀결이 전제와 긴밀하게 결부되어 있지 않은 것 역시 하나도 포함하고 있지 않기 때문입니다. 그렇지만 그것들은 길게 이어져 있고 매우 주의 깊은 독자를 필요로 함으로써 극히 소수의 사람들에 의해서만 이해되는 것입니다.

마찬가지로 내가 여기서 사용하는 증명도 확실성과 명증성에 있어 기하학의 증명에 필적하는 것, 혹은 이것을 능가하는 것마저 나는 생각하고 있습니다만, 역시 많은 사람들에게 충분히 이해되지는 못하리라 염려하는 것입니다. 그 이유는, 첫째 이것들의 증명 역시 길게 이어져 있고, 또한 한편이 다른 편에 차례로 의존하고 있기 때문이며, 둘째로는—이쪽이 주요한 이유이기도 하지만—선입관에서 참으로 자유로워진 정신, 자기 자신을 감각과의 교착(交錯)으로부터 쉽게 떼어내는 정신을 필요로 하기 때문입니다. 그러므로 세상에는 형이상학의 연구에 알맞은 사람은, 기하학의 연구에 알맞은 사람만큼 많지 않은 것입니다.

게다가 양자 사이에는 다음과 같은 상위도 있습니다. 기하학에서 확실한 증명이 얻어지지 않는 사항에 대해서는 아무것도 씌어지지 않는 것이 관행임을 누구나 알고 있으므로, 미숙한 사람들은 참된 증명을 거부한다는 잘못을 범하는 경우보다는 허위의 증명을—그것을 이해하고 있는 것처럼 보이고 싶기 때문에—시인하는 잘못을 범하는 경우가 더 많습니다. 그런데 철학에 있어서는 전혀 반대로서, 찬성과 반대로 나뉘어져 논쟁되지 않는 사항은 하나도 없다고 믿어지고 있으며, 진리를 구하는 사람은 적고 대다수의 사람들은 굳이 최량의 증명을 공격함으로써 재사(才士)라는 명성을 얻으려 하는 것입니다.

이와 같은 사정이므로 내가 제시하는 이유가 아무리 유력한 것이라 할지라도 철학에 관한 것이니만큼, 여러분이 비호의 손을 들어 주시지 않는다면 그러한 이유가 큰 효과를 나타내기는 어려울 것입니다. 그런데 저 학부의 높은 평판은 만인의 마음에 뿌리를 내리고 있으며 소르본의 이름은 대단한 권위를 가지고 있으므로, 한낱 신앙의 문제에 있어 성스런 공의회를 별도로 한다면 귀(貴)학부만큼 큰 신뢰를 받고 있는 단체는 없을 뿐 아니라 인간적인 철학에 있어서도 귀학부 이상으로 명찰과 성실성을 갖춘 곳, 또한 판단을 내림에 있어서 공평함과 신중함을 갖춘 곳은 어디에도 없다고 믿어지는 것입니다.

그러므로 나는 이 책을 위해 여러분이 다음과 같은 높으신 배려를 해 주시도록 부탁드리지 않으면 안 됩니다. 우선 첫째로, 이 책의 잘못을 바로잡아 주시기 바랍니다. 왜냐하면 나는 인간으로서의 나약함뿐만 아니라 특히 무지까지도 절실히 느끼고 있으므로, 이 책의 내용에는 절대 아무 오류도 없다고는 말할 수 없기 때문입니다. 부족한 곳이 있다면 덧붙이고, 충분히 완성되어 있지 않은 곳이 있다면 완성시키며, 좀더 설명을 필요로 하는 곳이 있다면 그것을 보충하는 것과 같은 수고를 몸소 취하여 주시든가, 혹은 적어도 저에게 그렇게 하라고 충고해 주시기 바랍니다.

그리고 마지막으로 신이 있다는 것과, 정신이 신체와는 별개의 것임을 증명하는 바의, 이 책 속에 포함되어 있는 추리를 보다 엄밀한 증명이라고 간주하지 않으면 안 될 만큼의 투명성(透明性)으로 높여 주시고—그러한 추리는 이와 같은 투명성으로 높일 수 있다고 나는 확신하고 있습니다—참으로 그 취지를 선언하여 공공적으로 증언해 주시기를 바랍니다.

이러한 배려를 베풀어 주신다면, 신과 정신과의 문제에 관해 이제까지 나타난 온갖 오류가 마침내 사람들의 마음속에서 씻겨 없어지리라는 것을 나는 믿어 의심치 않습니다. 왜냐하면 먼저 진리 그 자체가 재능 있는 사람들이나 학식 있는 사람들 전부로 하여금 여러분의 판단에 쉽게 찬동하게 할 수 있으리라고 믿기 때문입니다. 이어서 여러분의 권위가 무신론자들—그들은 재능 있는 사람 혹은 학식 있는 사람이라고 하기보다는 오히려 사이비 학자인 것이 보통입니다—로 하여금 반론(反論)하고자 하는 마음을 상실하게 만들겠지요.

뿐만 아니라 어쩌면 이 책에 포함되어 있는 추리가 재능이 풍부한 사람들 모두에 의해 증명으로서 인정되고 있음을 알고, 그들 무신론자들은—그것들을 이해하고 있지 못한다고 간주되지 않기 위해—나아가서 그것들을 변호하려고까지 하겠지요. 이리하여 결국 나머지 모든 사람들도 이만큼 많은 증거를 본 후에는 쉽게 승복할 수 있게 되고, 이미 세상에는 신의 존재에 관해서도 인간의 정신 및 신체와의 실재적인 구별에 관해서도 굳이 의심을 제기하고자 하는 사람은 없게 되겠지요.

이러한 일이 얼마나 유익한 것인가에 관해서는, 여러분 자신이 비할 데 없는 지혜를 갖고 계시는만큼 누구보다도 잘 판정해 주시겠지요. 또한 항상 카톨릭 교회의 최대의 주석(柱石)이셨던 여러분에 대해, 내가 여기서 이 이상 신과 종교를 위해 말을 한다면 오히려 실례가 되리라고 생각합니다.

경의를 표하며
르네 데카르트

독자에게 보내는 머리말

신과 인간 정신과의 문제에 관해서 나는 1637년에 프랑스 어로 공간한 《이성을 잘 이끌고 여러 가지 학문에 있어 진리를 구하기 위한 방법서설》 속에서 언급한 바가 있다. 하기야 거기서는 그러한 문제를 깊이 논하고자 한 것이 아니고, 다만 지나는 길에 언급하여 독자의 판단을 들어 보고, 훗날 그 문제를 어떠한 식으로 논하는 게 좋을 것인가를 알고자 했을 뿐이었다. 실상 그 문제는 매우 중대한 것이라고 생각되었으므로, 나는 그것을 한 번뿐 아니라 몇 번이라도 취급할 필요가 있다고 믿었던 것이다.

그 문제를 설명하기 위해 내가 택하는 길은 별로 논쟁거리라 된 적이 없고 또 정상적인 길에서 멀리 떨어져 있는 까닭에, 그 문제를 프랑스 어로 적어 모든 사람들로 하여금 읽게 함으로써 자세히 알리는 것이 유익하다고는 생각하지 않았다. 왜냐하면 만일 프랑스 어로 쓰어지고 널리 읽힐 수 있는 책 속에서 그러한 문제를 취급하게 되면 어리석은 사람들까지도 그 길을 밟으려고 생각할 것이기 때문이었다.

그런데 나는 그 《방법서설》 속에서 어떤 잘못된 점을 발견한 사람들은 누구든 나에게 그것을 알려주는 호의를 부탁했었는데, 위에서 말한 신과 인간 정신에 관한 문제에 있어서는 주목할 만한 반론이 두 가지밖에 나오지 않았다. 그래서 나는 좀더 정확히 그 문제에 대한 설명을 꾀하기 전에 그 반론에 대하여 몇 마디 언급하고자 한다.

첫째의 반론은, 인간 정신이 자기 자신에 관해 반성을 할 때, 스스로가 하나의 생각하는 존재 이외의 다른 것으로서는 의식되지 않고, 따라서 인간 정신의 본성이나 본질은 다만―여기에 쓰어진 '다만'이라는 낱말로 인해 인간의 본성에 속한다고 생각할 수 있는 모든 다른 것들이 배제된다―생각하는 것일 뿐이라는 주장이 필연적으로 추론되지는 않는다는 것이다.

이러한 반론에 대해 나는 다음과 같이 대답하려 한다. 즉 나는 거기에서 인간의 본성에 속하는 모든 것을 사물의 진리에 속하는 질서에 따라 배제하려는 것이 아니고―나는 다만 내 의식의 질서에 따라 배제하려는 것뿐이다―따라서 나의 의미는 내가 생각하는 것이 아니라면, 그리고 정신 속에 생각하는 능력이 있는 것이 아니라면 나의 본질에 속할 수 있는 어떠한 것도 나로서는 인식할 수 없다고. 그러므로 내가 나의 정신에 속하는 다른 것은 아무것도 모른다는 사실로부터 어떻게 사실상 정신에 속하는 다른 것은 아무것도 없다는 결과가 나오는가를 다음에서 보여 주겠다.

두 번째 반론은, 내가 존재하는 것보다도 더 완전한 어떤 관념을 내 속에 가지고 있다 하여 반드시 그러한 관념이 나보다도 더 완전한 것은 아니며, 그러한 관념에 의해 표상(表象)된 것이 실제로 존재하는 것도 아니라는 것이다.

그러나 나는 이 두 번째의 반론에 대해 다음과 같이 대답하고자 한다. '관념'이라는 낱말 속에는 하나의 애매한 것이 내포되어 있다. 왜냐하면 그 낱말은 질료적(質料的)으로 내 오성에 작용할 수가 있는데, 그러한 경우에 관념이 나보다도 더 완전하다고는 말할 수 없기 때문이다. 다른 한편으로 그 낱말은 내 오성의 작용에 의하여 표상되는 사물에 대해 객관적으로 사용될 수가 있는데, 그러한 경우에 사물이 나의 오성 밖에 존재한다고 가정할 수는 없지만, 그럼에도 불구하고 그 사물의 본질에 의해 나보다 더 완전할 수가 있다. 그래서 나는 앞으로 이 책 속에서 나보다도 더 완전한 어떤 사물의 관념을 내가 내 속에 가지고 있다는 것으로부터 어떻게 그러한 사물이 현존하게 되는가를 훨씬 더 광범위하게 설명하려고 한다.

게다가 나는 이러한 주제에 관한 매우 광범위한 두 가지의 다른 논문들을 보았는데, 그러한 논문들은 나의 결론이나 논쟁을 무너뜨리지는 못했다. 그러한 비판들은 무신론자들의 보편적인 견해로부터 추출해 낸 논쟁에 불과했다. 그래서 그와 같은 논쟁들이 나의 추리를 잘 이해하고 있는 사람들의 정신 속에 어떠한 인상도 심어 줄 수가 없는 까닭에, 또한 많은 사람들의 판단이란 것이 매우 빈약하고 또 그다지 합리적이지 못해 결과적으로 그 사람들은 자신들의 견해를 견고하고 참되게, 그러나 뒤늦게 나온 반박에 의해서보다는 그들이 어떠한 사물에 대해 갖는 첫인상에 의해 쉽게 설득이 되는 까닭에, 또 나로서는 무엇보다도 먼저 그들의 의견을 사전에 설명하지 않으면 안 되는 까닭에 그들의 반론에 대해 답변할 마음이 없다.

일반적으로 무신론자들이 신의 존재를 공박하기 위해 말하는 모든 사실들은, 언제나 사람들이 신 속에 인간적인 감정을 거짓으로 불어넣으려고 하거나, 또는 신이 할 수 있는 일과 또 해야 할 일을 결정짓고 이해하려고 하는 능력을 우리의 정신 속에 가지고 있다고 생각하는 것에 의존한다고 나는 말하고 싶다. 따라서 그들이 말하는 모든 것은, 우리가 우리의 정신을 유한하고 제한된 것으로서, 또한 신을 무한하고 이해 불가능한 존재로서 생각해야 된다고 우리 스스로가 자각하기에 이른다면 우리에게 어떠한 어려움도 주지 못할 것이다.

이제 일단 사람들의 판단을 알게 되었으므로, 나는 여기서 또다시 신과 인간 정신에 관한 문제에, 또한 제1철학 전체의 기초를 논하는 일에 착수하고자 한다. 그러나 나는 대중으로부터의 찬사를 기대하는 것도, 독자의 수가 증가하기를 기대하는 것도 아니다. 내가 이 책을 읽어 주기를 바라는 상대는 다만 나와 더불어 진지하게 사색을 집중시키고 정신을 감각으로부터, 그리고 동시에 모든 선입관으로부터 분리해 낼 수가 있고 또한 그렇게 하기를 원하는 사람들뿐이다. 그러나 이러한 사람들이 극소수에 불과하리라는 것은 나도 충분히 알고 있다.

그런데 나의 추리의 순서와 결합을 이해하는 데 마음 쓰지 않고, 많은 사람들이 곧잘 하는 일이지만, 다만 개개의 구절에만 얽매여 트집잡기에 열중하는 사람들에 대해 말하면, 그들로서는 이 책을 읽어도 그다지 큰 이익을 얻을 수는 없을 것이다. 그리하여 설사 많은 점에서 트집을 잡을 만한 기회를 발견할 수 있다 해도, 무언가 나를 궁지에 몰아넣는 듯한 반론 혹은 답변할 가치가 있는 반론을 제기하는 일은 결코 할 수 없을 것이다.

그러나 나는 다른 사람들에 대해 모든 점에 있어 즉각 만족을 주겠다는 등의 약속은 하지 않으며, 누군가가 이의를 제기할 가능성도 있는 점을 모조리 예견할 수 있다고 생각할 만큼 자기를 과신하고 있는 것도 아니다. 그래서 나는 먼저 이하의 모든 성찰 속에서 나로 하여금 진리의 확실하고도 명증적인 인식에 도달케 했다고 여겨지는 사고를 전개함으로써, 자기가 설득된 같은 이유에 의해 타인을 설득할 수 있을지 어떨지 확인하고 싶다. 그리하여 그런 뒤에 나는 재지(才知)와 학식에 뛰어난 몇몇 사람들의 반론에 대답하기로 하겠다. 나는 이 성찰들을 인쇄에 부치기 전에 검토해 주도록 그들에게 보내 두었다. 왜냐하면 그들에 의해 제출된 반론은 수적으로도 매우 많고 내용도 매우 다양하므로, 적어도 무엇인가 중요성을 가진 문제로서 그들이 아직 접하지 못한 문제가 다른 사람들의 머릿속에 떠오르는 일은 좀처럼 없을 것이라고 나는 감히 기대하기 때문이다.

그러므로 나는 지금 말한 반론과 그것들에 대한 모든 답변을 읽고 난 뒤가 아니라면, 이 성찰들에 관해 판단을 내리는 일이 없도록 거듭 독자에게 부탁한다.

이하의 여섯 가지 성찰의 개요

제1성찰에 있어서는, 우리들이 모든 것에 관해, 특히 물질적인 것에 관해 의심할 수 있는 이유가 몇 가지 제시된다. 하기야 이것은 우리들이 여러 가지 학문의 기초로서 이제까지 가져왔던 기초밖에 갖지 않는 한의 일이지만. 그런데 이렇듯 보편적인 회의(懷疑)의 효용은, 바로 명백해지지는 않는다 하여도 실은 매우 큰 것이다. 왜냐하면 이회의는 우리들을 온갖 선입관으로부터 해방시켜 주고 정신을 감각으로부터 분리해 내기 위한 가장 손쉬운 길을 열어 주기 때문이며, 또한 마지막으로 그러한 위에서 우리들이 진실로서 규명한 것에 관해서는 이미 의심할 수 없게 해 주기 때문이다.

제2성찰에 있어서는, 스스로에게 그 특유의 자유를 사용하여 극히 조금이라도 그 존재에 관해 의심할 수 있는 것은 모두 존재하지 않는다고 상정하는 바의 정신이, 그러나 스스로는 그 사이 존재해야만 함을 깨닫는다. 이것의 효용도 또한 매우 큰 것이어서, 이런 식으로 하여 정신은 스스로에게 속하는 것, 즉 지성적 본성에 속하는 것과 물체에 속하는 것을 쉽게 구별할 수 있게 되는 것이다.

그렇지만 그 제2성찰에 있어 정신의 불사(不死)에 관한 논거를 기대하는 사람들이 있을지도 모르는 만큼, 여기서 나는 그런 사람들에게 다음과 같은 점을 알려 주어야만 하리라고 생각한다. 즉 엄밀한 증명이 얻어지지 않는 일은 아무것도 쓰지 않으리라 애써왔던 나로서는 기하학자들 사이에서 일반적으로 쓰여지고 있는 순서—구하는 명제에 관해 무엇인가의 결론을 내리기 전에 그 명제에 있어 필요한 조건을 모두 든다고 하는 순서—에 필연적으로 따르지 않을 수가 없었다고.

그런데 정신의 불사를 인식하기 위해 미리 요구되는 제1의 주요한 조건은, 정신에 관해 될 수 있는 한 투명하고 물체의 온갖 개념으로부터 완전히 구별된 개념을 만드는 것으로서, 이것은 이 제2성찰에서 달성되고 있다. 그러나 그밖에 우리들이 분명하게 이해하는 바의 것은 모두 우리들이 이해하는 것처럼 진실이라는 것을 아는 일도 요구되지만, 이 점은 제4성찰에 이르기까지 증명할 수가 없었다. 그리고 또 물체적 본성에 관해 뚜렷한 개념을 갖지 않으면 안 되지만, 이와 같은 개념의 일부는 이 제2성찰 자체에 있어, 일부는 제5·제6성찰에 있어 만들어진다.

그러므로 결국 이런 것으로부터 다음과 같은 결론을 얻어 내지 않으면 안 된다. 즉 정신과 물체가 파악되는 경우처럼 분명하게 서로 다른 실체로서 파악되는 것은 모두 서로 실재적으로 구별된 실체로서, 이 점은 제6성찰에 있어 결론되는 것이다. 뿐만 아니라 이 결론은 제6성찰에 있어 확인되기도 하는 온갖 물체를 우리들은 가분적(可分的)인 것이라 생각하고, 반대로 온갖 정신을 불가분한 것이라고 생각함으로써, 사실 우리들은 아무리 작은 물체에 관해서도 그 반을 생각할 수는 있지만, 정신에 관해서는 마찬가지로 그 반을 생각할 수는 없는 것이며, 따라서 양자의 본성은 단지 다를 뿐 아니라, 이를테면 대립되어 있기조차 하다고 인정하지 않을 수 없는 것이다.

그러나 나는 이 책에서는 그 이상의 논의는 하지 않았다. 왜냐하면 하나는 신체의 파멸에 의해 결국 정신이 사멸하는 것이 아님을 제시하고, 이리하여 인간에게 내세의 희망을 주기 위해서는 이상과 같은 고찰만으로도 충분하기 때문이다. 또 하나는 정신의 불사라고 하는 일 자체를 결론으로서 가질 수 있는 모든 전제는 전 자연학의 전개를 예상하는 것이기 때문이기도 하다.

즉 첫째로, 무릇 온갖 실체는, 바꾸어 말하면 존재하기 위해서는 신에 의해 창조되어야만 하는 것은 그 본성상 불가멸(不可滅)이고, 그 신에 의해 협력이 거부되고 무(無)로 돌려지는 것이 아닌 한 결코 사라지는 일은 있을 수 없다고 하는 사실을 알지 않으면 안 된다.

그리고 둘째로, 일반적으로 해석하면 물체는 실체이고, 따라서 결코 소멸되는 일이 없지만, 인간의 신체는 다른 물체와 다른 것이 아닌 한 여러 가지 지체(肢體)의 특정한 배치나 다른 똑같은 우유성(偶有性)만으로 구성되어 있다고 하는 것, 그것과 반대로 인간의 정신은 그와 같은 우유성으로써 이루어져 있는 것이 아니라, 순수한 실체라는 것에 주의하지 않으면 안 된다. 실상 비록 정신에 갖추어진 우유성이 모두 변화한다 하여도, 이를테면 별개의 것을 이해하고 별개의 것을 의지(意志)하고 별개의 것을 감각하는 등의 일이 있더라도—그렇다고 해서 정신 그 자체가 별도의 것이 되는 것은 아니지만—인간의 신체는 어느 부분의 모양이 바뀌는 것만으로도 별개의 것이 되어 버린다. 이곳으로부터 신체는 아주 쉽사리 멸망하지만, 정신은 그 본성상 불사라는 결론이 내려지는 것이다.

제3성찰에 있어서는 신의 존재를 증명하기 위한 나의 주요한 논증을 나로서는 충분히 자세하게 설명해 두었다고 생각한다. 그렇지만 독자의 마음을 될 수 있는 한 감각으로부터 분리해 내기 위해, 그곳에서 나는 물체적 사물로부터 차용한 비유의 사용을 피하려 했기 때문에 아마도 분명치 않은 점이 상당히 많이 남아 있을지도 모른다. 그러나 그것들은 나중에 반론에 대한 답변 속에서 완전히 제거되리라고 믿는다. 다음의 문제 등은 그 두드러진 한 예이다. 즉 우리들 속에 있는 이 더할 데 없이 완전한 존재자의 관념은 참으로 커다란 표현적 실재성을 가지고 있는 까닭에, 이 더할 데 없이 완전한 존재자로부터 비롯되는 것이라고 할 수밖에 없다는 것이다.

이 점은 답변 속에서, 그 관념이 어떤 제작자의 정신 속에 있는 바의 극히 완전한 기계의 비유에 의해 명백해지고 있다. 즉 이러한 관념의 객관적인 기교가 어떤 원인—즉 이 제작자의 지식 혹은 누군가 다른, 그에게 그 관념을 준 사람의 지식을 말하는 것이다—을 갖지 않으면 안 되는 것처럼, 우리들 속에 있는 신의 관념도 신 그 자체를 원인으로서 갖지 않을 수 없는 것이라는 식으로 말이다.

제4성찰에 있어서는 우리들이 분명하게 인지하는 바의 것은 모두 진실이라는 것이 증명되며, 동시에 또한 허위의 근거는 어디에 존재하는 것인지가 설명된다. 이러한 일은 그때까지의 논의를 확실한 것으로 하기 위해서도, 그 뒤의 논의를 이해하기 위해서도 반드시 알아야만 하는 것이다. 그렇지만 다음의 일을 미리 말해 두지 않으면 안 된다. 그래서 문제가 되는 것은 죄, 바꾸어 말하면 선악의 추구에 있어 저질러지는 잘못이 아니라 진위(眞僞)의 판별에 있어 생기는 잘못뿐이라는 것과, 또한 거기서 고찰되는 것은 신앙 혹은 실생활에 관한 사항이 아니라 자연적인 빛의 힘만으로 인식되는 사변적(思辨的)인 진리뿐이라는 것이다.

제5성찰에 있어서는 일반적으로 해석된 물체적 본성이 설명되고, 그리고 또 새로운 근거에 의해 신의 존재가 논증된다. 이 근거에서도 역시 아마 몇 가지의 곤란이 발견될지도 모르지만, 그것은 나중에 반론에 대한 답변 속에서 해소될 것이다. 끝으로 기하학의 증명 그 자체의 확실성 역시 신의 인식에 의존한다고 하는 것이 어찌하여 진실인지가 제시될 것이다.

마지막으로 제6성찰에 있어서는 오성의 작용이 상상력의 작용으로부터 구분되며, 그 구분의 표적이 기술(記述)된다. 정신이 신체로부터 사실상 구분된다는 것이 증명되지만, 그럼에도 불구하고 정신은 신체와 밀접히 결부되어 있고, 그것과 이를테면 일체를 이루고 있음이 제시된다. 감각으로부터 생기는 잘못이 모두 열거되고, 그것을 피하는 수단이 제시된다. 그리하여 마지막으로 물질적 사물의 존재를 결론지을 수 있는 모든 근거가 제시된다.

그러나 그것은 이러한 근거가 바로 증명하는 사항, 즉 세계가 실제로 있다고 하는 것, 인간이 신체를 갖는다고 하는 것, 그밖에 같은 것을 증명하기 위해 이것들의 근거가 극히 유용하다고 생각하기 때문은 아니다(건전한 정신을 갖춘 사람으로, 그러한 사항을 진심으로 의심한 사람은 한 명도 없었다). 오히려 그러한 모든 근거를 고찰해 보면, 그것들의 근거가 우리들의 정신 및 신과의 인식에 이르게 하는 근거만큼은 견고하거나 명백하지도 않음이 인정되기 때문이다. 그러므로 정신 및 신과의 인식으로 이끄는 근거야말로 인간 정신에 의해 알려질 수 있는 모든 것 가운데 가장 확실하고 가장 명증적인 것으로서, 다만 이 한 가지를 증명하는 일이 이 여섯 가지 성찰에 있어 내가 의도한 것이었다. 그러므로 어쩌다가 이 책에서 다루게 된 다른 온갖 문제는 여기선 들지 않기로 한다.

성찰1

의심을 개입시킬 수 있는 것에 대해

이미 몇 년 전에 나는 이렇게 깨닫고 있었다―어린 시절에 나는 얼마나 많은 거짓을 진실로서 받아들여 왔던 것일까, 또한 그 뒤 내가 그것들 위에 쌓아 올렸던 것 모두가 얼마나 의심스러운 것이었는가, 따라서 만일 내가 학문에 있어 언젠가 견고하고 흔들리지 않는 것을 세우고자 원한다면 일생에 한 번은 모든 걸 뿌리째 뒤엎고 최초의 토대부터 새로이 시작하지 않으면 안 된다고.

그러나 이것은 유례없는 대사업이라고 생각되었다. 그래서 나는 이와 같은 것을 기도(企圖)하는 데 있어 이 이상 알맞은 연령은 찾아오지 않는다고 생각될 만큼 성숙한 연령이 되기를 기다렸던 것이다. 이러한 사정이므로, 꽤나 오랫동안 미루어 왔던 나로서는, 실행을 위해 남아 있는 시간을 아직도 주저하며 허비한다면 이제부터는 비난을 받아야만 할 것이다.

그런데 다행히도 오늘 나는 온갖 염려로부터 마음을 풀어 버리고 차분하게 한 가로움을 즐기며 홀로 틀어박혀 있는 것이다. 그러므로 지금이야말로 나는 진지하고, 또 자유롭게 이전의 내 의견을 전면적으로 뒤엎는 일에 몰두하고자 한다.

그렇지만 그러한 의견이 모두 거짓이라는 증거를 분명히 제시할 필요는 없을 것이다(그와 같은 일을 나로서는 결코 이룰 수 없을 것이다). 이미 이성은 나를 설득하여, 참으로 확실하고 의심할 여지가 있는 의견에 대해서는 명백히 거짓인 것을 대하는 것과 같이 조심하여 동의를 보류해야만 할 것이라고 확신시키고 있는 것이므로, 그 의견들 중 어느 하나에서 무엇인가 의심할 만한 이유가 발견된다면 그것만으로도 모든 것을 물리치는 데 충분할 것이다. 또한 이 때문에 그러한 의견을 하나하나 조사하여 돌아다닐 필요도 없을 것이다(그와 같은 일을 하다 보면 끝이 없을 것이다). 토대가 파헤쳐지면 그 위에 구축되어 있던 것은 모두 저절로 무너져 내리게 마련이므로, 나는 내가 일찍이 믿었던 모든 것의 근거를 이루고 있었던 원리 그 자체에 즉시 맞서 보기로 한다.

그런데 이제까지 내가 더없이 진실한 것이라고 인정해 온 모든 것을, 나는 직접적 감각으로부터 받았거나[1], 혹은 간접적인 감각으로부터 받았던 것이다.[2] 그런데 이러한 감각이 때로는 그릇된 것임을 나는 경험하고 있다. 그리하여 단 한 번이라도 우리들을 기만한 적이 있는 것에 대해서는 결코 전적인 신뢰를 보내지 않는 것이 분별 있는 태도인 것이다.

그러나 이렇게는 말할 수 없는 것일까. 확실히 감각은 무언가 미세한 것, 매우 멀리 있는 것에 관해서는 때로는 우리들을 그르치게 하는 일이 있다. 그러나 마찬가지로 감각으로부터 얻어진 것이라 하여도 그것에 관해서는 전혀 의심할 수 없는 것이 이밖에 많이 있다. 이를테면 지금 내가 이곳에 있는 일, 난롯가에 앉아 있는 일, 겨울옷을 걸치고 있는 일, 이 종이를 손에 들고 있는 일 등등이다. 실제 이 손 그 자체, 이 신체 전부가 나의 것이라는 사실을 어떻게 부정할 수 있겠는가. 이 것을 부정하려는 것은 마치 내가 미치광이들과 한패가 되려고 하는 것이나 다름 없는 것이다.

그들은 검은 담즙(膽汁)으로부터 올라오는 악성의 증기(蒸氣)로 인해 뇌가 몹

---

1 이를테면 시각에 의해 색이나 형태를 아는 것.
2 이를테면 부모나 교사에게 들어 알게 되는 것.

시 어지럽혀져 있기 때문에, 빈털터리임에도 불구하고 자기는 제왕(帝王)이라고 한다든가, 벌거벗었음에도 불구하고 보라색 의복을 걸치고 있다든가, 머리가 찰흙으로 되어 있다든가, 자기의 온몸이 호박이나 유리로 만들어진 것이라든가 하고 끈질기게 주장하고 있다. 그렇지만 그들은 기(氣)가 어긋나 있는 것이며, 만일 내가 그들의 흉내를 내면 나 자신도 그들 못지않게 미치광이 취급을 받게 될 것이다.

참으로 그대로이다. 그렇지만 나는 인간이 아닌가. 밤에는 잠을 자고 꿈속에서는 그들 미치광이들이 잠깨어 있을 때 체험한 것과 같은 일을 모두 체험하고, 때로는 전혀 있을 수 없을 듯한 일마저 체험하는 인간이 아닌가. 나는 밤의 잠 속에서 얼마나 자주 평소처럼 자기가 여기에 있다든가 상의를 입고 있다든가 난롯가에 앉아 있다든가 하고 믿게 되는 것일까. 실제로는 옷을 벗고 잠자리에 누워 있을 텐데.

그러나 지금 이 종이를 바라보고 있는 내 눈은 확실히 깨어 있는 것이다. 내가 움직이고 있는 이 머리는 잠자고 있지는 않다. 이 손을 나는 고의로 또 의식적으로 뻗는 것이며, 뻗는 것을 느끼고 있다. 이만큼 명백한 일들이 잠자고 있는 사람에게는 생길 수 없을 것이다. 그렇다고는 하나, 나는 다른 때는 꿈속에서 역시 이와 비슷한 착각에 기만당한 일이 있었음을 생각해 낸다.

이러한 일을 더욱 주의 깊게 생각해 보면 각성과 수면을 구별할 만한 확실한 표적이 전혀 없는 게 뚜렷이 알려지므로, 나는 너무 놀라 자칫 꿈을 꾸고 있는 것이라고 믿을 정도인 것이다.

그렇다면 지금 우리들은 꿈을 꾸고 있는 것이라고 하자. 그리하여 저 개별적인 사항, 즉 우리들이 눈을 뜨는 일, 머리를 움직이는 일, 손을 뻗는 일 등은 진실이 아니라고 하자. 또한 아마 우리들은 그와 같은 손도, 그와 같은 신체 전부도 전혀 갖고 있지 않을 것이라고 하자. 그러나 그럼에도 불구하고 잠자고 있는 사이에 볼 수 있는 것은 참된 사물을 본뜨지 않고서는 만들 수가 없는 화상(畵像)과 같은 것이고, 따라서 적어도 이런 일반적인 것, 즉 눈·머리·손·신체 전부 등은 환영이 아닌 실체로서 존재한다는 것을 인정하지 않으면 안 된다.

사실 화가는 사이렌[3]이나 사티로스[4]를 더없이 기괴한 모습으로 그려내고자 힘쓸 때조차 전혀 새로운 본성을 그것들에게 부여할 수는 없는 것이며, 다만 종류가 다른 동물의 이 부분 저 부분을 뒤섞는 데 지나지 않는 것이다. 혹은 그들이 어쩌면 그것과 비슷한 것을 전혀 본 적이 없을 만큼 신기하고, 따라서 완전히 허구이며 허위라고 할 무엇인가를 생각해 낸다 해도, 그러나 적어도 그것을 구성하고 있는 색깔은 확실히 진실한 것이 아니면 안 되는 것이다.

그리하여 같은 이유에 의해, 비록 이러한 일반적인 것, 즉 눈·머리·손 등에서조차 환상의 것일 수 있다 하여도, 그러나 적어도 더더욱 단순하고 보편적인 것은 진실한 것이라는 사실, 그리고 나의 의식 속에 있는 사물의 이미지는 모두 진실이든 거짓이든 간에, 바로 앞서의 신기한 것이 참된 색깔에 의해 구성되어 있듯이, 이러한 보편적인 것에 의해 형성되어 있는 것이라는 사실을 아무래도 인정하지 않으면 안 되는 것이다.

이것에 속한다고 생각되는 것은 물체적 본성 일반 및 그 연장, 나아가선 연장을 갖는 사물의 형태, 더 나아가선 양(量), 즉 이러한 사물의 크기와 수, 또한 이러한 사물이 존재하는 장소, 지속하는 시간 등이다.

그러므로 이상의 것에 의해 다음과 같이 결론지어도 좋을 것이다. 자연학·천문학·의학 및 그밖의 모든 복합적 사물의 고찰에 의존하는 학문은 확실히 의심

---

3 상체는 여자이고, 하체는 새 모양을 한 바다의 마녀로, 이탈리아 근해에 출몰하여 뱃사람들을 유혹한 다음 죽게 만들었다고 한다.
4 그리스 신화에 나오는 괴인(怪人)으로 디오니소스의 종자(從者)이다. 상체는 사람이고, 하체는 양(羊)의 다리를 가졌는데, 술과 여색을 즐기고 춤을 잘 추었다고 한다.

스런 것이지만, 대수학·기하학 및 그밖의 이러한 유의 학문은 극히 단순하며 일반적인 것 이외에는 다루지 않고, 더구나 이러한 것이 자연 속에 있는지 어떤지는 거의 상관이 없는 것이므로 무언가 확실하고 의심할 수 없는 것을 포함하고 있다고. 왜냐하면 내가 깨어 있든 잠자고 있든 2에다 3을 더하면 그 합은 항상 5가 되고, 사각형은 네 개의 변만을 갖는 것이며, 따라서 이만큼 투명한 진리가 허위로서 의심받게 되는 일은 생길 수 없다고 생각되기 때문이다.

그렇지만 나의 정신에는 어떤 오랜 견해가 새겨져 있다. 즉 모든 일을 할 수 있는 신이 존재하고, 이 신에 의해 나는 현존하는 것으로서 만들어졌다는 견해이다. 그렇다면 이 신은 실제로는 땅도 하늘도 형체도 크기도 장소도 전혀 없음에도 불구하고, 나로 하여금 이 모두가 현실에서 보는 것처럼 존재한다고 생각하도록 했는지도 모르는 것이다. 그뿐만이 아니다. 나는 다른 사람들이 자기로선 아주 완전하게 알고 있다고 믿는 사항에 대해 종종 잘못되어 있다고 생각하는 일이 있지만, 그것과 마찬가지로 내가 2에다 3을 더할 때마다, 혹은 사각형의 변을 헤아릴 때마다, 혹은 이밖에 좀더 쉬운 일을 생각해 낼 수 있다면, 그것을 할 때마다 내가 잘못되도록 이 신이 유도했던 것은 아닐까.

그러나 신은 내가 그와 같이 기만당하는 것을 원하지 않았을 것이라고도 생각된다. 왜냐하면 신은 가장 선한 존재라고 일컬어지기 때문이다. 그렇지만 나를 언제나 그르치도록 만들었다는 일이 신의 선성(善性)에 위배되는 것이라면, 내가 때때로 그르치는 것을 용서해 준다는 것도 역시 신의 선성과 서로 용납할 수 없다고 생각되지만, 내가 때때로 그르치는 일이 없다고는 할 수 없는 것이다(따라서 신이 나로 하여금 항상 그르치게 하고 있다는 것도 인정하지 않으면 안 된다).

그런데 모든 게 불확실하다고 믿을 정도라면, 차라리 그 정도로 유능한 신이 있다는 것을 부정하고자 하는 사람들도 아마 어느 정도 있을 것이다. 그러나 지금은 그들에게 반박하지 않기로 하자. 그리하여 여기선 신에 관해 이야기되고 있는 모든 사항은 모두 일종의 우화라고 가정해 두자.

그러나 그들이 상정하는 바에 의하면, 혹은 운명에 의해[5], 혹은 우연에 의해[6], 혹은 사물의 연속적 계열에 의해[7], 혹은 다른 무언가의 방식에 의해 나는 현재 있는 그대로의 것이 된 셈이지만, 어느 쪽이든 간에 그릇되거나 잘못되거나 하는 일은 일종의 불완전성이라고 생각되는 까닭에, 그들이 나의 기원(起源)의 작자(作者)로서 나누어 주는 것이 무력하면 무력할수록 내가 늘 그르칠 만큼 불완전하다는 것은 더욱더 진실인 것처럼 여겨질 것이다.

이와 같은 논의에 대해 나는 아무런 대답할 말을 갖고 있지 못하며, 결국 다음과 같이 고백하지 않을 수 없다. 즉 내가 일찍이 진실이라고 생각한 것 중에는, 그것에 관해 의심하는 일이 용서되지 않는 것은 거의 없었다(의심한다고 하여도 아무 생각 없이 혹은 경솔한 까닭에 의심하는 게 아니라 확고한, 신중하게 생각된 까닭에 의심하는 것이다)고. 그러므로 또한 내가 만일 무언가 확실한 것을 발견하고자 원한다면, 그러한 논의에 대해서도 분명히 거짓에 대한 것과 마찬가지로 신중을 기하고, 이제부터는 동의를 삼가야만 할 것이라고.

그러나 이 점을 깨달은 것만으로는 아직 충분하지 않으며, 언제나 염두에 두도록 배려하지 않으면 안 된다. 왜냐하면 오래된 이 보편적 의견이 쉴새없이 되돌아와서, 이를테면 오랜 동안의 습관과 친근함의 고삐줄에 의해, 이같은 의견에 묶여 있는 나의 믿기 쉬운 마음을 나의 뜻에 어긋나도록 점령해 버리기 때문이다. 나는 또한 그같은 의견을 사실 있음직한 것이라고 생각하는 동안은, 바꾸어 말하면 방금 제시되었던 것처럼 과연 어떤 의미에서는 의심스런 것이기는 하지만, 그럼에도 불구하고 매우 그럴듯하여 이것을 부정하기보다는 믿는 편이 훨씬 이치에 맞

---

5 스토아 파의 견해.
6 에피쿠로스 파의 견해.
7 고대 아리스토텔레스 파의 견해.

는 것이라고 생각하는 동안은, 그같은 의견에 동의하고 신뢰를 기울이는 습관으로부터 빠져나오는 일이 결코 없을 것이다.

이와 같은 사정이므로 여기서 의지를 완전히 상반되는 방향으로 전환시켜, 나 자신을 속이고 그같은 의견을 잠시 동안 전혀 거짓이고 환상의 것이라고 가정해 보자. 이리하여 마침내 쌍방의 의견의 무게가 균형을 이루도록 하여, 더 이상 잘못된 습관이 나의 판단을 지배하지 않게 하고, 사물의 올바른 인식으로부터 벗어나는 일이 없도록 하자. 이것은 결코 부당한 방식은 아니라고 생각한다. 왜냐하면 그러했다고 해서 어떠한 위험이나 잘못이 발생하는 일은 결코 없을 것이라는 사실을 나는 알고 있으며, 또한 지금 내가 문제삼고 있는 것은 행동에 관한 사항이 아니라 주로 인식에 관한 사항이므로 아무리 불신을 증장(增長)시켜도 조금도 지나치지 않음을 나는 알고 있기 때문이다.

그리하여 나는 진리의 원천인 신이 아니라 어떤 악령(惡靈)이, 더구나 더할 데 없이 유능하고 교활한 악령이 온갖 책모를 동원하여 나를 그르치게 하고 있는 것이라고 생각해 보자. 하늘·공기·땅·색깔·형체·소리 및 그밖에 일체의 외적 사물은 악령이 나의 믿기 쉬운 마음을 덫에 걸리도록 쓰고 있는 꿈의 계략에 지나지 않는다고 생각하자. 또한 나 자신 손도 갖지 않고, 눈도 갖지 않고, 육체도 갖지 않고, 피도 갖지 않고, 무릇 어떠한 감각기관도 갖지 않고, 단지 이러한 모든 것을 잘못 갖고 있다고 믿고 있을 뿐이라고 생각하자.

나는 이와 같은 성찰을 굳게 지키며 버티도록 하자. 그러면 비록 참된 것을 인식하는 일이 나의 힘으로는 불가능하다 해도, 그러나 다음과 같은 일만은 나로서도 확실히 할 수 있는 것이다. 즉 진실이 아닌 것에는 결코 동의하지 않는다는 것이다. 그러므로 나는 저 기만자가 아무리 유능하고 아무리 교활할지라도 나에게 아무것도 강요하지 못하도록 주의하고자 한다.

그렇지만 이것은 매우 어려운 계획으로서, 게으름을 피우다가는 나는 평소의 생활 태도로 다시 끌려가고 말 것이다. 그것은 마치 꿈속에서 때마침 공상의 자유를 즐기고 있던 죄수가, 나중에 이르러 자기는 꿈을 꾸고 있는 것이 아닐까 하고 의심하기 시작할 때 불러일으켜지는 것을 두려워하고 천천히 상쾌한 환상에 잠기고자 하는 일과 같은 것이다. 이리하여 나는 절로 낡은 의견 속에 빠져 버리고, 잠에서 깨어날까 봐 불안해 하는 것이다. 즉 안락한 휴식 위에 많은 고뇌를 동반한 각성(覺醒)이 이어지고, 더구나 이제부터는 빛 속에서 지내는 것이 아니라 도리어 방금 제기된 갖가지의 어려운 질문이라고 하는, 빠져나오기 어려운 어둠 속에서 지낼 수밖에 없게 되는 것은 아닐까 하여 두려워하는 것이다.

성찰2

인간정신의 본성에 대해 ; 정신은 신체보다도 쉽게 알려진다는 것

어제는 성찰에 의해 나는 실로 많은 의문 속에 내던져졌으므로, 이제 나는 그것들을 잊을 수가 없다. 더구나 또 어떻게 하면 그러한 의문을 풀 수 있는지도 알지 못한다. 참으로 나는 마치 갑작스레 깊은 물 속에 빠져 몹시 당황하며 발을 바닥에 붙이는 일도, 헤엄쳐 표면으로 떠오르는 일도 할 수 없는 그런 꼴인 것이다.

하지만 노력하자. 그리하여 어제 밟아 들어간 길을 다시 한 번 더듬어 보자. 즉 약간의 의심이라도 품을 수 있는 것은, 그것이 거짓이라는 사실을 내가 규명한 경우와 마찬가지로 남김없이 뿌리쳐 버리기로 하자. 그리하여 마침내는 무엇인가 확실한 것을 인식하기까지, 혹은 아무런 확실한 것이 없다 하여도 최소한 확실한 것은 아무것도 없다는 그 자체를 확실한 일로서 인식하기까지 더욱 걸음을 계속해 나가자. 아르키메데스가 지구 전체를 그 장소로부터 다른 곳으로 움직이기 위해 구한 것은 확고부동한 한 가지 점뿐이었다. 따라서 나도 비록 조금이라도 확실하며 흔들림이 없는 무엇인가를 찾아낸다면 큰 희망을 품어도 좋을 것이다.

때문에 나는, 내가 보는 것은 모두 거짓이라고 상상하자. 온통 거짓뿐인 나의 기억이 내게 보여 주는 것은 무엇 하나 결코 존재하지 않았던 것이라고 믿도록 하자. 나는 전혀 감각기관을 갖지 않는다고 하자. 물체 · 형상(形狀) · 연장 · 운동 ·

장소 등은 환영에 지나지 않는다고 하자. 그렇다면 무엇이 진실일까? 아마도 이 하나의 일, 즉 하등 확실한 것은 없다는 것뿐이리라.

그러나 나는 지금 내가 들은 것과는 별도의 것으로서, 더구나 의심할 여지가 전혀 없는 것은 아무것도 없다는 사실을 대체 무엇에 의해 알게 되는 것일까. 어떤 신과 같은 전능자가 있어서—이 전능자를 신이라 명명하는 것이 좋지 않다면 어떠한 이름으로 불러도 상관없지만—나에게 그와 같은 생각을 주입시키는 것은 아닐까. 그러나 나는 어째서 신을 여기에 끌어들이는 것일까. 어쩌면 나 자신이 그러한 생각의 작자일지도 모르는데.

그렇다면 적어도 나는 어떤 존재가 아니겠는가. 하지만 나는 내가 어떠한 감각기관을 갖는 것, 어떠한 신체를 갖는 것을 이미 부정했던 것이다. 그러나 나는 망설인다, 그렇다면 어떠한 것이 되는가 하고. 나는 신체나 감각기관에 단단히 결부되어 있어, 그것들 없이는 존재할 수 없는 것이 아닐까. 하지만 나는, '세상엔 아무것도 없다, 하늘도 없고, 땅도 없고, 정신도 없고, 물체도 없다.'고 스스로를 설득했던 것이다. 그렇다면 나도 또한 없다고 설득했던 것이 아닌가.

아니, 그렇지는 않다. 오히려 내가 무언가에 대해 나 자신을 설득했던 것이라면, 나는 확실히 존재했던 것이다. 그렇지만 지금 누군지 모르지만 극히 유능하고 극히 교활한 사기꾼이 있어 계책을 꾸미고, 언제나 나를 기만하고 있다. 따라서 그가 나를 기만한다면 내가 존재한다는 것은 의심할 여지가 없다. 내가 스스로를 어떤 존재인가 하고 생각하는 동안은, 그는 결코 나를 아무것도 아닌 듯이 할 수는 없을 것이다.

이와 같이 하여 나는 모든 일을 남김없이 속속들이 생각한 끝에, 마침내 이렇게 결론짓지 않을 수 없다. '나는 있다. 나는 존재한다.'고 하는 이 명제는, 내가 이것을 표현할 때마다, 혹은 정신에 의해 포착될 때마다 필연적으로 진실이라고.

그렇지만 나는 이제 필연적으로 존재하는 내가 대체 어떠한 것인가는 아직 충분히 이해하고 있지 못한 것이다. 따라서 이제부터는 무언가 다른 것을 나도 잘못 알지 않도록 주의해야 하며, 또한 이리하여 온갖 인식 가운데 가장 확실하고 가장 명징적이라고 내가 주장하는 인식에 있어서조차 길을 그르치거나 하지 않도록 주의해야 한다. 그래서 나는 이와 같은 사색을 시작하기 전에는 자기가 무엇이라고 생각하고 있었는지에 대해 새삼 고찰해 보겠다. 그리고 위에서 말한 이유에 의해 조금이라도 이의를 제기할 수 있는 것을 남김없이 제거해 나가기로 하겠다. 그렇게 하면 결국 그야말로 확실하고 흔들림이 없는 것만이 남게 될 것이다.

그런데 그렇다면 나는 이전에 자기를 무엇이라고 생각했는가. 물론 인간이라고 생각했었다. 그러나 인간이란 무엇인가. 이성적 동물이라고 해야만 할 것인가. 그렇지가 않다. 왜냐하면 그러면 그 뒤에 '동물이란 무엇인가, 이성적인 것이란 무엇인가.' 하고 질문해야만 되고, 이리하여 하나의 문제로부터 몇 개의 것, 더구나 한층 곤란한 문제로 빠져들고 말 것이기 때문이다.

지금 나는 그와 같은 탐색에 시간을 낭비할 만큼 한가롭지는 않다. 여기서는 오히려 내가 이전에 나란 무엇인가를 고찰했을 때, 그때마다 저절로 자연에 이끌려 나의 의식에 떠올랐던 것은 무엇이었는가에 주의를 돌리도록 하자.

그럴 경우 맨 먼저 떠오르는 것은 내가 얼굴이나 손이나 팔을 가졌으며, 여러 가지 지체로 이루어진 온갖 기구(機構)를 갖는다는 것이다. 이 기구는 시체에 있어서도 인정되는 것으로서, 나는 그것을 신체(혹은 물체)라는 이름으로 부르고 있었다. 다음에 떠오르는 것은 내가 영양을 섭취하고 걸어다니고 느끼고 생각한다는 것이다. 나는 이러한 활동의 근원은 정신에 있다고 생각했었다.[1]

그러나 그 정신이 무엇인가에 관해서는, 나는 주의를 기울이지 않았거나, 혹은

---

1 정신의 활동에 관한 아리스토텔레스나 스콜라 철학자들의 생각을 말한 것이다. 영양을 섭취하는 것이 '식물 정신'이고, 이것에 보행과 감각이 덧붙여져 '동물 정신'이 되며, 그것들에 다시 사고력이 덧붙여져 '인간 정신'이 된다.

그것을 바람이라든가 불이라든가 에테르 같은 것과 비슷한 무엇인가 미세한 것이라고 상상했고, 이것이 신체의 거칠고 큰 부분(즉 손이나 팔, 다리 등)에 골고루 퍼져 있는 것이라 생각하고 있었다.

그러나 신체, 즉 물체에 관해서라면 나는 조금도 의심하지 않고, 그 본성을 분명히 알고 있다고 생각하고 있었다. 내가 정신에 의해 그 본성을 어떻게 이해하고 있는가를 있는 그대로 말하려고 했다면, 나는 아마도 이렇게 설명했을 것이다. 물체란 무언가의 형체에 의해 한정되고 장소에 의해 둘러싸이고, 다른 물체를 모두 그곳으로부터 배제하는 듯한 방식으로 공간을 채우는 것, 또한 촉각·시각·청각·미각 혹은 후각에 의해 지각될 수 있는 것, 그리고 또 많은 방식으로 움직이지만 자기 자신에 의해 움직이는 일은 결코 없으며, 무언가 다른 것의 접촉을 받아 그것에 의해 움직이는 것 등이라고.

왜냐하면 자기를 움직이는 힘이나 감각하는 힘, 혹은 생각하는 힘을 갖는 일은 결코 물체의 본성에는 속하지 않는다고 나는 판단하고 있었기 때문이다. 뿐만 아니라 그와 같은 능력이 어떤 종류의 물체(즉 신체) 속에서 발견된다는 점에 나는 오히려 놀랐던 것이다.

그러나 지금 나는 누군가 더할 데 없이 유능한, 그리하여 이와 같은 것이 허용된다면, 악의를 가진 기만자가 온갖 점에서 최대한의 고심을 해 가며 나를 기만하고 있는 것이라고 상정하고 있다. 이때 나는 무엇이 되는 것일까. 나는 물체의 본성에 속한다고 방금 내가 말한 모든 것 가운데, 비록 아주 조금이라도 무언가를 갖고 있다고 주장할 수 있는 것일까. 나는 주의 깊게 생각하고 몇 번이고 되돌아간다. 그러나 내가 갖고 있다고 주장할 수 있는 것은 아무것도 발견되지 않는다. 부질없이 같은 일을 되풀이한 나는 지쳐 버리고 만다.

그렇다면 정신으로 돌려진 것 속에 무언가 없는 것일까. 영양을 섭취하는 일, 혹은 걷는 일은 어떠할까. 그러나 지금 나는 신체를 갖고 있지 않은 것이므로, 이것들도 또한 조작된 것 이외의 아무것도 아니다. 감각하는 일은 어떠할까. 물론 이것도 신체가 없다면 일어나지 않는다. 게다가 꿈속에서는 감각하고 있다고 생각했었지만, 나중에 가서는 정말로 감각했던 것은 아니었다는 것이 밝혀진 경우가 참으로 많이 있었던 것이다.

그렇다면 생각하는 일은 어떠할까. 여기서 나는 생각하는 일이 나에게 속하는 것임을 발견한다. 이것만은 나로부터 분리시킬 수가 없다. '나는 있다. 나는 존재한다.' 이것은 확실하다. 그러나 얼마 동안인가. 물론 내가 생각하는 동안이다. 왜냐하면 내가 만일 생각하는 것을 고스란히 그만두게 되면, 아마 그 순간 나는 존재하는 것을 완전히 그만두고 마는 셈이 될 것이기 때문이다.

지금 내가 인정하는 것은 필연적으로 진실인 사항뿐이다. 그러므로 엄밀한 의미에서 나라는 존재는 단지 생각하는 것 이외의 아무것도 아닌 것이 된다. 바꾸어 말하면 하나의 정신, 하나의 오성, 하나의 이성인 것이다. 이것들은 모두 지금까지 그 의미가 나에게는 알려지지 않았던 말이다. 그런데 나는 진실인 것, 참으로 존재하는 것이다. 그러나 어떠한 것일까. 나는 말했다, 생각하는 것이라고.

그밖에 나는 또 무엇일까. 상상력을 활동시켜 보자. 나는 갖가지 지체의 조성 (組成) — 인체라고 일컬어지는 저 조성 — 은 아니다. 나는 또한 이러한 지체에 골고루 퍼져 있는 어떤 희박한 공기도 아니고, 바람도 불도 증기도 숨도 아니며, 무릇 내가 그려내는 어떠한 것도 아니다. 왜냐하면 이러한 것은 무(無)라고 나는 상정했던 것이며, 이 상정이 그대로라고 해도 나는 역시 무엇인가이기 때문이다.

그렇지만 어쩌면 나에게 알려져 있지 않기 때문에 현재 내가 무라고 상정하고 있는 것이, 실은 내가 알고 있는 이 나와 다른 것이 아닐 수도 있지 않겠는가. 그러나 지금 나는 이 점에 관해 논의할 생각은 없다. 내가 판단을 내릴 수 있는 것은 다만 나에게 알려져 있는 것에 관해서뿐이다. 그리하여 나는 내가 존재하는 것을 알고 있고, 내가 알고 있는 나라고 하는 존재가 어떠한 것인지를 묻고 있는 것이다. 그런데 이렇듯 엄격히 해석된 나, 이 나에 관한 지식이 내가 아직 그 존재를 모르는 것에 의존하지 않는다고 하는 것, 따라서 내가 상상력을 사용하여 마음으로 그리는 것에는 결코 의존하지 않는다고 하는 것은 참으로 확실한 것이다.

애당초 '마음으로 그린다.'고 하는 이 말만 하더라도, 나에게 나의 잘못을 알려 주는 것이다. 왜냐하면 만일 내가 자기가 어떠한 존재인가에 대해 상상하는 것이라면, 나는 실제 마음으로 그릴 뿐이기 때문이다. 상상한다는 건 물체적인 것의 형체, 혹은 상(像)을 바라보는 것이므로.

그런데 실제로 나는 내가 존재한다는 것을 확실히 알고 있다. 동시에 그러한 상, 일반적으로 말해서 물체의 본성으로 돌려지는 것이 모두 환영에 불과할지도 모른다는 것도 확실히 알고 있다. 이런 두 가지의 일에 주의한다면, 내가 어떠한 존재인지를 좀더 분명히 알기 위해 상상력을 사용하고자 하는 것은, 지금 나는 확실히 잠깨어 있고 진실이라는 것을 얼마쯤 보고 있지만, 아직 충분히 명확하게 보고 있는 것은 아니므로 한번 노력하여 잠에 빠져들어 보자. 꿈속에서는 좀더 진실하고 좀더 명백한 모습이 나타나겠지 하고 바라는 것 못지않게 우스꽝스럽다고 생각된다.

이리하여 나는 상상력에 의해 내가 마음에 품을 수 있는 것은 무엇 하나 내가 나에 관해 갖고 있는 이 지식에는 속하지 않는다는 것과, 또한 정신으로 하여금 그 본성을 되도록 분명히 포착하게 하고자 생각하면 가능한 한 주의하여 정신을 상상력이 그려내는 것으로부터 멀리 떨어지게 해 주어야만 한다는 것을 알게 되는 것이다.

그렇다면 나라는 존재는 무엇일까. 생각하는 자이다. 그렇다면 생각하는 자란 무엇일까. 즉 의심하거나 이해하고, 긍정하거나 부정하고, 의지력을 갖거나 의지력을 상실하고, 그리고 또 상상하고 감각하는 자이다.

이와 같은 것이 모두 나에게 속하는 것이라면 참으로 대단한 것이다. 그러나 그러한 것들이 나에게 속해서는 안 되는 이유가 어디에 있는가. 지금 대부분의 것에 대해 의심하고, 그럼에도 불구하고 얼마쯤의 것을 이해하고, 이 하나의 것을 참이라 긍정하며, 그밖의 것을 부정하고, 좀더 많은 것을 알고자 의지하고, 기만당하기를 바라지 않으며, 많은 일을 자신의 뜻에 반해서까지 상상하고, 그리고 또 많은 것을 감각으로부터 비롯되었다고 인정하는 것은 바로 나 자신이 아닌가. 비록 내가 언제나 잠자고 있다 하여도, 또 비록 나를 창조한 자가 힘 닿는 한 나를 미혹시킨다 하여도, 이러한 것 속에는 내가 있다는 것과 마찬가지의 진실 아닌 무엇인가가 있는 것일까. 나의 의식으로부터 구별되는 게 있는 것일까.

참으로 내가 의심하고 이해하고 의지하는 것임은 극히 명백하며, 이것을 더한층 분명히 설명할 수 있는 것은 무엇 하나 발견되지 않는다. 그런데 나는 또한 상상 능력도 가지고 있다. 왜냐하면 비록 상상된 사물이 모두 앞서 상정했던 것처럼 전혀 진실이 아니라 해도, 그러나 상상하는 힘 그 자체는 실제로 존재하고 나의 의식의 일부를 이루고 있기 때문이다.

마지막으로, 나는 또한 감각 능력도 가지고 있다. 바꾸어 말하면 물체적인 것을, 감각기관을 매개한 것으로써 인정하는 것이다. 즉 지금 나는 빛을 보고 소음을 듣고 열을 느낀다. '이것들은 거짓된 것이다. 나는 잠자고 있는 것이니까.' 하고 말할 수 있을지도 모른다. 하지만 나는 확실히 본다고 생각하며, 듣는다고 생각하며, 열을 느낀다고 생각하고 있는 것이다. 이것은 거짓일 수가 없는 것이다. 이것이야말로 나에게 있어 본디 감각한다고 불리는 바의 것이다. 그리하여 이와 같이 엄격히 해석한다면, 이것은 바로 생각하는 것이기도 한 것이다.

이러한 일로써 나는 확실히, 내가 어떠한 존재인가 하는 것을 상당한 정도에 이르기까지 깨닫기 시작한다. 그러나 지금까지 나로서는 물체적인 사물—마음속에서 그런 것의 이미지를 그려낼 수가 있고, 감각 그 자체에 있어 직접 포착할 수 있는 사물—인 편이, 그것—무엇인가 나 자신에 속하는 것임에도 불구하고 상상력에 의해서는 포착되지 않는 것 ─ 보다는 훨씬 분명하게 알려지는 것처럼 생각된다. 또한 나는 그렇게 생각할 수밖에 없는 것이다. 의심스러우며 알려져 있지 않으며, 나와는 무관한 것이라고 내가 깨닫고 있는 편이, 진실이며 인식되고 있는 것보다도, 그리고 결국 나 자신보다도 훨씬 나에게 있어 분명히 알려진다는 것은 참으로 기묘한 일이다.

그러나 나는 왜 이렇게 되는지를 잘 알고 있다. 즉 밖으로 방황하는 것을 즐기는 나의 정신은, 진리의 울타리 안에 갇혀 있는 일을 견뎌내지 못하는 것이다. 그렇다면 그것으로 좋다. 한번 더 나의 정신의 고삐를 한껏 늦추어 주자. 그리하여 조금 뒤에, 적당한 시기에 고삐를 당길 때 좀더 쉽게 조절할 수 있도록 해 보자.

그래서 모든 것 가운데 가장 분명히 이해된다고 일반에게 생각되고 있는 것, 즉 우리들이 만지고 볼 수 있는 물체를 고찰해 보자. 그러나 몇 개의 물체를 일반적으로 고찰하는 것이 아니다. 그와 같은 일반적인 개념은 대부분 심하게 혼란되고 있게 마련이기 때문이다. 여기선 무언가 하나의 물체를 개별적인 것으로서 고찰하는 것이다. 예를 들어 밀랍(蜜蠟)을 들어 보자.

이것은 방금 벌집에서 끄집어낸 것이다. 아직 그 자체의 꿀맛은 고스란히 남아 있으며, 본래의 꽃향기도 아직 얼마쯤은 간직하고 있다. 그 색깔·모양·크기는 명백하다. 단단하고 차갑고 쉽게 만질 수가 있다. 그리고 손끝으로 두들기면 소리를 낸다. 결국 어떤 물체를 되도록 분명히 인식하기 위해 필요하다고 생각되는 것은 모두 이 밀랍에 갖추어져 있는 것이다.

그러나 이렇게 말하고 있는 동안에, 이 밀랍을 불에 가까이 가져가 보는 것이 어떨까. 남아 있던 맛은 빠져 달아나고, 향기는 사라지고, 모양은 일그러지고, 크기는 늘어나고, 액상(液狀)이 되고, 뜨거워지고, 거의 만질 수가 없으며, 두들겨도 소리를 내지 않는다. 그런데도 아직 같은 밀랍인 것일까. 그렇다. 누구도 그것을 부정할 수는 없다. 누구든 그렇게밖에 생각하지 않는다.

그렇다면 이 밀랍에 있어서 그토록 분명히 이해되었던 것은 대체 무엇이었을까. 확실히 그것은 내가 감각에 의해 포착한 것 가운데 어느 것도 아니었다. 왜냐하면 미각이라든가 후각이라든가 시각이라든가 촉각이라든가 청각이라고 느껴졌던 것은 이제 모두 바뀌고 말았지만, 그럼에도 불구하고 역시 본디의 밀랍은 존속하고 있는 것이기 때문이다.

아마도 밀랍 그 자체는 지금 내가 생각하고 있는 것, 저 꿀의 달콤함도 꽃의 향기도 새하얀 빛깔도 모양도 소리도 아니고, 조금 전에는 그와 같은 형태로 나타났고, 지금은 이와 같은 형태로 나에게 나타나는 물체일 뿐인 것이다.

그러나 내가 이와 같이 상상하는 것은 엄밀히 말하면 무엇일까. 주의해서 보자. 그리하여 밀랍에 속하지 않는 것을 제외하면 뒤에 남는 것은 무엇인지를 보도록 하자. 말할 것도 없이 넓이를 가진, 구부러지기 쉬운, 변화되기 쉬운 어떤 것뿐이다.

그러나 이 구부러지기 쉬운, 변화하기 쉬운 것이란 무엇일까. 이 밀랍이 원형에서 네모꼴로, 혹은 네모꼴에서 세모꼴로 바뀔 수 있음을 내가 상상한다는 것일까. 결코 그렇지가 않다. 왜냐하면 나는 밀랍이 이와 같은 숱한 변화를 겪게 된다는 것을 이해는 하지만, 이 무수한 변화 그 자체를 상상에 의해 일일이 포착할 수는 없고, 따라서 밀랍에 관한 그와 같은 이해도 상상의 능력에 의해 얻어지는 것은 아니기 때문이다.

그렇다면 넓이를 갖는다는 것은 어떠할까. 밀랍의 넓이 그 자체도 역시 상상에 의해서는 알려지지 않는 게 아닐까. 그 넓이는 밀랍이 녹으면 커지고, 끓어오르면 더욱 커지며, 열이 늘면 더한층 커지기 때문이다. 따라서 밀랍이란 무엇인지에 대해 올바르게 판단하고자 한다면, 넓이라는 점에서도 밀랍은 내가 일찍이 상상에 의해 포착했던 것보다도 훨씬 많은 변화를 인정할 수 있는 것이라고 생각하지 않으면 안 되는 것이다.

결국 이 인정할 수밖에 없는 밀랍이 무엇인가를 나는 결코 상상에 의해서가 아니라 주로 정신에 의해서 포착하는 것이다. 나는 이 개별적인 밀랍에 관해 말하고 있는 것이다. 밀랍 일반에 관한 이야기는 좀더 명백하기 때문이다.

그러나 정신에 의해서밖에 포착되지 않는 이 밀랍이란 대체 어떠한 것일까. 애당초 그것은 내가 보든가 만지든가 상상하든가 하는 밀랍과 같은 것이었다. 즉 내가 처음부터 밀랍이라고 간주하고 있었던 것과 같은 것이었다. 그러나 또 주의해야만 할 것은, 그것을 파악하는 활동 그 자체는 시각의 작용도 촉각의 작용도 상상력의 작용도 아니며, 또한 이전에는 비록 그렇게 생각되었다 하더라도 결코 그와 같은 것은 아니었으며, 오로지 정신에 의한 통찰이었을 뿐인 것이다. 그리하여 이 통찰이 그 내용이 되는 것에 향해지는 나의 주의의 정도에 따라 이전처럼 불완전하고 혼란된 것이든가, 혹은 현재처럼 명백한 것이든가 어느 한쪽인 것이다.

그렇지만 나는, 얼마나 나의 정신이 그르치기 쉬운 것인가에 놀랄 수밖에 없는 것이다. 왜냐하면 나는 위의 사항을 입 밖에 내지 않고 묵묵히 마음속에서 고찰하는데도 불구하고 역시 말 그 자체에 얽매여, 대개의 경우는 일상의 화법(話法)에 속고 말기 때문이다. 즉 우리들은 밀랍이 거기에 있을 때, 밀랍 그 자체를 본다고 말하며, 색깔 혹은 모양으로 미루어 밀랍이 거기에 있구나 하고 판단한다고는 말하지 않는 법이다.

그래서 나도, 그러므로 밀랍은 눈의 활동에 의해 인식되는 것으로서, 정신만의 통찰에 의해 인식되는 건 아니라고 당장이라도 결론짓고 싶어지는 것이다. 그런데 나는 지금 때마침 거리를 지나는 사람들을 창 너머로 바라본다. 그리하여 밀랍의 경우와 같은 습관에 의해 인간 그 자체를 본다고 한다. 그러나 내가 보는 것은 모자와 의복뿐만이 아니지 않는가. 그 아래에는 자동 기계가 숨겨져 있는지도 모르지 않는가. 하지만 나는 그것이 인간이라고 판단하고 있다. 마찬가지로 나는 눈으로 보는 것이라고 생각하고 있었던 것이라도, 나의 정신 속에 있는 판단 능력만으로 이해하고 있는 셈인 것이다.

그렇지만 보통 사람들보다도 현명하기를 바라는 사람에게 있어서는, 보통 사람들이 쓰고 있는 화법을 바탕삼아 의문을 끌어내는 것은 수치스런 일일지도 모른다. 그러므로 계속해서 앞으로 나아가자. 그리하여 다음의 어느 것인가에 주의를 보내도록 하자. 즉 처음에 나는 밀랍에 시선을 고정시키고 이것을 외부 감각 그 자체에 의해, 혹은 적어도 이른바 공통 감각에 의해, 즉 상상 능력에 의해 인식하는 것이라고 믿었을 때가, 지금보다도 밀랍이란 무엇인가에 대해 보다 완전히 보다 명증적으로 파악하고 있었던 것일까. 아니면 오히려 밀랍이 무엇인가에 관해서도, 어떠한 방식으로 인식되는가에 관해서도 한층 면밀한 검토를 끝낸 현재의 상태에서 그것을 보다 잘 파악하고 있는 것일까.

이 점에 관해 결론을 내리지 못하는 것은 확실히 우스꽝스런 일일 것이다. 최초로 주어진 것 가운데는 무언가 분명한 것이 있었던 것일까. 거기에 있었던 것은 어떠한 동물이라도 가질 수가 있다고 생각되는 것뿐이 아니었던가. 이것과 반대로 지금 나는 밀랍을 그 외적인 형태로부터 구별하여, 이를테면 그 옷을 모두 벗겨 있는 그대로를 고찰하고 있는 것으로서, 비록 나의 판단 속에 아직 잘못이 생길 수 있다 해도 역시 인간 정신 없이는 이러한 식으로도 밀랍을 포착할 수는 없는 것이다.

그러나 이 정신 그 자체에 관해, 즉 나 자신에 관해 나는 뭐라고 해야만 할 것인가. 왜냐하면 지금까지 나는 내 속에 정신 이외의 것이 있다고는 인정하고 있지 않기 때문이다. 이 밀랍을 그렇듯 분명히 파악하는 것처럼 생각되는 나, 그런 나는 밀랍보다도 나 자신을 한층 진실하게 한층 확실하게 인식할 뿐만 아니라 더한층 판명히 더한층 명증적으로 인식하는 것은 아닐까. 왜냐하면 만일 내가 밀랍을 본다고 하는 일에 의해 밀랍이 존재한다는 것을 판단하는 것이라면, 내가 밀랍을 본다고 하는 바로 그 일로부터 나 자신 또한 존재한다고 하는 일이 더한층 명증적으로 귀결될 것이 틀림없기 때문이다.

그런데 내가 보는 이것은 실은 밀랍이 아닐 수도 있는 것이며, 내가 사물을 보는 눈을 전혀 갖고 있지 않다는 것도 있을 수 있는 일이다. 그러나 내가 볼 때 혹은 본다고 생각할 때—나는 지금 이 두 가지의 일을 구별하지 않는 것이지만—이렇게 생각하는 나 자신이 그 무엇도 아니라는 일은 결코 있을 수 없는 것이다.

마찬가지로 만일 내가 밀랍에 접촉한다는 일에 의해 밀랍은 있다고 판단하는 것이라면 다시금 같은 일이, 즉 나는 있다고 하는 것이 귀결된다. 또한 내가 밀랍을 상상한다고 하는 일에 의해 밀랍은 있다고 판단한다 해도, 혹은 다른 어떤 근거에 의해 그렇게 판단한다 해도 역시 전적으로 같은 귀결에 도달하는 것이다. 더구나 내가 밀랍에 관해 깨닫는 이 일은 나의 외부에 있는 다른 모든 것에도 적용될 것이다.

또한 밀랍이 시각이나 촉각에 의해서뿐만이 아니라 좀더 많은 원인에 의해서도 나에게 알려지기에 이르고, 그것에 관해 내가 파악하는 바가 한층 명백해졌다고 한다면, 바야흐로 나 자신도 나에게 있어 더욱더 명백히 인식되는 것이라고 하지 않으면 안 된다. 왜냐하면 밀랍의 인식에 혹은 다른 어떤 물체의 인식에 도움이 될 수 있는 이유라면, 그것들은 모두 동시에 나의 정신의 본성을 한층 명백하게 할 것이기 때문이다.

하지만 그밖에도 정신에 관한 지식을 한층 명백한 것으로 할 수 있는 것은 정신 그 자체에 아직도 매우 많이 있기 때문에, 물체로부터 정신에 파급되는 것 따위는 거의 보잘것이 없다고 생각된다.

이리하여 나는 결국 절로 내가 원하던 곳에 돌아왔던 것이다. 즉 물체조차 본래의 감각 혹은 상상 능력에 의해 파악되는 것이 아니고, 다만 오성에 의해서만 파악되는 것이라는 점과, 또한 만지거나 보는 일에 의해 파악되는 것이 아니고, 주로 이해함으로써 파악된다는 것이 이제 나에게 알려졌으므로, 나는 나의 정신만큼 쉽게 또 명증적으로 파악되는 것은 달리 있을 수 없다는 것을 명백히 인식하는 것이다.

그렇지만 습관이 되어 버린 낡은 의견은 그렇듯 신속히 제거할 수가 없는 것이므로, 나는 여기서 잠시 멈춰 서서 오랜 시간을 성찰에 바침으로써, 이 새로운 지견(知見)을 나의 기억 속에 한층 깊이 새기도록 하는 게 좋을 것이다.

성찰3

신에 대해 ; 신은 존재한다고 하는 일

이제 나는 눈을 감고 귀를 막고 온갖 감각을 물리치자. 그리고 물체적 사물의 이미지마저도 남김없이 나의 의식으로부터 말살하든가, 이것은 거의 불가능한 일이기 때문에 최소한 그러한 이미지를 공허하고 거짓된 것으로서 무시하기로 하자. 그리하여 오로지 자기에게만 이야기하고 자기를 깊이 파내려감으로써 조금씩 나 자신을 나에 있어 한층 잘 알려진 것, 한층 친근한 것이 되도록 힘쓰자.

나는 생각하는 자이다. 바꾸어 말하면 의심하고 긍정하고 부정하며, 약간의 일을 이해하고 많은 것을 모르며, 바라고 바라지 않으며, 게다가 상상하고 감각하는 자이기도 하다. 왜냐하면 앞서 내가 인식했던 것처럼 비록 내가 감각하든가 상상하는 것이 나의 밖에 있어서는 설사 무(無)라고 하여도, 내가 감각 및 상상이라고 명명하는 저 의식의 양태는 단지 그것들이 어떤 종류의 의식의 양태인 한 나의 속에 있다고 나는 확신하고 있기 때문이다.

그런데 나는 이러한 몇 마디로 내가 참으로 알고 있는 것을, 혹은 최소한 이제까지 내가 알고 있다고 인식한 것을 모두 열거한 셈이다. 그래서 이제부터 어쩌면 아직 나의 눈에 띄지 않았던 것이, 그밖에 또 나의 속에 있는 것은 아닌가 어떤가를 좀더 주의 깊게 살펴보자.

내가 일종의 생각하는 것임을 나 자신은 굳게 믿고 있다. 그렇다면 나는 어떤 사항에 관해 확신을 갖는 데 필요한 조건 역시 알고 있는 것이 아닐까. 그런데 이 최초의 인식 가운데는 내가 긍정하는 사항에 관한 명백한 인지(認知) 이외의 아무것도 없다. 그럼에도 불구하고 내가 이렇듯 명백하게 인지하는 사항이 거짓인 경우가 한 번이라도 생길 수 있다면, 물론 그러한 인지는 나에게 진리를 확신시키기에는 부족할 것이다. 그러므로 나는 이제 내가 극히 명백하게 인지하는 바의 것은 모두 진실이라는 것을 일반적인 규칙으로서 확립할 수 있을 것처럼 생각된다.

그렇지만 이전에 내가 참으로 확실하고 명백한 것이라고 받아들였던 것으로서 나중에 의심스럽다고 깨닫기에 이른 것이 무수히 있다. 어떠한 것이 그와 같은 것이었는가. 말할 것도 없이 땅이나 하늘이나 별, 그밖에 내가 감각에 의해 포착한 것 전부가 그러했었다. 그렇다면 이러한 것에 관해 나는 무엇을 명백히 인지하고 있었던 것일까. 말할 것도 없이 그와 같은 것의 관념 그 자체, 즉 의식이 나의 정신에 나타난다고 하는 것이었다. 그리하여 그와 같은 관념이 나의 속에 있는 것이라면, 나는 지금도 부정하지 않는 것이다.

그러나 이것과는 별도로 역시 내가 긍정하고 있던 사항, 더구나 그것을 믿는 습관이 있기 때문에 실제로는 이것을 인지하고 있지 않는데도 불구하고 자기가 명백히 인지하고 있다고 믿어 버린 사항이 있었던 것이다. 즉 나의 외부에 그와 같은 관념을 내보낸 것이 있고, 관념들은 이것과 참으로 유사하다고 하는 일이다. 이 점에 있어서야말로 나는 오류에 빠져 있었던 것이며, 비록 이 점에서 내가 내린 판단이 옳았다고 해도 최소한 그것은 나의 내면의 인식 작용에 의거하는 바는 아니었던 것이다.

그러나 대수 혹은 기하학에 관해 무언가 매우 단순하고 쉬운 사항, 예를 들어 2에 3을 더하면 5가 된다는 사항을 고찰하고 있었을 때, 나는 적어도 그것들을 진실로서 인정하기에 부족함이 없을 만큼 투명하게 직관하고 있었던 것은 아닐까. 나는 과연 나중에 이르러 그것들에 관해서도 의심해야 한다고 판단했던 것이지만, 이것은 신과 같은 전능자라면 더할 나위 없이 명백하다고 생각되는 사항에 관해서조차 기만당할 수 있는 본성을 나에게 부여할 수도 있었을 것이라는 생각이 내 마음속에 떠올랐기 때문이었던 것이다.

하지만 내 마음속에 신의 전능에 관한 이 선입관이 떠오를 때마다, 나는 신이 만일 그러고자 마음만 먹는다면 내가 정신의 눈으로 더할 나위 없이 명증적으로 직관한다고 생각하는 사항에 있어서조차 나를 오류에 빠뜨리는 일은 신으로서는 쉬운 일이라고 고백하지 않을 수 없는 것이다.

그러나 또 내가 아주 명백하게 파악한다고 생각하는 사항 쪽을 지향할 때마다 그와 같은 사항을 전적으로 확신해 버려, 그만 다음과 같이 외치지 않을 수 없는 것이다. '속일 수 있다면 누구라도 나를 속여 봐라. 그러나 내 자신이 어떤 자인가 하고 생각하는 동안은 결코 나를 무(無)인 것처럼 하지는 못하리라. 혹은 내가 현실로 존재한다는 것이 진실인만큼, 내가 현존한 적이 없었다고 하는 것을 나중에 진실인 것처럼 할 수는 없으리라. 혹은 또 2에다 3을 더한 수가 5보다 많다든가 적다든가 하지는 못하리라. 또한 이와 유사한 일, 즉 그러한 사물들이 내가 지각하는 것과 다른 방식으로는 존재할 수 없다는 것을 내가 명백히 본다는 일은 일어날 수 없을 것이다.'라고.

그리하여 확실히 나로선 어떤 신을 기만자라고 간주해야만 할 아무런 기연(機緣)도 없는 것이고, 애당초 신의 존재 여부조차 아직 충분히 알려져 있지 않은 것이므로, 다만 그와 같은 의견에 의거하는 데 불과한 의심의 이유는 극히 박약한 것이고, 말하자면 형이상학적인 것이다. 그러나 그와 같은 이유조차 배제될 수 있도록 가능한 한 빠른 기회에 신의 존재 여부와, 또 만일 존재한다고 하면 기만자일 수 있는가 그렇지 않은가를 음미하지 않으면 안 된다. 왜냐하면 이 두 가지의 일이 알려지지 않는 한 나는 다른 어떤 일에 관해서도 전혀 자신을 가질 수가 없다고 생각되기 때문이다.

그런데 지금 성찰의 순서가 요구하는 바에 의하면, 먼저 나의 온갖 의식을 일정한 종류로 구분하고, 그 중의 어떤 종류에 있어 본래의 진리 또는 허위가 존재하는가를 탐구하지 않으면 안 되는 것이다.

나의 의식 속의 어떤 것은, 말하자면 사물의 이미지로서 이것에만 본디 관념이라는 이름을 붙일 수 있다. 예를 들어 내가 인간이라든가 키마이라[1] 라든가 하늘이라든가 천사라든가 신이라든가를 생각할 때처럼. 그런데 다른 것은, 그밖에 무언가 다른 형상을 갖고 있다. 이를테면 내가 의지하거나 두려워하거나 긍정하거나 부정할 때는 물론 나는 언제고 어떤 사물을 나의 의식의 대상으로서 포착하고 있지만, 나아가선 그 사물의 관념에다 무엇인가를 부과하고 있는 것이다. 이와 같은 것 가운데 어떤 것은 의지 혹은 감정이라 불리고, 다른 것은 판단이라고 불린다.

지금 관념에 대해 말하면, 관념은 단지 그것 자신에 있어서만 볼 수 있고, 다른 것과 연관시키지 않는다면 본래는 거짓일 수 없는 것이다. 왜냐하면 내가 신앙을 상상하건 키마이라를 상상하건 간에 내가 상상한다고 하는 것 자체는 어느 경우라도 마찬가지로 진실이기 때문이다.

또한 의지에 있어서나 감정에 있어서도 하등 허위를 두려워할 필요는 없다. 왜냐하면 나는 지극히 사악한 것을 원할 수도 있고 결코 존재할 수 없는 것을 원할 수도 있지만, 그렇다고 해서 내가 그와 같은 것을 바란다는 것이 거짓은 아니기 때문이다.

그러므로 남는 것은 판단뿐이고, 여기에 있어서야말로 나는 오류에 빠지지 않

---

1 그리스 신화 중의 괴수(怪獸). 전반신은 사자·산양이고, 후반신은 용사(龍蛇)의 모양을 하고 있다.

도록 조심해야만 하는 것이다. 그런데 판단 속에서 발견될 수 있는 주요한 오류, 가장 보편적인 오류는 나의 내부에 있는 관념이 나의 외부에 있는 무엇인가와 유사하거나 혹은 합치되어 있다고 내가 판단하는 곳에서 성립되는 것이다. 왜냐하면 만일 내가 관념 그 자체를 나의 의식의 어떤 양태로서만 고찰하고 다른 것에 연관시키고자 하지 않는다면, 관념이 나에게 오류에 빠질 계기를 마련해 주는 일은 거의 없을 것이기 때문이다.

그런데 이러한 관념 가운데 어떤 것은 선천적인 것이고, 어떤 것은 외래(外來)의 것이며, 또한 어떤 것은 나 자신이 만들어 낸 것처럼 생각된다. 왜냐하면 나는 사물이란 무엇인가, 진리란 무엇인가, 사유란 무엇인가를 이해하는데, 이러한 이유는 다름 아닌 나의 본성 그 자체로부터 얻어진다고 생각되기 때문이다. 그런데 지금 나는 소음을 듣고 태양을 보고 열을 감각하지만, 이와 같은 감각을 무언가 나의 외부에 있는 것으로부터 비롯되는 것이라고 이제까지는 생각해 왔다. 그리하여 마지막으로 사이렌이나 히포그리프스² 등과 같은 것은 나 자신에 의해 만들어지는 것이다.

하기야 지금의 나로서는 모든 관념을 외래의 것이라고 생각하는 일도, 모든 관념을 선천적인 것이라고 생각하는 일도, 모든 관념을 작위(作爲)의 것이라고 생각하는 일도 가능할 것이다. 나는 또한 이런 관념의 참된 기원을 명백히 규명하고 있지는 않은 것이다.

그러나 여기서는 주로, 말하자면 나의 외부에 존재하는 것으로부터 취해졌다고 내가 간주하는 관념을 문제로 삼지 않으면 안 된다. 그리고 이러한 관념이 외물을 닮고 있다고 내가 생각하는 것은 어떠한 이유에서일까를 탐구하지 않으면 안 된다. 그것은 말할 것도 없이 내가 자연에 의해 그렇게 가르쳐졌기 때문이라

---

2 그리스 신화 중 독수리의 머리와 날개를 가지고 말의 몸뚱이를 한 괴물.

고 생각된다. 뿐만 아니라 그것들의 관념은 나의 의지에 의존하지 않고, 따라서 또한 나 자신에 의존하지 않는 것을 내가 경험하기 때문이기도 하다. 실제로 그것들은 곧잘 나의 뜻에 반하여 나타나기조차 한다. 이를테면 지금 나는 원하든 원하지 않든 간에 열을 느낀다. 그 때문에 이 감각, 즉 열의 관념은 나와는 다른 것으로부터, 즉 나의 옆에 있는 불에서 발산되는 열로부터 내 쪽으로 오는 것이라고 생각한다. 이러한 까닭이므로 그 자체는 다른 어느 것보다도 오히려 자기와 닮은 모습을 내 속에 보내 주는 것이라고 내가 판단하는 것도 참으로 당연한 일이다.

그렇다면 이제부터 위에서 기술한 이유가 충분히 확고한 것인지 어떤지를 조사해 보자. 여기서 내가 '나는 자연에 의해 그렇게 가르쳐졌다.'고 말할 때, 그것은 단지 나는 어떤 자발적인 경향에 의해 이것을 믿게 되었다는 것을 의미할 뿐으로서, 그것이 진실임이 어떤 자연의 빛에 의해 나에게 명시되었다는 것을 의미하는 것은 아니다. 이 양자 사이에는 커다란 상위가 있다. 왜냐하면 자연의 빛에 의해 나에게 명시되는 일, 이를테면 내가 의심한다는 일로부터 내가 존재한다는 결론을 얻을 수 있다는 것과, 그밖에 이것과 유사한 일은 모두 결코 의심할 수가 없기 때문이다. 이 빛과 동등하게 신뢰할 수 있는 능력, 이 빛이 제시하는 바가 진실은 아니라고 가르칠 수 있는 능력은 그밖에는 있을 수 없다. 그러나 다른 한편 자연적 경향은 어떤가 하면, 내가 자주 선(善)을 선택해야만 했을 경우에 이 경향에 의해 악 쪽으로 기울어졌다는 것을 깨달았다. 그러므로 다른 문제에 있어서도 이미 이 경향을 신뢰해야 할 이유는 없다고 나는 생각하는 것이다.

다음으로 그러한 관념은 과연 나의 의지에 의존하지 않는다고는 하나, 그렇다고 해서 그것들이 나의 밖에 있는 사물로부터 아무래도 나오지 않으면 안 된다고는 단언할 수 없다. 왜냐하면 방금 말한 저 경향은 나의 속에 있다고는 하나 나의 의지와는 다른 것이라고 생각되며, 혹은 그것과 마찬가지로 나의 속에는 무언가 또 다른 능력이 있고 아직 나에게는 충분히 알려져 있지 않지만, 그러한 관념을 낳을 수가 있을지도 모르기 때문이다. 이를테면 내가 잠자고 있을 때 아무런 외적 사물의 도움을 받지 않고, 그러한 관념이 나의 속에 형성되는 것은 이제까지 늘 보아 왔던 상황인 것이다.

그리하여 마지막으로, 비록 그러한 관념이 나와는 다른 사물로부터 생겨났다 하더라도 그러한 관념이 반드시 그 사물과 닮아야만 하는 것은 아니다. 오히려 그 것과는 반대로 많은 경우에 있어, 나는 양자 사이에 곧잘 커다란 차이를 인정했던 것처럼 생각된다. 예를 든다면 나는 태양에 관해 두 개의 다른 관념을 자기 속에 서 발견한다. 한쪽의 관념은 이를테면 감각으로부터 얻어진 것으로서, 이것은 특히 내가 외래의 것이라고 간주하는 관념 속에서 꼽아야만 할 것이다. 그리하여 이 것에 의하면, 태양은 나에게는 아주 작게 보인다. 그런데 다른 한편의 관념은 천문학상의 추리로부터 얻어진 것, 즉 나에게 어떤 천성의 개념으로부터 끌어내어 진 것이거나 혹은 무언가 다른 방식으로 나에 의해 형성된 것인데, 이것에 의하면 태양은 지구보다도 몇 갑절이나 큰 것으로서 제시된다. 그러나 이들 두 개의 관념 은 모두 나의 밖에 있는 동일한 태양과 닮은 것일 수는 없다. 그리하여 이성은 태 양 그 자체로부터 가장 직접적으로 나왔다고 생각되는 관념이 가장 태양과 닮지 않은 것이라는 점을 나로 하여금 확신하게 하는 것이다.

그런데 이와 같은 모든 것에 의해 다음의 일이 충분히 입증된다. 즉 이제까지 내가 무언가 나와는 다른 것이 존재하고, 이것이 나의 감각기관을 통하여 혹은 무엇인가 다른 방식에 의해 스스로의 관념 혹은 형상을 나의 속에 보내는 것이라 고 믿어 왔던 것은, 확실한 판단에 의해서가 아니고 단지 어떤 맹목적인 충동에 의해서였다는 것이다. 그러나 내가 내부에 가지고 있는 관념들 가운데서 외부에 존재하는 어떤 것들이 실제로 있는지 없는지를 탐구하는 데에는 또 다른 길이 하나 있다.[3] 즉 이러한 관념이 단지 어떤 의식의 양태인 한 나는 그러한 관념 사이에 어떠한 차이도 인정하지 않는다. 그것들은 모두 같은 방식으로 나로부터 나오는 것이라고 생각된다. 그러나 어떤 관념은 어떤 것을 표현하고, 다른 관념은 또 다른 것을 표현하고 있는 한 저마다의 관념이 서로간에 아주 다르다는 것은 명백하다.

실제로 나에게 실체를 표시하는 관념은 다만 양태, 즉 우유성만을 표현하는 관념보다도 한결 큰 어떤 것이고, 말하자면 보다 많은 표현적 실재성[4]을 그 자신 속에 간직하고 있다. 그리고 그것에 의해 내가 신을 이해하는 관념, 즉 영원하고 무한하고 전지전능하며 자기를 제외한 모든 것의 창조자인 신을 이해하는 바의 관념은 유한의 실체를 표시하는 바의 관념보다도 한결 많은 표현적 실재성을 그 자신 속에 명백히 간직하고 있는 것이다.

그런데 지금 작용적·전체적인 원인 중에는 적어도 이 원인의 결과 속에 있는 것과 동등의 것이 있어야만 한다는 것은 자연의 빛에 의해 명백하다. 왜냐하면 결과는 그 원인으로부터가 아니면 어디에서도 자기의 실재성을 끌어낼 수가 없기 때문이며, 또한 원인은 스스로가 실재성을 갖는 것이 아니라면 결코 그것을 결과에 줄 수가 없기 때문이다. 이리하여 무로부터는 어떠한 것도 생겨날 수가 없을 뿐만 아니라 보다 완전한 것, 바꾸어 말하면 보다 많은 실재성을 그 자신 속에 포함하는 것은 보다 불완전한 것으로부터는 생겨날 수가 없다는 결론을 얻을 수 있는 것이다.

더구나 이 일은 현실적, 즉 형상적 실재성[5]을 갖는 결과에 대해서뿐만이 아니고, 표현적 실재성만이 고려되는 관념에 대해서도 명백히 진실인 것이다. 좀더 자

---

3 이곳에서부터 신의 존재에 관한 제1증명이 설명되기 시작한다.
4 관념에 표시되는 한에 있어서의 실재성을 말한다.
5 사물이 그 자체에 있어서 소유하고 있는 실재성을 말한다.

세히 말한다면, 예컨대 이전에는 없었던 하나의 돌이 지금 존재하기 시작한다는 일은, 그 돌 속에 있는 모든 것을 형상적 혹은 우승적(優勝的)[6]으로 자기 속에 가진 어떤 것에 의해 그것이 산출되지 않고서는 불가능하다. 마찬가지로 이전에는 뜨겁지 않았던 대상 속에 열이 도입된다는 것은 최소한 열과 동등한 완전성을 가진 것에 의해서가 아니면 불가능하며, 그밖의 경우도 마찬가지이다. 그러나 그것뿐만이 아니다. 열 혹은 돌의 관념이 나의 속에 있다고 하는 것도, 열 혹은 돌 속에 있다고 내가 생각하는 것과 최소한 동등의 실재성을 자기 속에 포함하는 어떤 원인에 의해 그것이 나의 속에 있게 되지 않는 한 불가능하다.

왜냐하면 이 원인은 나의 관념 속에 아무런 자기의 현실적(형상적) 실재성을 보내 주거나 하지는 않지만, 그렇다고 해서 그 원인이 보다 적은 실재성을 가질 것이라고 생각해서는 안 되며, 오히려 관념은—나의 의식의 한 가지 양태로서—나의 의식으로부터 차용할 수 있는 형상적 실재성 이외에는 아무런 형상적 실재성도 자기로부터 요구하는 일이 없다는 것이 관념 그 자체의 본성이라고 생각하지 않으면 안 되기 때문이다.

그런데 이 관념이 이 특정의 표현적 실재성을 포함하며, 다른 표현적 실재성은 포함하고 있지 않다는 것은, 명백히 그 관념 자체가 표현적으로 포함하고 있는 실재성과, 적어도 동등의 실재성을 형상적으로 포함하는 어떤 원인에 의하는 것이어야만 한다. 왜냐하면 그 원인 속에 없었던 무엇인가가 관념 속에서 발견된다고 상정한다면, 관념은 그것을 무로부터 빌려 오는 것이 되겠지만, 사물이 관념에 의해 표현적으로 오성 속에 있는 그 상태는 비록 아무리 불완전할지라도 명백히 완전한 무는 아니며, 따라서 무로부터 생기는 일은 있을 수 없기 때문이다.

---

6 원인이 결과와 동등한 실재성을 갖게 될 때 원인은 결과를 '형상적으로' 포함한다고 하며, 원인이 결과보다도 많은 실재성을 갖게 되면 원인은 결과를 '우승적으로' 포함한다고 한다.

그리고 또한 내가 나의 관념에 있어 고려하는 실재성은 단지 표현적인 것이므로, 그 실재성은 이러한 관념의 원인 중에 형상적으로 있을 필요는 없고, 그 원인에 있어서도 표현적으로 있으면 충분하다고 억측해서는 안 된다. 왜냐하면 표현적인 상태가 관념 그 자체의 본성상 관념에 합치됨과 마찬가지로 형상적인 상태는 관념의 원인에, 적어도 최초의 주요한 원인에는 이 원인의 본성상 합치되는 것이기 때문이다.

그리하여 혹은 하나의 관념이 다른 관념으로부터 태어나는 일이 가능하다 해도, 그러나 이 경우 무한으로 거슬러 올라가는 일은 할 수 없으며, 마침내는 어떤 제1의 관념에 이르지 않으면 안 된다. 그리고 이 관념의 원인은 원형(原型)이라 해야만 할 것으로서, 관념에 있어서는 단지 표현적으로 있는 바의 실재성 모두가 거기에서는 형상적으로 포함되어 있는 것이다.

따라서 나는 자연의 빛에 의해 다음의 일을 명백히 알 수 있다. 즉 나의 속에 있는 관념은 흡사 영상(映像)과 같은 것으로서, 그것이 취해진 본디의 사물의 완전성을 잃는 것은 쉽지만, 본디의 사물보다도 한층 크고 한층 완전한 것을 포함하는 일은 결코 쉽지가 않다는 것이다.

이러한 사항을 오래 음미하면 할수록, 또한 주의 깊으면 깊을수록 더욱더 명백하게 나는 그것들이 진실이라고 인식하는 것이다. 그러나 나는 이러한 일로부터 결국 무엇을 결론짓고자 하는 것일까. 그것은 바로 만일 내가 갖는 관념 중 어떤 것의 표현적 실재성이 극히 크고 그 실재성은 형상적으로도 우승적으로도 나의 속에는 없으며, 따라서 나 자신이 정작 그 관념의 원인일 수는 없다는 것을 내가 확신할 수 있을 정도라면, 이로써 필연적으로 이 세계에는 나 혼자만이 있는 것이 아니라 그 관념의 원인인 무언가 다른 것도 또한 존재한다는 결론에 도달한다는 것이다.

만일 반대로 무언가 그와 같은 관념이 나의 속에서 발견되지 않는다면, 나와는 다른 무엇인가의 존재를 나에게 확신시키는 논증을 나는 전혀 갖지 않는 셈이 될 것이다. 왜냐하면 나는 모든 것을 아주 면밀히 검토해 보았지만, 이제까지로 보아 달리 그와 같은 논증을 하나도 찾아낼 수가 없었기 때문이다.

그런데 내가 갖는 관념 중에는 나 자신을 나에게 제시하는 관념—이것에 관해서는 이미 어떠한 어려움도 있을 수가 없다—외에 신을 표현하는 것, 물체적으로 무생(無生)의 사물을 표현하는 것, 천사를 표현하는 것, 동물을 표현하는 것, 그리고 마지막으로 나와 동류(同類)인 다른 인간을 표현하는 것이 있다.

그러므로 다른 인간·동물·천사를 나타내는 관념에 대해 말하면, 비록 나 이외의 어떠한 인간도 어떠한 동물도 어떠한 천사도 이 세계에는 존재하지 않는다 해도, 그것들의 관념은 나 자신과 물체적인 사물과 신에 대해 내가 갖는 관념으로부터 복합(複合)될 수 있음을 나는 쉽게 이해하는 것이다.

그래서 물체적인 사물의 관념은 어떤가 하면, 이것들 중에는 나 자신으로부터 생겨났다고는 생각되지 않을 만큼 큰 것은 무엇 하나 발견되지 않는다. 실제로 나는 그 위에 더욱 파고들어 고찰하고 어제 밀랍의 관념에 대해 음미했던 것과 같은 방식으로 하나하나의 관념을 조사해 보면, 이러한 관념들에 있어 내가 명백하게 인지하는 것은 극소수에 불과하다는 사실을 깨닫는 것이다. 말할 필요도 없이 그것은 크기, 즉 길이·넓이·깊이에 있어서의 연장, 이 연장의 한정(限定)으로부터 생기는 모양, 갖가지의 모양을 한 물체들이 상호 차지하는 위치, 그리고 운동, 즉 그와 같은 위치의 변화이며, 여기에 다시 실체·지속·수(數)를 덧붙일 수가 있다.

그런데 나머지의 것, 이를테면 빛·색깔·소리·향기·맛·열·냉기 및 그밖의 촉각적인 성질 등은 나에게 있어 극히 혼란된 불명료한 방식으로밖에 의식되지 않으므로, 이것들이 대체 진실인지 거짓인지, 바꾸어 말하면 이것들에 관해 내가 갖는 관념이 실제로 있는 것인지 어떤지조차 나로서는 알 수 없는 것이다.

왜냐하면 본래의 의미로서의 거짓, 즉 형상적 거짓은 다만 판단 속에서만 발견된다고 나는 앞에서 언급한 바 있지만, 그러나 어떤 관념이 존재하지 않는 바의 것을 마치 존재하는 것처럼 표현하고 있을 때는, 그 관념 속에는 확실히 어떤 별종(別種)의 거짓, 즉 질료적 거짓이 존재하기 때문이다. 이와 같은 까닭이므로 예를 들어 열과 냉기에 관해 내가 갖는 관념은 명석하게 판명하지 않음이 심하기 때문에, 냉기는 단지 열의 결여인지, 아니면 열이 냉기의 결여인지, 혹은 양쪽 모두 실재적인 성질인지, 아니면 양쪽 모두가 그렇지가 않은지를, 나는 이 두 가지의 관념으로부터는 판별할 수가 없는 것이다.

그런데 관념이라는 것은 모두 무엇인가의 관념이라고 간주하지 않으면 안 되는 것이므로, 만일 냉기가 열의 결여일 뿐 진실이라고 한다면, 냉기를 마치 무언가 실재적이고 적극적인 것처럼 나에게 표현하는 바의 관념은 거짓이라고 간주되어도 부당하지는 않을 것이다. 그밖의 관념에 대해서도 역시 마찬가지이다.

이러한 관념에는 명백히 나와는 다른 어떤 작자(作者)를 상정할 필요는 없다. 왜냐하면 그러한 관념이 거짓일 경우에는, 즉 어떠한 것도 표현하고 있지 않을 경우에는 그것들은 무로부터 나온 것이라는 사실, 바꾸어 말하면 나의 본성에 무언가 결함이 있고 나의 본성이 참으로 완전하지 않은 한에 있어서만 그것들이 나의 속에 있는 것이라는 사실은 자연의 빛에 의해 나에게 알려져 있으며, 또한 그것들이 참일 경우에도 그것들은 나에게 극히 약간의 실재성밖에 제시하지 않아, 나는 이것을 존재하지 않는 것과 구분할 수 없을 정도이므로, 어째서 그것들이나 자신으로부터 생겨날 수가 없는 것인지 나로선 모르기 때문이다.

그러나 물체적 사물의 관념에 있어 명석하고 판명한 가운데 약간의 것, 즉 실체·지속·수 및 그밖에 이와 유사한 것은 나 자신의 관념으로부터 추론된 것처럼 생각된다. 왜냐하면 내가 돌은 실체이다. 즉 그것 자신에 의해 존재할 수 있는 것이라고 생각하고, 동시에 나도 또한 실체라고 생각할 때, 나는 물론 내가 생각하는 것으로서 연장을 갖고 있지 않고, 오히려 그와는 반대로 돌은 결코 연장을 갖는 것으로서 생각하는 일이 없다는 것, 따라서 이 두 가지의 개념 사이에는 커다란 상위가 있음을 이해한다고는 하지만, 실체라는 점에 있어선 양자는 일치하는 것처럼 생각되기 때문이다. 마찬가지로 나는, 내가 지금 존재하는 것을 알고 이전에도 한동안은 존재했던 것을 생각해 내는 경우, 또한 온갖 사상을 갖고 그 수를 이해할 경우에 나는 지속 및 수의 관념을 획득하는 것이며, 그 뒤로는 이러한 관념을 다른 어떠한 것에도 적용할 수가 있는 것이다.

이상의 것 외에 물체적 사물의 관념을 구성하고 있는 온갖 것, 즉 연장 · 모양 · 위치 · 운동 등은 내가 생각하는 것 그 자체이므로, 나의 속에 형상적으로는 포함되어 있지 않지만, 실체가 있는 양태에 불과한 것이다. 그럼에도 불구하고 나는 실체인 것이므로 우승적으로는 나의 속에 포함될 수 있다고 생각되는 것이다.

그러므로 남는 것은 단 하나 신의 관념뿐으로서, 이 관념 속에 무언가 나 자신으로부터는 생겨날 수 없었던 것이 있지는 않은가 고찰하지 않으면 안 된다.

신이라는 이름으로서 내가 의미하는 것은 어떤 무한하고 독립적이며 전지전능한, 그리고 나 자신은 물론—만일 나 이외에도 무엇인가가 존재한다면—다른 모든 것들도 창조한 실체이다. 이러한 모든 성질은 참으로 내가 세심한 주의를 기울이면 기울일수록 한 사람으로부터만 나온 것이라고 생각하는 일은 점점 어렵게 되는 것이다. 그러므로 위에서 설명된 바의 것으로 신은 필연적으로 존재한다고 결론짓지 않으면 안 되는 것이다.

왜냐하면 자신이 실체라는 그 일로부터 실체의 관념이 확실히 내 속에 있다 해도, 그 실체의 관념이—내가 유한인 것이므로—진실로 무한인 어떤 실체로부터 나온 것이 아닌 한 무한한 실체의 관념일 수는 없을 것이기 때문이다.

그리고 또 나는 무한인 것을 참된 관념에 의해 인식하는 것이 아니고, 정지(靜止)를 운동의 부정에 의해 생각하고, 어둠을 빛의 부정에 의해 생각하듯이 유한인 것의 부정에 의해서만 생각하는 것이라고 간주해서도 안 된다. 왜냐하면 그것과는 반대로 무한인 실체 속에는 유한인 실체 속에보다도 많은 실재성이 있다는 것, 따라서 무한자의 인식—신의 인식—은 유한자의 인식—나 자신의 인식—보다도 어떤 의미에서는 앞선 것으로서 나의 속에 있음을 나는 명백히 이해하기 때문이다. 즉 내가 의심하는 일, 내가 탐하는 일을 내가 이해하는 것은, 무엇인가가 나에게 결여되어 있고, 나는 참으로 완전한 존재가 아님을 나 스스로 이해하는 것은 보다 완전한 존재자의 관념이 나의 속에 있으며, 그것과 비교하여 나의 결함을 인정하지 않는 한 불가능한 것이다.

그리고 또 이 신의 관념은 어쩌면 질료적으로 거짓된 것이고, 따라서 앞서 열과 냉기 및 그밖에 이와 마찬가지의 관념에 대해 내가 주의했던 것처럼 무로부터 생길 수 있는 것인지도 모른다고는 할 수가 없다. 왜냐하면 그것과는 반대로 이 관념은 더할 나위 없이 명백하며, 다른 어떠한 관념보다도 많은 표현적 실재성을 포함하고 있는 것이어서 관념 이상으로 그것에 의해 진실인 관념, 허위가 아닐까 하는 의심을 모면하고 있는 관념은 없기 때문이다.

나는 이렇게 가장 완전한 무한자의 관념은 지극히 진실한 것이라고 말한다. 왜냐하면 그와 같은 존재자가 존재하지 않는다고 가정하는 일은 가능할지 몰라도, 그 존재자의 관념이 앞서의 냉기의 관념에 대해 내가 말했던 것처럼 하등 실재적인 것을 나에게 제시하지 않는다고 가상하는 일은 도저히 불가능하기 때문이다.

이 관념 역시 더할 나위 없이 명백하다. 왜냐하면 실재적이고 진실이며, 또한 일종의 완전성을 갖추고 있음을 내가 명백하게 인정하는 바의 것은 모두 이 관념 속에 포함되어 있기 때문이다.

그리고 또 내가 무한자를 파악하고 있지 않다는 일, 혹은 신 속에는 내가 파악하는 일은커녕 아마도 사유(思惟)에 의해 스치는 일조차 결코 할 수 없는 것이 무수히 많다는 것도 아무런 장해는 되지 않는다. 왜냐하면 유한자인 나에 의해서는 파악되지 않는다는 것이 무한자가 무한자인 까닭이기 때문이다. 그리하여 내가 참으로 이 일을 잘 이해하고 명백히 인지하는 것과 무언가 완전성을 갖추고 있음을 인지하는 것 모두가, 또한 어쩌면 내가 모르는 다른 무수한 것이, 혹은 형상적으로 혹은 우승적으로 신 속에 있다고 판단하는 것만으로도 내가 신에 대해 갖는 관념이 나의 속에 있는 모든 관념 중에서 가장 진실하고 가장 명백하고 판명하다는 점에서 충분한 것이다.

그러나 나는 어쩌면 스스로 이해하고 있는 이상의 것일지도 모른다. 그리고 내가 신에게 돌리고 있는 모든 완전성은, 비록 아직은 자기 자신을 전개하고 있지 않고 아직 현실성에는 도달하고 있지 않다 하더라도 가능한 한 어떤 방식으로 내 속에 포함되어 있을지도 모른다. 사실 나는 나의 인식이 조금씩 증대되어 가는 것을 이미 경험하고 있다. 그리고 나의 인식이 이렇듯 더욱더 증대되어 무한에 이르는 것을 방해하는 그 어떤 것도 보지 못한다. 또한 나의 인식이 이와 같이 증대했을 때, 그것을 이용하여 신의 온갖 다른 완전성에 도달하지 못할 이유도 없을 것이다. 그리하여 마지막으로 그와 같은 완전성에 도달하는 잠재력이 이미 나의 속에 있는 것이라면, 그러한 완전성의 관념을 탄생시키기에 충분한 것이 아닐까 하고 생각된다.

그렇지만 그러한 일은 절대로 있을 수가 없는 것이다. 즉 첫째로 나의 인식이 차츰 증대되어 간다는 것과, 그럼에도 불구하고 아직 현실적으로는 되어 있지 않은 많은 것이 가능적으로는 내 속에 있다 함은 진실이지만, 이와 같은 일은 신의 관념에는 전혀 합당하지 않은 것이다. 신의 관념 중에는 단지 가능적이라는 것은 전혀 찾아볼 수 없기 때문이다. 애당초 점차로 증대되어 간다는 일 자체가 불완전성의 가장 확실한 증거인 것이다.

다음에 나의 인식이 비록 더욱더 증대되어 간다 하더라도, 나는 그것이 현실적으로 무한한 것이 되리라고는 결코 생각지 않는다. 나의 인식은 이미 그것 이상으로 크게 되는 일이 불가능한 듯한 곳에는 결코 도달하지 않을 것이므로. 이것과 반대로 신은 현실적으로 무한이고, 그 완전성에는 그 무엇으로도 덧붙일 수가 없다고 나는 판단하는 것이다.

그리하여 마지막으로, 관념의 표현적 존재는 한낱 가능적인 존재에 의해—이것은 본디 무라고 해야만 할 것이다—창조될 수 있는 것이 아니며, 주로 현실적인, 즉 형상적인 존재에 의해서만 창조될 수 있는 것이라고 나는 생각한다.

참으로 이러한 모든 것 속에는, 세심한 주의를 기울이는 자에게 있어 자연의 빛에 의해 명백하지 않은 사항은 전혀 없는 것이다. 그러나 내가 그다지 주의를 기울이지 않고 나의 정신의 눈이 감각적인 것의 이미지에 의해 흐려지면, 나는 나보다도 완전한 존재자의 관념이 실제로 보다 완전한 어떤 존재자로부터 나오지 않으면 안 될 이유를 그리 쉽게 생각해 내지는 못한다. 이 때문에 나는 더욱 나아가서, 그와 같은 존재자가 결코 존재하지 않는다는 경우에도 그런 관념을 갖고 있는 나 자신이 존재하는 일이 가능한지의 여부를 탐구하고자 한다.

만일 그렇다면 대체 나라는 존재는 무엇으로부터 비롯되었던 것일까. 물론 나 자신으로부터 혹은 양친으로부터, 혹은 무언가 신보다는 불완전한 것으로부터일 것이다. 왜냐하면 신보다도 완전한 것은—신과 동등하게 완전한 것조차—상상조차 할 수 없기 때문이다.

그러나 만일 나의 존재가 나 자신으로부터 비롯되었다고 하면, 나는 의심하는 일도 없었을 것이고 원하는 일도 없었을 것이며, 결국 나에게는 아무것도 결여된 바가 없었을 것이다. 왜냐하면 나의 내부에 그것에 관한 어떤 관념이 있는 완전성의 전부를 나는 나 자신에게 주었을 것이고, 그리하여 나 자신이 신이었을 것이기 때문이다.

또한 나에게 결여되어 있는 완전성은 이미 내 속에 있는 완전성보다도 획득하는 데 있어 한층 곤란하리라고 생각해서도 안 된다. 왜냐하면 오히려 반대로 나,

바꾸어 말해서 생각하는 존재, 즉 생각하는 실체가 무로부터 발현(發現)하는 편이 내가 모르는 많은 것에 대한 인식, 단지 이 실체의 우유성에 지나지 않는 인식을 획득하는 일보다도 훨씬 곤란했을 것임은 명백한 사실이기 때문이다.

그러므로 나는 확실히 저 한결 큰 완전성을 나 자신으로부터 얻고 있는 것이라면, 최소한 좀더 용이하게 가질 수 있는 완전성을 나는 거부하지는 않았을 것이다. 그리고 또한 신의 관념 중에 포함된다고 내가 인정하고 있는 다른 어떠한 완전성도 나는 거부하지 않았을 것이다. 왜냐하면 이러한 완전성 속에는 만들어 내는 데 한층 곤란하다고 생각되는 것은 아무것도 없기 때문이다. 그리고 만일 만들어 내는 데 한층 곤란했던 완전성이 있었다고 한다면, 확실히 나에게도 그렇게 생각되었을 것이다. 왜냐하면 나는 내가 갖고 있는 나머지의 완전성을 나 자신으로부터 얻고 있는 것이라면, 그와 같은 곤란한 사항에 있어 나의 힘에 한계가 있음을 경험했을 것이기 때문이다.

그리고 또 나는, 아마도 현실로 있듯이 항상 있었던 것이라고 상정한다 하여도 —이렇게 상정하면 나라는 존재를 창조한 사람은 구하지 않아도 되는 것이 아닐까 하고서—위에서 말한 것과 같은 추리력으로부터 도망칠 수는 없는 것이다. 왜냐하면 나의 일생의 모든 시간은 무수한 부분으로 분할될 수가 있고, 더구나 각각의 부분은 나머지의 부분에 조금도 의존하지 않는 것이므로, 내가 바로 전에 존재했었다는 것으로부터 지금 내가 존재해야만 한다는 결론을 내릴 수는 없기 때문이다. 그러기 위해서는 어떤 원인이 나를 이 순간에 다시 한번 창조한다고 하는 일, 바꾸어 말하면 나를 보존한다고 하는 일이 필연적으로 따라야만 하기 때문이다.

실제로 시간의 본성에 주의를 기울이는 자에게 있어서는 명백한 일이지만, 어떠한 것도 그것이 지속되는 각 순간에 있어 보존되기 위해서는, 그 물체가 아직 존재하고 있지 않았던 경우에 새로이 창조하는 데 소요된 것과 전적으로 동일할 정도의 힘과 활동이 필요한 것이다. 그러므로 보존과 창조란 다만 사고방식상에 있어 다른 데 불과하다는 것, 또한 자연의 빛에 의해 명백한 사항의 하나이다.

따라서 나는 바야흐로 자기 자신에게 묻지 않으면 안 된다. 나는 현실로 존재하는 나 자신을 바로 뒤에도 또한 존재하도록 할 수 있는 어떤 힘을 갖고 있는지 어떤지 하고. 그런데 나는 생각하는 존재 이외에 그 무엇도 아닌만큼, 혹은 적어도 여기서 내가 문제로 삼고 있는 것은 나의 부분 중에서도 그야말로 생각하는 것이기도 한 부분인만큼, 만일 무언가 그와 같은 힘이 나의 속에 있다고 한다면 의심할 것도 없이 나는 그것을 의식했을 것이다. 그렇지만 나는 전혀 그와 같은 힘이 있음을 경험하고 있지 못하다. 그래서 나는 이 사실로부터 내가 나오는 다른 어떤 존재자에게 의존한다는 것을 극히 명증적으로 인식하는 것이다.

그러나 어쩌면 그 존재자는 신은 아닐지도 모른다. 그리고 나는 양친이라든가 신만큼 완전치는 않은 무언가 다른 원인에 의해 창조된 것인지도 모른다. 아니, 결코 그렇지는 않은 것이다. 이미 앞에서 말한 바와 마찬가지로 원인 가운데는 결과 속에 있는 것과 적어도 같을 정도의 것이 있어야 함은 명백하다. 그리하여 이 때문에 실제로 나는 생각하는 것이고, 나의 속에 신의 어떤 관념을 갖는 것이므로, 나의 원인으로서 결국 어떠한 것이 할당된다 하더라도 그것은 또 생각하는 것이고, 내가 신에게 돌리는 모든 완전성의 관념을 갖는 것이라고 인정하지 않을 수 없는 것이다.

그리하여 또 이 원인에 관해, 그것은 그것 자신으로부터 나오는 것인가, 아니면 다른 원인으로부터 나오는 것인가 물을 수 있다. 만일 그것 자신으로부터 나오는 것이라면, 그 원인 자체가 신인 것은 위에서 말한 바에 의해서 명백하다. 왜냐하면 그 경우에는 그것 자신에 의해 존재하는 힘을 갖는 것이니만큼, 그 원인은 또한 의심할 것도 없이 그 관념이 자기 자신 속에 있는 모든 완전성—신 속에 있다고 내가 생각하는 모든 완전성—을 현실적으로 소유하는 힘도 가질 것이기 때문이다. 만일 그렇지가 않고 다른 원인으로부터 나오는 거라면, 이번의 원인에 관해서도 역시 그것은 그것 자신으로부터 나오는 것인가, 아니면 다른 원인으로부터 나오는 것인가 하는 물음을 받고, 이리하여 마침내는 궁극의 원인, 즉 신이라는 것에 도달할 수 있을 것이다.

그리하여 이 경우, 무한의 소항(溯航)이 있을 수 없다는 것은 명백하다. 왜냐하면 여기선 특히 다만 일찍이 나를 태어나게 한 원인이 문제가 되어 있을 뿐만 아니라, 오히려 무엇보다도 현재 나를 보존하고 있는 원인이 문제로 되어 있는 것이기 때문이다.

그리고 또한 아마도 몇 개의 부분적 원인이 협력하여 나를 창조해 냈으며, 이런 부분적 원인의 하나로부터 나는 내가 신에게 돌리고 있는 완전성의 관념 하나를 받고 다른 것으로부터 다른 완전성의 관념을 받았던 것이므로, 그러한 모든 완전성은 우주의 어딘가에서 발견될 테지만, 반드시 그러한 모든 것이 신인 어떤 하나의 것 안에서 동시에 결합되어 발견되는 것은 아니라고 상상할 수도 없는 것이다.

왜냐하면 그것과는 반대로 신의 안에 있는 모든 것의 통일성 및 단순성, 즉 불가분리성(不可分離性)이야말로 신의 안에 있다고 내가 이해하는 주요한 완전성의 하나이기 때문이다. 그리고 또 확실히 신에 있어서의 온갖 완전성의 그러한 통일성의 관념은 다른 여러 가지 완전성의 관념마저 나에게 품게 하는 원인에 의해서가 아니라면 내 속에 두어지지 않았을 것인데, 그 이유는 그러한 완전성이 모두 결합되어 있고 불가분리라는 것을 나에게 이해시키기 위해서는 아무래도 동시에 그러한 것이 어떠한 것인지 나에게 알리지 않을 수는 없기 때문이다.

끝으로 양친에 관해서 말한다면, 일찍이 내가 양친에 관해 생각한 일은 모두 진실이라 해도, 그러나 명백히 그들은 나를 보존하고 있는 것이 아니며, 내가 생각하는 한 결코 나를 창조해 낸 것도 아니다. 오히려 그들은 다만 나, 즉 정신(지금 나는 정신만을 나로서 인정하고 있는 것이다)이 그 안에 내재하고 있다고 내가 판단하는 바의 저 질료(質料) 속에 어떤 유의 자질을 둔 데 지나지 않는 것이다.

그러므로 양친에 관한 한 여기에서는 어떠한 곤란도 있을 수 없다. 도리어 아무래도 다음과 같이 결론짓지 않으면 안 된다. 내가 존재하고 가장 완전한 존재자, 즉 신의 어떤 관념이 나의 안에 있다는 이 일 하나로부터만 신도 또한 존재한다는 것이 더할 나위 없이 명증적으로 논증된다고.

뒤에 남는 것은, 내가 어떠한 방식으로 그 관념을 신으로부터 받았는가를 음미하는 일뿐이다. 나는 그 관념을 감각으로부터 차용했던 것은 아니다. 또한 그 관념은 감각적인 사물이 감각의 외부기관에 나타날 때 이러한 감각적 사물의 관념이 항상 그렇게 하듯이 뜻하지 않게 나에게 찾아오는 것도 아니다. 그리고 내가 만들어 낸 것도 아니다. 왜냐하면 명백히 그것으로부터 무엇을 빼 버릴 수도 없고, 그것에 무엇을 덧붙일 수도 없기 때문이다. 그러므로 남는 것은 마치 나 자신의 관념이 나에게 선천적이었음과 마찬가지로 이 관념은 나에게 선천적이라는 것이다.

실제 신이 나를 창조함에 즈음하여 마치 장인(匠人)이 그의 작품에 자기의 표적을 각인하듯이 스스로의 관념을 나의 속에 심어 주었다는 일은 하등 이상하게 여겨야 할 것은 아니고, 또한 그 표적이 작품 그 자체와 다른 어떤 관계를 가져야 할 필요도 없는 것이다. 뿐만 아니라 신이 나를 창조했다는 이 일 하나만으로도 내가 어떤 의미로는 신의 형상과 닮은 모습으로 만들어져 있다는 일, 그리고 신의 관념이 포함되어 있는 이 닮은 모습은 내가 나 자신을 파악하는 데 사용하는 것과 같은 능력을 갖고서 나에 의해 파악되는 것이라는 일은 아주 믿을 수 있는 일인 것이다. 즉 정신의 눈을 나 자신에게 향하고 있는 사이, 나는 다만 내가 불완전한 까닭에 다른 것에 의존하는 것이며, 한층 크고 좋은 것을 끊임없이 구하고 있음을 이해할 뿐만 아니라 동시에 내가 의존하는 것이 그렇게 한층 크고, 무제한이고 가능적으로 자기 속에 갖추어 있어, 그리하여 그것은 신임을 이해하는 것이다.

결국 위에서 기술한 논증의 힘은 다음의 점에 관계되어 존재하는 것이다. 즉 내가 현실로 있는 것과 같은 본성의 것으로서 존재하는 일, 다시 말하면 신의 관념을 내 속에 갖는 것으로서 존재하는 일은 실제로 신도 또한 존재하는 것이 아니고선 불가능한 것이라고 내가 승인하는 일이다. 여기에서 내가 신이라고 하는 것은 그 관념이 나의 속에 있는 그런 신, 바꾸어 말하면 내가 파악하지는 못하지만, 어떤 방식으로 사유에 의해 스칠 수 있는 모든 완전성을 갖고 있고, 어떠한 결함으로부터도 완전히 모면되고 있는 신이다. 이러한 일에 의해 신이 기만자일 수 없음은 명백하다. 왜냐하면 모든 간계(奸計)와 기만은 어떤 결함에 바탕을 두는 것임은 자연의 빛에 의해 명백하기 때문이다.

그렇지만 이 일을 한결 주의 깊게 검토하고, 동시에 또한 여기서 끄집어낼 수 있는 다른 여러 가지 진리 규명에 착수함에 앞서, 여기서 잠시 신 그 자체의 관상 속에 머무르고 신의 속성을 조용히 생각하여 헤아릴 수 없는 빛의 아름다움을, 그 눈부심에 현혹되어 버린 나의 정신의 눈이 견뎌낼 수 있는 한, 응시하고 찬탄하고 외경하는 것이 알맞을 것이다.

필경 신의 장엄인 이 관상 속에서만 내세의 최고의 정복(淨福)이 있음을 우리들은 신앙에 의해 믿고 있는 것이지만, 그렇듯 현재에 있어서도 이상과 같은 관상으로부터—물론 이것은 훨씬 불완전한 것이지만—이 세상에 있어 우리들이 누릴 수 있는 최대의 만족이 얻어지는 것을 우리들은 경험하기 때문이다.

성찰 4

참과 거짓에 대해

나는 요 며칠 동안에 정신을 감각으로부터 분리해 내는 일에 상당히 익숙해졌고, 또한 물체적인 사물에 관해서 명백하게 아는 것은 극히 적지만 인간의 정신에 관해서는 훨씬 많은 것이 인식되고, 신에 관해서는 더한층 많은 것이 인식됨을 아주 면밀히 조사해 왔다. 그러므로 나는 이제 아무런 곤란도 없이 나의 사유를 상상력의 대상인 것으로부터 순수한 오성의 대상인 것, 온갖 질료로부터 분리된 쪽으로 옮길 수 있게 될 것이다.

확실히 나는 인간의 정신에 관해, 그것이 생각하는 것으로서 길이·넓이·깊이에 걸친 연장을 갖지 않고, 그밖에 물체에서 비롯되는 것을 전혀 갖지 않는 한 어떠한 물체적 사물의 관념보다도 훨씬 뚜렷한 관념을 갖고 있는 것이다. 또한 내가 의심하는 일, 즉 내가 불완전하고 의존적인 것이라는 점에 주의할 때 독립이고 완전한 존재자, 말하자면 신의 관념이 나의 마음에 참으로 명백하게 떠오른다. 그리하여 이와 같은 관념이 내 속에 있다는 것, 즉 그 관념을 갖는 내가 존재한다고 하는 이 하나의 일로 미루어, 나는 신도 또한 존재한다는 것과, 나의 모든 존재는 각 순간마다 신에게 의존한다는 것을 극히 명증적으로 결론짓는다. 그리고 인간의 정신에 의해 이것 이상으로 명증적이고, 이것 이상으로 확실히 인식될 수 있는 것은 아무것도 없다고 나는 확신하는 것이다.

그리고 나에게는 이미 참된 신—지식과 지혜라는 보물이 모두 숨겨져 있는 참된 신—의 그러한 관상으로부터 그밖의 것의 인식에 이르는 저 길이 내다보인다고 생각된다. 즉 첫째로 나는 신이 나를 속인다는 등의 일은 있을 수 없는 것이라고 인정한다. 왜냐하면 모든 기만 속에서는 어떠한 불완전성이 발견되기 때문이다. 그리하여 속일 수 있다는 것은 과연 명민함 혹은 힘의 증거인 것처럼 생각되기도 하지만, 속이고자 한다는 것은 의심할 것도 없이 악의 또는 악함에 대한 증거이고, 따라서 신에게는 어울리지 않는 일이다.

다음에 나는 나의 속에 어떤 판단 능력이 있음을 경험하는데, 이것은 확실히 나의 속에 있는 나머지의 모든 능력과 마찬가지로 신으로부터 주어진 것이었다. 그리고 신은 나를 속이고자 하는 것은 아니므로, 신이 부여한 이 능력이 그것을 바르게 사용해도 내가 그르치는 일이 있다는 것이 아님은 명백하다.

이 점에 관해서 나는 결코 그르칠 수 없는 것이라는 귀결이 그곳으로부터 나왔다고 생각된 것이 아니라면 아무런 의심도 남지 않았을 것이다. 왜냐하면 내 속에 있는 것 모두가 신으로부터 부여된 것이라면, 그리고 신은 나에게 아무런 잘못할 능력을 주지 않은 것이라면, 나는 결코 그르칠 수 없는 것처럼 생각되기 때문이다. 그리하여 실제로 내가 신의 일만을 생각하고 있는 동안에는, 그리고 나의 마음을 참으로 신에게 집중하고 있는 동안에는, 나는 오류 혹은 허위의 원인이 되는 것을 아무것도 인정하지 않는 것이다.

그렇지만 곧 이어 나 자신으로 되돌아오면, 내가 숱한 오류에 직면해 있음을 경험한다. 그리고 이러한 오류의 원인을 조사해 보면, 다음과 같은 점을 깨닫게 되는 것이다. 즉 내 속에서는 신, 다시 말해 가장 완전한 존재자의 실재적이고 적극적인 관념이 발견될 뿐만 아니라, 모든 완전성으로부터 아주 동떨어져 있는 어떤 소극적인 관념도 또한 발견된다는 것이다.

그리고 내가 마치 신과 무와의 중간자, 최고 존재와 비존재와의 중간자로서 구성되어 있다는 것, 따라서 내가 최고의 존재자에 의해 창조된 자인 이상 나를 속이든가 오류로 끌어들이든가 하는 것은 물론 내 속에 전혀 없지만, 내가 또한 어떤 방식으로는 무, 즉 비존재와도 관계되고 있는 한에 있어서는 내가 그르치는 것도 결코 이상한 일은 아니라는 것이다.

이와 같은 이유에서 나는, 오류라고 하는 것은 그것이 오류인 한 신에게 의존하는 무언가 실재적인 것은 아니고 단순한 결함에 불과하다는 것, 그러므로 또한 내가 그르치는 데 이 목적을 위해 신으로부터 부여된 능력 등은 필요하지 않다는 것, 오히려 내가 그르친다는 사태는 신으로부터 얻고 있는 진실을 판단하는 능력이 무한하지 않은 데 기인하는 것임을 확실히 이해하는 것이다.

그렇지만 나는 이것만으론 아직 완전히 만족할 수가 없다. 왜냐하면 오류란 한낱 부정이 아니라 결여이기 때문이다.[1] 즉 내 속에 어떠한 방식으로 있어야 할 인식이 결여되어 있는 것이기 때문이다. 더구나 신의 본성에 주의한다면 신이 무언가 그 유(類)에 있어 완전하지 못한 능력을, 즉 본디 그것에 부여된 어떤 완전성을 결여된 듯한 능력을 내 속에 두었다는 것과 같은 일은 있을 수 없다고 생각되는 것이다. 왜냐하면 장인이 숙련되어 있으면 있을수록 그에 의해 창조되는 작품은 한결 완전하다고 할 경우, 저 만물의 최고의 창조자에 의해 만들어진 것이 온갖 점에 있어 완벽하지 않은 일은 결코 있을 수 없기 때문이다. 그리고 또한 신이 나를 결코 그르치는 일이 없도록 만들었다는 것은 의문의 여지가 없고, 신이 항상 최량의 것을 원한다는 것도 의문의 여지가 없다. 그렇다면 내가 그르친다고 하는 일은 그르치지 않는다는 것보다도 한결 좋은 것일까.

이러한 일을 더욱 주의 깊게 생각해 볼 때 맨 먼저 내 마음에 떠오르는 것은, 설

---

1 '부정'이라 함은 단순히 사물이 없다는 말이고, '결여'라고 함은 본래 있어야 할 것이 없다는 말이다. 이를테면 인간인 경우 하늘을 나는 날개를 갖지 못함은 '부정'이지만, 시각(視覺)을 갖지 못함은 '결여'이다.

사 신으로부터 비롯되는 것 중에 나로서는 그 이유가 이해되지 않는 바가 있다 해도, 놀라서는 안 된다고 하는 일이다. 그리고 또 무슨 이유로 신에 의해 만들어졌으며, 어떻게 신에 의해 만들어졌는가를 파악할 수 없는 것이 그밖에도 있음을 아마 경험할 테지만, 그렇다고 해서 신의 존재를 의심해선 안 된다는 것이다.

왜냐하면 나의 본성은 참으로 빈약하고 한정되어 있지만, 이것과는 반대로 신의 본성은 측량할 수 없고 파악하기 어려우며 무한하다는 것을 이미 알고 있는 까닭에, 여기서도 또한 나로서는 그 원인을 알 수 없는 일을 신은 수없이 할 수 있다는 것을 충분히 알기 때문이다. 그리하여 이 단 한 가지의 이유로 인해 나는 곧잘 목적이라는 관점으로부터 추론되는 원인 따위의 전체는 자연적 사물에 있어서는 하등 도움이 되지 않는다고 단정하는 것이다. 왜냐하면 내가 신의 목적을 탐색할 수 있다고 생각하는 것은 오만하기 짝이 없는 일이기 때문이다.

그리고 또 이와 같은 일도 짐작할 수 있다. 신의 작품이 완전한 것인가 어떤가를 탐구할 때는, 언제나 어떤 하나의 피조물을 따로 분리해 내어 관찰하지 말고 온갖 사물을 전체로서 고찰하지 않으면 안 된다는 것이다. 왜냐하면 한 가지만을 따로 떼어낸다면 매우 불완전하다고 생각되어, 아마 당연한 것조차도 세계 속에서 부분의 역할을 갖는 것으로서라면 더할 나위 없이 완전한 것일 수 있기 때문이다. 그리하여 내가 모든 것을 의심하리라 마음먹은 후부터 이제까지 확실히 알게 된 바는 나와 신이 존재한다는 사실뿐이라고 해도, 그러나 나는 신의 헤아릴 수 없는 힘을 자각한 이래로 다른 많은 것이 신에 의해 만들어졌으리라는 것, 혹은 적어도 만들어질 수 있다는 것, 따라서 나는 사물의 총체 중에서는 부분의 역할을 담당하는 데 지나지 않는다는 것을 부정할 수가 없는 것이다.

그리고 좀더 나 자신에 접근하여 나의 오류(이것만이 나의 속에 있어서의 어떤 불완전성을 증명하는 것이다)가 어떠한 성질의 것인지를 조사해 본다면, 나는 그 오류가 동시에 활동하는 두 가지의 원인에 의존한다는 것, 즉 내 속에 있는 인식 능력과 선택 능력—의지의 자유—에, 바꾸어 말하면 오성과 동시에 의지에도 의존한다는 것을 깨닫는 것이다.

왜냐하면 단지 오성에 의해서는 나는 다만 관념—이러한 관념은 내가 판단을 내릴 수 있는 재료에 지나지 않는다—을 포착할 수 있을 뿐이기 때문이다. 그리하여 이와 같이 엄격히 본 오성 속에는 본래의 의미로서의 오류는 발견되지 않는다. 즉 그 관념이 나의 속에는 없는 듯한 것이 아마도 무수히 존재할 테지만, 그러나 본래의 표현법을 쓴다면, 나는 그러한 관념을 결여하고 있다고 일컬어서는 안되고, 다만 부정적으로 그러한 관념을 갖고 있지 않다고만 일컬어야 할 것이다. 왜냐하면 신은 나에게 현실로 내려준 것보다도 좀더 큰 인식 능력을 주어야만 했을 것이라는 것을 증명하는 이유를 끄집어내는 일은 나로서는 결코 할 수 없기 때문이다.

나는 또한 신을 아무리 숙련된 장인이라고 생각한다 해도, 그렇다고 해서 신이 약간의 작품 중에 들 수 있는 완전성을 남김없이 작품 하나하나 속에 두어야만 될 것이라고는 생각지 않는 것이다.

그리고 또 나는 충분히 광대하고 완전한 의지를, 즉 의지의 자유가 신으로부터 주어지지 않았다고 해서 고발할 수도 없다. 왜냐하면 의지가 어떠한 한계 내에도 갇혀 있지 않음을 나는 확실히 경험하기 때문이다. 그리하여 극히 주목해야 할 일이라고 나에게 생각되는 것은, 나의 속에는 이렇듯 완전하고 이렇듯 큰 것은 달리 아무것도 없으므로, 그것이 더한층 큰 것일 수 있다고는 생각되지 않는다는 것이다.

예를 들어 이해의 능력을 생각해 보면, 나는 이것이 나에게 있어서는 극히 작고 극히 한정된 것이라는 점을 즉시 인정하고 동시에 그것과는 별도의 훨씬 큰 능력, 오히려 최대이고 무한한 능력의 관념을 형성한다. 그리하여 이와 같은 능력의 관념을 내가 형성할 수 있다는 이 점에서 그 능력이 신의 본성에 속하는 것임을 아는 것이다.

마찬가지로 기억의 능력이나 상상의 능력이나 다른 어떠한 능력을 택하여 조사해 보아도 나에게 있어서는 빈약하여 국한되어 있고, 신에 있어서는 광대하다고 생각되지 않는 듯한 것은 전혀 발견되지 않는 것이다.

다만 의지만은, 즉 의지의 자유만은 별도로서, 내가 경험한 바에 의하면 이것은 나에게 있어 아주 크고, 이미 이것 이상으로 큰 의지라는 것을 달리 생각할 수가 없을 정도이다. 따라서 내가 신의 어떤 영상과 닮은 모습을 갖고 있음을 이해하는 것은 주로 의지일 것이다.

물론 의지도 나에게 있어서보다는 신에게 있어서인 편이 의지에 결부되어, 이것을 한층 견고히 하고 유효하게 하는 바의 인식과 힘이라는 점에서 말해도—한결 많은 것에 미치는 것이므로—대상의 점에서 말해도 비교가 되지 않을 만큼 크다고는 하나, 그것 자신에 있어 형상적으로 또한 엄격히 본다면 의지는 신에 있어서인 편이 나에게 있어서보다도 크다고 생각되지는 않는 것이다. 의지의 본질은 우리들이 어떤 것을 할 수도 하지 않을 수도 있다(바꾸어 말하면 긍정하는 것도 부정하는 것도 추구하는 것도 기피하는 것도 할 수 있다)고 하는 한에서만 존재하는 것이다. 혹은 오히려 오성에 의해 우리들에게 제시되는 것은 긍정 혹은 부정할 때, 즉 추구 혹은 기피할 때 우리들이 외적인 힘에 의해 결정되고는 있지 않다고 느껴, 그렇게 한다고 하는 한에서만 존재하는 것이다.

즉 내가 자유이기 위해서는 두 가지의 것 중 어느 쪽을 택해도 좋은 일은 필요없다. 오히려 반대로 내가 한쪽에 기울면 기울수록—참과 선의 근거를 그 쪽에 있어 명증적으로 이해하기 때문이건, 신이 나의 사유 내부를 그와 같이 방향 짓기 때문이건—나는 더욱더 자유롭게 그 쪽을 선택하는 것이다. 확실히 신의 은총도 자연 본성적인 인식도 결코 자유를 감소시키는 것은 아니고, 오히려 증대하고 강화하는 것이다.

이것에 대해 나를 어느 한쪽으로 밀어 주는 이유가 전혀 없을 때 내가 경험하는 저 비결정은 가장 낮은 단계의 자유이며, 이것은 결코 의지에 있어서의 완전성을 증명하는 것이 아니라, 다만 인식에 있어서의 결합을, 즉 어떤 부정을 증명하는 데 지나지 않는 것이다. 왜냐하면 만일 내가 무엇이 참이고 무엇이 선인가를 언제나 명백히 본다면 어떠한 판단을 내려야만 할 것인가, 혹은 무엇을 선택해야만 할 것인가에 관해 결코 주저하지 않았을 것이고, 이리하여 나는 아무리 자유라 하여도 결코 비결정일 수는 없었을 것이기 때문이다.

그런데 이러한 일로부터 나는 다음의 두 가지 일을 인정한다. 즉 내가 신으로부터 받고 있는 의지의 힘은 그것 자신으로서 볼 수 있다면 나의 오류의 원인은 아니라는 일과〔왜냐하면 의지의 힘은 극히 광대하고, 더구나 그 유(類)에 있어 완전한 것이므로〕, 그리고 또 이해의 힘도 나의 오류의 원인은 아니라는 일(왜냐하면 나는 이 힘을 이해하기 위해 신으로부터 받고 있는 것인만큼 내가 무엇을 이해하든 나는 그것을 의심 없이 바르게 이해할 것이고, 이 이해에 있어 내가 그르친다는 등의 일은 있을 수 없으므로)이다.

그렇다면 나의 오류는 대체 어디서부터 생기는 것일까? 그것은 오로지 하나의 일로부터, 즉 의지는 오성보다도 넓은 범위에 미치는 것인 까닭에 내가 의지를 오성과 같은 한계 내에 머물게 하지 않고, 내가 이해하고 있지 않는 사항에까지 미친다고 하는 이 하나의 일로부터 생기는 것이다. 이와 같은 사항에 대해 의지는 비결정이므로 쉽게 참과 선으로부터 일탈하게 되며, 이리하여 나는 잘못하고 죄를 범하게 되는 것이다.

이를테면 요 며칠 동안 누군가가 세계 속에 존재하는지 어떤지를 음미하고, 그리하여 이 문제를 음미한다는 그 일로부터 내가 존재한다는 일이 명증적으로 귀결되는 것을 깨달았을 때, 나는 내가 그토록 명백히 이해하는 것은 참이라고 판단하지 않을 수 없었던 것이지만, 이것은 무언가 외적인 힘에 강요되어 그렇게 판단한 것이 아니고, 오히려 오성에 있어서의 큰 빛으로 인해 의지에 있어서의 큰 경향성이 생겼던 것이다. 이러한 까닭이므로 그 일에 대해 내가 비결정인 것이 적으면 적을수록 그만큼 자발적으로, 그만큼 자유롭게 나는 그 일을 믿었던 것이다.

그런데 지금 나는 내가 생각하는 것에 있어 존재하는 것을 알고 있을 뿐만이 아니라 물체적인 본성의 어떤 관념이 나의 마음에 제시되고 있다. 그래서 나는 내 속에 있는 것이라고 하기보다는 오히려 나 자신이 생각하는 본성이 그 물체적인 본성과 별도의 것인가 아니면 양자는 동일한 것인가 하고 의문을 품게 된다. 그리하여 특별히 어느 한쪽의 의견을 나로 하여금 받아들이게 할 정도의 이유가 나의 오성에는 아직 아무것도 나타나 있지 않다고 가정하면, 이 일로 말미암아 나는 확실히 어느 쪽의 의견을 긍정할 것인가 혹은 부정할 것인가, 아니면 오히려 이 문제에 관해서는 아무런 판단도 내려선 안 될 것인가에 대해 참으로 비결정이라는 것이 된다.

실제로 또한 이 비결정은 오성이 전혀 인식하고 있지 않은 것에만 미치는 것이 아니고, 일반적으로 의지가 고량하고 있는 바로 그때 오성이 충분히 명백하게 인식하고 있지 않은 것 모두에게도 미치는 것이다. 왜냐하면 비록 아무리 그럴듯한 억측이 나를 한쪽으로 끌어들인다 하더라도 그것이 한낱 억측이며 확실하고 의심할 수 없는 이유는 아니라는 단 한 가지의 인식만으로 나의 동의를 반대쪽으로 밀어 버리는 데 충분하기 때문이다. 이 점은 내가 요 며칠 사이 충분히 경험해 왔던 것이다. 즉 나는 이전에 더할 나위 없이 진실이라고 믿고 있었던 모든 것을, 그것에 관해서는 어떠한 방식으로 의심할 수가 있음을 알아차렸다는 그 이유 하나만으로 명백히 거짓이라고 단정했던 것이다.

그런데 무엇이 진실인가를 충분하고도 명백하게 인지하고 있지 않을 경우에 내가 판단을 내리는 것을 삼간다면, 나의 태도가 옳고 내가 그르치는 일이 없음은 명백하다. 그러나 이 경우에 내가 긍정하거나 부정하면, 그때 나는 의지의 자유를 바르게 사용하지는 않는 것이다. 그리하여 만일 거짓인 쪽으로 향하려 한다면 나는 명백히 그르치는 것이며, 또한 설령 진리를 선택한다고 하더라도 그것은 단지 우연에 불과할 뿐, 나는 결코 과오를 면할 수 없을 것이다. 즉 의지의 결정에는 항상 오성의 파악이 선행되어야만 하는 것은 자연의 빛에 의해 명백한 것이다.

그리하여 자유 의지의 이 옳지 않은 사용 속에야말로 오류의 형상을 구성하는 바의 저 결여가 내재하는 것이다. 분명히 말한다면 결여는 활동 그 자체 속에, 그것도 나로부터 나올 수 있는 한의 활동 속에 내재하는 것이며, 내가 신에게서 받은 능력 속에 내재하는 것도 아니고, 또한 신에게 의존하는 한의 활동 속에 내재하는 것도 아니다.

사실 나는 현실로 신이 나에게 준 것보다도 좀더 큰 이해력을, 즉 좀더 큰 자연의 빛을 주지 않았다고 불평을 해야 할 아무런 이유도 없는 것이다. 왜냐하면 많은 것을 이해하지 않는다는 것은 유한인 오성의 본질에 속하는 것이고, 유한이라는 것은 창조된 오성의 본질에 속하는 일이기 때문이다. 나는 오히려 신이 나에게 아무런 빚도 지지 않았음에도 불구하고 수여해 준 것에 대해 신에게 감사를 해야만 할 것이며, 신이 주지 않았던 것을 내가 신에 의해 빼앗겼다든가, 신이 나로부터 거두어 갔다는 식으로 생각해서는 안 되는 것이다.

그리고 또 나는 신이 오성보다도 넓은 범위에 이르는 의지를 주었다고 불평을 할 이유도 갖지 못한다. 왜냐하면 의지는 단 하나의 것, 말하자면 불가분의 것으로부터 이루어지는 까닭에 그 본성은 그곳으로부터 무엇인가가 제거되는 것을 용서하지 않는다고 생각되기 때문이다. 그리하여 확실히 의지가 크면 클수록 나는 그것을 베풀어 준 자에 대해 그것만큼 큰 감사를 표명해야 할 것이다.

그리하여 마지막으로 나는 그것에 있어 내가 잘못하는 바의 의지의 작용을, 즉 판단을 불러일으키는 데 있어 신이 나에게 협력하고 있다 하여 항의를 제기할 수도 없다. 왜냐하면 그와 같은 작용은 신에게 의존하는 한 참으로 진실인 것이고,

또한 그와 같은 작용을 내가 불러일으킬 수 있다는 것은, 불러일으킬 수 없다는 것보다도 나에게 있어서는 어떤 의미로 보다 큰 완전성이기 때문이다.

그런데 결여는 어떤가 하면, 이것에만 허위 및 죄과의 형상적 근거가 존재하는 것이기도 하지만, 이것은 어떠한 신의 협력도 필요로 하지 않는다. 왜냐하면 결여는 실재적인 것은 아니고, 또한 그것을 원인인 것처럼 신에게 관계짓는다면 그것은 결여라고 해야 할 것이 아니라 단지 부정이라고 해야만 할 것이기 때문이다. 실제로 그것의 명석하고 판명한 인지가 신에 의해 나의 오성 속에 두어지지 않았던 것에 대해 동의하거나 동의하지 않는 자유를 신이 나에게 주었다는 것은, 의심할 것도 없이 나의 속에 있어서의 불완전성인 것이다.

그렇지만 비록 내가 자유이고 유한의 인식을 가졌다 하더라도, 내가 결코 그르치지 않도록 하는 것은 신에게 있어서는 쉬운 일이었을 것이라고 나는 생각한다. 즉 신이 나의 오성 속에 내가 언젠가 고량하게 될 모든 것에 관한 명석하고 판명한 지식을 부여해 주든가, 혹은 명백하게 이해하고 있지 않은 것에 관해서는 결코 판단을 내려서는 안 된다는 것을 나의 기억에 단단히 새기고 결코 내가 그것을 잊지 않도록 해 주기만 하면 좋았던 것이다. 그리하여 나는, 만일 내가 신에 의해 그와 같은 것으로서 만들어져 있었다면, 내가 어떤 전체라고 하는 성격을 갖는 한에 있어서는 확실히 현실로 있는 것보다도 한결 완전했으리라는 것을 쉽게 이해하는 것이다.

그렇지만 나는 우주 전체의 안에는, 그 어떤 부분은 오류를 면하지 못하고 있지만 다른 부분은 면하고 있는 경우인 편이, 모든 부분이 참으로 닮고 있다는 경우보다도 어떤 의미로는 한층 큰 완전성이 있는 것이라는 사실을 부정할 수가 없다. 그리하여 나는, 신이 나를 세계 속에 두고 모든 것 중에서 가장 주요하고 가장 완전한 소임을 맡기고자 원하지 않았다고 항의를 제기할 아무런 권리도 갖지 못하는 것이다.

그리고 또한 나는 비록 저 제1의 방식, 즉 고량될 것인 모든 사항에 관한 명증적인 지식에 의존하는 방식으로는 오류를 막을 수가 없다 해도, 그러나 제2의 방식, 즉 사물의 진리가 명백하지 않을 때는 언제나 판단을 내리는 일은 삼가야만 한다는 것을 상기하는 데에만 의존한다는 방식으로 오류를 방지하는 일은 할 수 있을 것이다.

왜냐하면 나는 언제나 같은 생각에 단단히 마음을 고정시켜 두는 일은 할 수 없다는 약함이 나의 속에 있음을 경험하기는 하지만, 세밀한 성찰을 자주 되풀이함으로써 필요할 때마다 그 생각을 일으키도록 하고, 이리하여 이미 오류에 빠져들지 않은 습관을 익히는 일은 할 수 있기 때문이다.

바로 이 점에야말로 인간 최대의, 그리고 주요한 완전성이 존재하는 것이므로, 나는 오늘의 성찰에 의해—오류와 허위의 원인을 규명함으로써—적지 않은 수확을 올렸다고 생각한다. 그러므로 확실히 오류나 허위의 원인은, 내가 명백히 한 것 이외에는 있을 수 없는 것이다. 실제 판단을 내림에 즈음하여 오성에 의해 명백히 제시되는 것에 한해서만 의지를 작용시킨다면 내가 그르친다는 일은 결코 일어날 수 없는 것이다. 왜냐하면 모든 명백한 지식은 의심할 것도 없이 실재적인 것이고, 따라서 무에서 비롯되는 것일 수 없으며 필연적으로 신을—저 최고로 완전한 것이며 기만자인 것과는 양립하지 않는 신을—창조자로서 갖고 있으므로 의심할 나위 없이 진실인 것이기 때문이다.

그리고 나는 오늘날 결코 그르치지 않기 위해서 피해야만 할 것이 무엇인가를 배웠을 뿐 아니라, 동시에 또한 진리에 도달하기 위해서는 무엇을 해야만 하는가조차도 배웠던 것이다. 즉 내가 완전히 이해하는 것 전부에 충분히 주의하여, 이것을 내가 불분명하고 불명료하게밖에 포착되지 않는 것으로부터 분리만 한다면 나는 틀림없이 진리에 도달할 것이기 때문이다. 나는 앞으로 이렇게 하도록 세심하게 관찰하고 노력하고자 한다.

성찰5

물질적 사물의 본질에 대해, 그리고 또 신에 대해 ; 신은 존재한다는 일

신의 속성에 관해서도 또한 나 자신의 본성, 즉 나의 정신의 본성에 관해서도 내가 규명해야 할 사항은 아직도 많이 남아 있다. 그러나 그것들에 관해서는 아마 다른 기회에 다시 한 번 거론하게 될 것이다. 지금 가장 촉박한 일은(진리에 도달하기 위해서는 무엇을 피해야 하고 무엇을 추구해야만 하는가는 이미 인식한 다음이므로) 며칠 동안 내가 빠져 있었던 의문으로부터 벗어나는 데 힘쓰는 것, 그리고 물질적인 사물에 관해서 무언가 확실한 것을 손에 넣는 일이 가능할지 어떨지를 조사하는 일인 것처럼 생각된다.

그러나 그러한 물질적인 사물이 나의 밖에 존재하는가 어떤가를 묻기 전에 그런 사물의 관념을, 이것이 나의 의식 안에 존재하는 한에 있어 고찰하여 그중의 어느 것이 명백하고 어느 것이 혼란되고 있는가를 보아 두지 않으면 안 된다.

말할 것도 없이 나는 철학자들이 보통 연속량(連續量)이라고 명명하고 있는 것을 분명히 상상한다. 즉 이 양이라고 하기보다는 오히려 이 양을 갖춘 것의 길이·넓이·깊이에 있어서의 연장을 분명히 상상하는 것이다. 이 양의 속에서 여러 가지 수를 셈하고, 그러한 것의 부분에 임의의 크기나 모양이나 위치나 장소적 운동을 귀속시키며, 또한 이 운동에 임의의 지속을 구속시킨다.

이러한 것들이 단지 일반적으로 이와 같이 보였을 경우에, 나에게 참으로 잘 알려져 있어 분명할 뿐만이 아니라 조금만 주의한다면 나는 그 위에 모양이나 수나 운동이나 그밖의 비슷한 것에 관해 수많은 특수한 사항마저도 인식하는 것이다. 그리하여 이러한 것에 관한 진리는 너무나도 명백한 것이고, 또한 나의 본성과 참으로 잘 합치되어 있으므로, 처음으로 그것을 발견할 때라도 무언가 새로운 일을 배워 얻는다기보다는 오히려 이미 전에 알고 있었던 일을 연상이라도 하듯이, 즉 내 속에 전부터 있었던 것이지만 아직 정신의 눈을 향하고 있지 않았던 것에 비로소 주의하기나 하듯이 생각되는 것이다.

또한 여기서 특히 주목해야만 한다고 생각되는 것은, 나의 밖에는 아마 어디에도 존재하지 않을 테지만, 그럼에도 불구하고 무라고는 할 수 없는 것, 이와 같은 것의 관념을 내가 나의 속에서 숱하게 발견한다는 사실이다. 그와 같은 것은 나에 의해 어떤 의미로는 임의로 생각될 수 있는 것이라고는 하지만, 나에 의해 만들어진 것은 아니고, 진실한 불변의 본성을 갖고 있는 것이다.

이를테면 내가 삼각형을 상상할 때 아마도 이와 같은 도형은 나의 사유의 밖에는 세계의 어디에도 존재하지 않고 이전에도 결코 존재한 적이 없을 테지만, 그러나 그 도형은 어떤 일정한 본성이나 형상을 갖는 것으로서, 이것은 불변이고 영원이며 나에 의해 묘사된 것도 아니고, 또한 나의 정신에 의존하는 것도 아니다.

이 점은 그 삼각형에 관해 여러 가지 특성, 즉 그 세 개의 각은 2직각과 같다든가 그 최대의 각에는 최대의 변이 대(對)한다든가 그밖에 이와 동일한 사항이 논증될 수 있다는 일로써 명백하다. 이러한 특성은 이전에 내가 삼각형을 상상했을 때는 결코 의식되지 않았다 해도 지금으로서는 내가 원하든 원하지 않든 상관없이 명백히 인정되는 것이며, 따라서 나에 의해 묘사된 것은 아닌 것이다.

그리고 또한 어쩌면 그 삼각형의 관념은 외적인 것으로부터 감각기관을 통하여 나에게 찾아왔던 것이며, 나는 사실 삼각형의 물체를 때때로 본 일이 있으니까 하고서 말해 보았자 소용이 없는 것이다. 왜냐하면 나는 삼각형 이외의 도형으로서, 감각을 통하여 내 속에 흘러들어온 것이 아닐까 하는 의심을 전혀 가질 수 없는 것을 숱하게 생각해 낼 수가 있고, 뿐만 아니라 이와 같은 도형에 관해 삼각형의 경우와 마찬가지로 갖가지의 특성을 논증할 수가 있기 때문이다.

참으로 이러한 특성은 나에게 있어 명백히 인식되는 이상 모두 진실이고, 따라서 한낱 무는 아니다. 왜냐하면 참된 것은 모두 그 무엇임이 명백하고, 또한 내가 명백히 인식하는 것이 모두 진실임은 이미 내가 자세히 논증한 바 있기 때문이다. 그리하여 이 점을 비록 내가 논증하지 않았다 해도, 최소한 내가 그것들을 명백히 인지하는 한 나는 역시 그것들에 동의하지 않을 수 없다는 것이 확실히 나의 정신의 본성인 것이다.

이전에 나는 또한 감각의 대상에 완전히 잡혀 있었을 때조차도 형체라든가 수라든가 혹은 그밖에 산술이나 기하학, 또는 일반적으로 순수하게 추상적인 수학에 속하는 것에 관해 내가 명증적으로 인정한 듯한 진리는 항상 이들 모두 진리 중에서도 가장 확실한 것으로 간주하고 있었음을 기억하고 있다.

그런데 지금 내가 어떤 것의 관념을 나의 사유로부터 끄집어 낼 수 있다는 일만으로도 그 사물에 속한다고 내가 명백하게 인지하는 모든 것이 실제로 그것에 속한다는 결론을 내릴 수 있다면, 여기서부터 또한 신의 존재를 증명하기 위한 논증이 얻어지는 게 아닐까.

확실히 나는 신의 관념을, 즉 가장 완전한 존재자의 관념을 어떠한 형태의 관념 혹은 어떠한 수의 관념 이상으로 나의 속에서 발견하는 것이다. 그 위에 나는 항상 존재한다는 것이 신의 본성에 속함을, 어떤 형태 혹은 수에 관해 내가 논증하는 것이 그 형태 혹은 그 수의 본성에 속함을 이해하는 경우와 마찬가지로 명백히 이해하는 것이다. 따라서 비록 요 며칠 사이에 내가 성찰해 온 것 모두가 진실은 아니라 해도 신의 존재는 나의 속에 있어 지금까지 수학의 진리가 확실했던 것과 적어도 같은 정도로는 확실하지 않으면 안 된다.

하기야 이 증명은 언뜻 보아서는 전혀 명백하다고는 할 수 없고 오히려 궤변인 것처럼 보인다. 왜냐하면 신 이외의 모든 것에 있어 존재를 본질로부터 구별하는 일에 익숙해져 있는 나로서는, 신의 존재 또한 신의 본질로부터 분리될 수 있는 것이며, 그리고 신은 존재하지 않는 것이라고 생각될 수도 있는 것이라고 쉽게 믿어 버리기 때문이다.

그러나 좀더 신중을 기해 보면 명백해지는 일이지만, 신의 존재가 신의 본질로부터 분리되지 않는 것은, 그 세 각의 합이 2직각과 같은 것이 삼각형의 본질로부터 분리되지 않고, 혹은 산의 관념으로부터 골짜기의 관념이 분리되지 않는 것과 똑같다. 그러므로 존재를 결여하고 있는—어떤 완전성을 결여하고 있는—신, 즉 가장 완전한 존재자를 생각하는 일은, 골짜기가 없는 산을 생각하는 일과 마찬가지로 모순인 것이다.

그렇지만 이렇게도 반문할 수 있을 것 같다. 확실히 내가 신을 존재하는 것으로서가 아니면 생각할 수가 없는 것은 산을 골짜기 없이 생각할 수 없는 것과 같지만, 내가 산을 골짜기와 더불어 생각한다고 해서 그곳으로부터 즉시 어떤 산이 세계 안에 존재한다는 귀결이 나오지 않음도 확실하다. 그것과 마찬가지로 내가 신을 존재하는 것으로서 생각한다 하여 그곳으로부터 즉시 신이 존재한다는 결론을 내릴 수는 없는 것처럼 생각된다. 왜냐하면 나의 사유는 사물에 필연성을 과하는 것은 아니기 때문이다. 그리고 말〔馬〕은 날개를 갖지 못해도 날개 있는 말을 상상하는 것은 가능한 것처럼, 어쩌면 나는 신이 존재하지 않는데 머릿속으로만 신과 현존을 결부시키고 있는지도 모른다.

그렇지만 이것은 가능하지 않으며, 오히려 그러한 생각 속에야말로 궤변이 숨어 있을 것이다. 왜냐하면 내가 산을 골짜기와 함께가 아니면 생각할 수가 없다는 것으로부터는 어딘가에 산과 골짜기가 존재한다는 결론을 내릴 수가 없고, 다만 산과 골짜기는 존재하든 존재하지 않든 간에 서로 분리될 수는 없다는 결론만을 내릴 수 있을 뿐이기 때문이다. 그러나 내가 신을 존재하는 것으로서가 아니면 생각할 수가 없다는 것으로부터는, 존재가 신으로부터 결코 분리될 수는 없다는 것, 따라서 신은 실제로 존재한다는 결론을 내릴 수 있는 것이다.

이것은 나의 사유에 의해 초래되는 사태는 아니며, 나의 사유는 사물에 필연성을 과하지는 않는 것이다. 반대로 사항 자체의 필연성이, 즉 신의 존재의 필연성이 나로 하여금 그와 같이 생각하도록 결정하는 것이다. 왜냐하면 날개 있는 말을 상상하는 일도 날개 없는 말을 상상하는 일도 나의 자유로 되는 것과는 달리, 존재를 결여한 신—최고의 완전성을 결여한 가장 완전한 존재자—을 생각하는 일은 나의 자유로는 되지 않기 때문이다.

여기서는 또한 다음과 같이 말해서도 안 되는 것이다. 즉 신은 모든 완전성을 갖는다는 것을 내가 일단 상정해 버리면, 존재는 그와 같은 완전성 속의 하나이므로, 나는 물론 필연적으로 신을 존재하는 것으로서 상정하지 않을 수 없게 된다. 하지만 최초의 상정 그 자체는 필연적인 것은 아니며, 그것은 마치 모든 사각형은 원(圓)에 내접(內接)한다고 생각해야만 할 필연성은 없음에도 불구하고 일단 그렇게 생각하는 거라고 상정해 버리면 마름모가 원에 내접한다고 인정하지 않을 수 없게 되는데, 이것은 명백히 거짓이라는 것과 똑같은 것이라고.

그렇게 말해선 안 되는 이유는, 내가 언젠가 신에 관해 필연적으로 어떠한 생각을 품게 된다는 일은 없다 해도, 그러나 제1의 그리고 최고의 존재자에 관해 생각하고, 이 존재자의 관념을 말하자면 나의 정신의 보물 창고로부터 꺼내고자 할 적마다 나는 필연적으로 그 존재자에게 모든 완전성을 귀속시켜야만 할 것이기 때문이다(하기야 그때 모든 완전성을 헤아리거나 그 하나하나에 주의를 기울이거나 할 수는 없을 테지만). 그리하여 참으로 이 필연성은 나중에 내가 존재는 하나의 완전성이라고 깨달을 때, 나로 하여금 제1의 또한 최고의 존재자는 존재한다고 옳게 결론짓도록 하기에 충분한 것이다.

이것은 마치 내가 어떠한 삼각형을 언젠가 필연적으로 상상하는 일은 없지만, 단지 세 개의 각을 갖는 직선 도형을 고찰할 적마다 나는 필연적으로 이 도형에 그 세 각의 합이 2직각과 같다는 것을 바르게 추론시키는 듯한 특성을(비록 그때 내가 이 결론 그 자체에는 깨닫고 있지 않다 하여도) 속하게 해야만 하는 것과 마찬가지이다.

그렇지만 어떠한 도형이 원에 내접하는가를 음미해 보면, 모든 사각형이 그 속에서 셀 수 있다고 생각하지 않으면 안 될 필연성은 전혀 없다. 뿐만 아니라 명백하게 이해하는 것 외에는 그 어떤 것도 받아들이지 않겠다고 하는 한, 나는 그와 같은 것을 가상하는 일조차 할 수 없는 것이다. 그러므로 이와 같은 거짓 상정과, 내가 천성으로 갖추고 있는 참의 관념 사이에는 큰 상위가 있는 셈이다. 그러므로 이러한 관념 중 제1이고, 주요한 것이 신의 관념인 것이다.

왜냐하면 나는 실제로 신의 관념이 나의 사유에 의존하는 바의 가구(假構)된 무엇인가가 아니고, 진실로 불변인 본성의 이미지라는 것을 많은 방식으로 이해하기 때문이다. 즉 첫째로 그 본질에 존재가 속하는 것을 나는 신 한 사람을 제외하고는 달리 아무것도 생각해 낼 수가 없기 때문이다. 다음에, 이와 같은 신을 둘 혹은 그 이상 생각할 수가 없기 때문이고, 또 그러한 하나의 신이 현실로 존재한다면 당연히 아득한 옛날부터 존재했던 것이고, 또한 영원의 미래에 걸쳐 존속하리라는 것을 명백히 알기 때문이다. 그리고 마지막으로, 그밖에도 나는 내가 무엇 하나 뽑아내는 일도 바꾸는 일도 할 수 없는 것을 신 속에서 무수히 볼 수 있기 때문이다.

그러나 결국 내가 어떠한 증명의 이유를 사용한다 해도 항상 귀착하는 곳은, 내가 명백히 인식하는 것만이 나를 참으로 확신시킨다고 하는 일인 것이다. 그리하여 내가 그와 같이 인식하는 것 속에는 누구에게나 명료한 것도 있지만, 한편 좀더 파고들어 고찰하고 주의 깊게 연구하는 사람들에 의해서밖에 발견되지 않는 것도 있다. 그러나 이와 같은 것도 일단 발견된 뒤에는 앞서의 것에 못지않게 확실하다고 간주되는 것이다.

이것은 직각삼각형에 있어, 밑변 위의 정사각형이 다른 두 변 위의 정사각형의 합과 같다는 것은, 그 밑변이 이 삼각형의 가장 큰 각에 대응하고 있다는 것만큼 쉽사리 명백해지지는 않지만, 전자도 일단 알려진 뒤에는 후자 못지않게 믿어진다는 것과 똑같다.

그런데 신에 관해서는 어떤가 하면, 만일 내가 온갖 선입관에 의해 마음이 흐려져 있지 않고, 또한 감각적 사물의 이미지가 나의 사유를 완전히 점령하고 있지 않다면 신만큼 빨리, 그리고 쉽게 알려지는 것은 아무것도 없었을 것이다. 왜냐하면 최고의 존재자가 있다는 것, 즉 그 본질에 존재가 속하는 단 하나의 것인 신이 존재한다는 일 이상으로 자명한 일은 없기 때문이다.

그리하여 나로선 이 일을 인지하는 데 매우 신중한 고찰이 필요했었지만, 나는 이제 이 일과는 다른 매우 확실하다고 생각되는 일과 같을 정도로 확신을 품고 있을 뿐 아니라 다른 사물의 확실성이 다름 아닌 이 일에 완전히 의존하고 있고, 이 일 없이는 무슨 일이든 결코 완전하게는 알려지지 않는다는 점도 깨닫고 있는 것이다.

사실 나는 무슨 일인가를 참으로 명백히 인지하고 있는 동안은 그것을 진실이라고 믿지 않을 수 없다는 본성을 갖추고는 있다. 그러나 정신의 눈을 고정시켜 쉴새없이 같은 것을 명백히 인지하고 있는 것은 아니라는 본성도 갖추고 있으므로, 이전에 내린 판단의 기억이 되돌아오는 일이 자주 있다. 그리고 내가 이와 같이 판단하기에 이른 이유에 이미 주의를 보내지 않을 경우에는 다른 이유가 반입될 수 있으며, 이 이유는 만일 내가 신을 모른다면 쉽게 나로 하여금 앞서의 의견을 버리게 하고 말지도 모른다. 이와 같이 하여 나는 무슨 일에 관해서도 진실이고 확실한 지식을 갖는 일은 결코 없으며, 다만 어리석고 변하기 쉬운 의견을 갖는 데 지나지 않게 될 것이다.

이를테면 내가 삼각형의 본성을 고찰할 때, 나는 기하학의 원리를 이해하고 있으므로 그 세 각의 합이 2직각과 같다는 것은 나에게는 극히 명증적으로 확실하며, 또한 내가 그 논증에 주의하고 있는 한 나는 그것이 진실임을 믿지 않을 수 없는데, 내가 그 논증으로부터 정신의 눈을 돌리자마자 비록 내가 그 논증을 참으로 명백히 이해했음을 아무리 잘 기억하고 있어도, 만일 신을 모른다면 내가 그 논증의 진위(眞僞)에 관해 의심을 쉽게 품는 일이 생길 수 있는 것이다.

왜냐하면 나는 자기로서는 더할 나위 없이 명증적으로 인지하고 있는 사항에 있어서조차 때때로 잘못하도록 자연에 의해 만들어져 있는 것이라고 생각할 여지가 있기 때문이다. 내가 진실이고 확실하다고 간주한 것으로서 나중에 가서 다른 이유에 의해 거짓이라고 다시 판단하기에 이른 것이 참으로 많았다는 점을 생각해 낼 때는 특히 그러한 것이다.

하지만 이제 나는 신이 있음을 알고 있다. 동시에 또한 다른 모든 것이 신에게 의존한다는 것과 신이 기만자는 아니라는 것을 이해하고 있으며, 이러한 일로부터 내가 명백히 인지하는 것은 모두 필연적으로 진실이라는 결론도 얻고 있다. 그러므로 비록 내가 이 일을 진실이라고 판단하기에 이른 이유에 이미 주의를 보내지 않더라도, 내가 다만 명백히 이해했다는 것을 기억하고 있기만 하면 어떠한 반대의 이유가 제시되더라도 나를 의혹에 빠지게 할 수는 없고, 오히려 나는 그 일에 관해 진실로 확실한 지식을 갖는 것이다. 단지 이 일에 관해서뿐만이 아니라, 내가 일찍이 논증한 기억이 있는 다른 모든 사항에 관해서도, 이를테면 기하학상의 진리나 이것에 유한 사항에 관해서도 그러한 것이다.

바야흐로 대체 어떠한 반대론이 나에게 향해지는 것일까. 나는 자주 그르치도록 만들어져 있다고나 하려는 것일까. 그렇지만 나는 이미 내가 명백히 이해하는 사항에 있어서는 결코 그르칠 수 없음을 알고 있다. 내가 일찍이 진실이고 확실하다고 간주한 것으로서, 나중에 가서 거짓임을 깨닫기에 이른 것이 무수히 있었다고라도 말하려는 것일까. 그러나 나는 그러한 것을 어느 하나도 명백히 인지하고 있지는 않았던 것이다. 오히려 진리의 이 규칙을 몰랐던 까닭에 다른 원인에 이끌려 순간적으로 그것들을 믿고 말았던 것이며, 나중에 가서야 그 원인이 그렇듯 확고한 것은 아니었음을 발견했을 뿐이다.

그렇다면 그밖에 어떠한 반박을 사람들이 나에게 할 수 있는 것일까. 아마도 (이전에 내가 나 자신에게 반문했던 것처럼) 나는 꿈을 꾸고 있는 것이다. 즉 내가 지금 생각하고 있는 일은 모두 잠자고 있는 사이에 마음에 떠오르는 일과 마찬가지로 진실이 아니라고 말하려는 것일까. 그런 것을 말해 보았자 아무 소용이 없다. 왜냐하면 비록 내가 꿈꾸고 있다 하여도 나의 오성에 있어 명증적인 것은 모두 진실이기 때문이다.

이리하여 나는 온갖 지식의 확실성과 진리성이 주로 참된 존재인 신의 인식에 의존함을 명백히 보는 것이다. 신을 알게 되기까지는 내가 다른 무슨 일이든 완전히는 알 수 없었던 것도 그 때문이었다. 하지만 바야흐로 나에게 있어서는 신 그 자체나 다른 지성적인 존재에 관해서도, 순수 수학의 대상인 물체적인 본성 전부에 관해서도 무수한 사항이 명백히 알려질 수 있는 것이고, 확실한 것일 수 있는 것이다.

성찰6

물질적 사물의 존재 및 정신과 신체와의 실재적인 구별에 대해

이제 남은 문제는 물질적 사물이 존재하는가 어떤가를 음미하는 일뿐이다. 그리고 확실히 나는 적어도 물질적 사물은 순수 수학의 대상인 한 존재하는 일이 가능하다는 것을 아는데, 이것은 내가 그런 것을 명백하게 인식하고 있기 때문이다. 왜냐하면 신에게는 내가 명백하게 인지할 수 있는 모든 것을 만들어 낼 만한 능력이 있다고 하는 것은 분명한 사실이고, 또한 신이 어떤 일을 하는 것은 불가능하다고 나에 의해 판단된 사항을 내가 분명히 인지하려고 하면 모순을 범하는 일이 될 뿐이기 때문이다.

그리고 나는 그러한 물질적 사물에 마음을 향하는 동안은 상상 능력을 사용하는 일을 경험하는데, 이 사실로부터 물질적 사물은 존재한다고 하는 귀결이 나오는 것처럼 생각된다. 왜냐하면 상상이란 무엇인지를 주의 깊게 고찰한다면, 그것이 인식 능력 앞에 나타나 있는 물체에 대한 그 능력의 어떤 적용일 따름이라는 것은 명백하기 때문이다.

이 점을 분명히 하기 위해, 나는 먼저 상상의 활동과 순수한 오성의 활동과의 사이에 있는 상위를 검토하기로 하겠다. 이를테면 내가 삼각형을 상상할 때, 나는 그것이 세 개의 선에 의해 둘러싸인 도형이라는 것을 이해할 뿐 아니라, 동시에 또한 그 세 개의 선을 흡사 앞에 나타나 있는 것처럼 정신의 눈으로써 직관하는데, 이것이야말로 내가 상상이라고 이름짓는 활동이다.

그런데 만일 내가 천각형(千角形)에 관해 생각하고자 한다면, 과연 나는 삼각형이 세 개의 변으로써 이루어지는 도형인 것을 이해하는 경우와 마찬가지로, 그것이 천 개의 변으로써 이루어지는 도형이라는 것을 잘 이해한다 해도, 그러나 삼각형의 세 변의 경우와 같이 그 천 개의 변을 상상하는 일은, 즉 흡사 앞에 있는 것처럼 직관하는 일은 할 수 없는 것이다. 물론 이 경우에도 나는 물체적인 것을 생각할 적마다 항상 무엇인가를 상상하는 습관이 있으므로, 아마도 나는 어떠한 도형을 막연히 떠올릴 테지만, 그 형이 천각형이 아닌 것은 명백하다. 왜냐하면 그 도형은 내가 만각형이라든가 좀더 많은 변을 갖는 임의의 도형이라고 생각할 때, 떠올리는 도형과 다른 부분이 전혀 없고, 또한 그 도형은 천각형을 다른 다각형으로부터 구별시키는 특성을 발견해 내는 데 아무런 도움도 되지 않기 때문이다.

그런데 오각형이 문제일 경우에는, 물론 나는 그 도형을 천각형의 도형과 마찬가지로 상상의 도움을 빌리지 않고 이해할 수가 있으며, 또한 그 도형을 상상하는 일, 즉 정신의 눈을 그 다섯 개의 변과 동시에 그 변에 의해 둘러싸인 공간에 보내게 함으로써 상상하는 일도 할 수 있는 것이다.

여기에 있어 나는 상상하기 위해서는 어떤 특별한 마음의 긴장을 필요로 하지만, 이해하기 위해서는 나는 이것을 사용하지 않는다는 것을 명백히 인정한다. 이 새로운 마음의 긴장이야말로 상상의 활동과 순수한 오성의 활동 사이에 존재하는 상위를 명백히 제시하는 일인 것이다.

그리고 또한 나는 내 속에 있는 이 상상력이 이해력과 다른 것인 한 나 자신의 본질에 있어서는, 즉 나의 정신의 본질에 있어서는 필요한 것이 아니라는 것을 인정한다. 왜냐하면 가령 그러한 힘이 나에게 결여되어 있다 해도, 의심할 것도 없이 나는 역시 현재 있는 그대로의 나일 것이기 때문이다. 이 점으로 미루어 상상력은 나와는 다른 무엇인가에 의존한다는 결론이 내려지는 것처럼 생각된다.

그런데 만일 어떤 물체가 존재하고 이것에 정신이 결부되어 있어 언제든지 그것을 주시하는 일이 가능하다면, 바로 이와 같은 식으로 하여 내가 물체적 사물을 상상하는 일이 생길 수 있음을 나는 쉽게 이해한다. 따라서 이와 같은 의식의 양태가 순수한 오성의 작용과 다른 것은 다만 다음과 같은 점뿐이다. 즉 이해할 때는 정신이 자기를 자기 자신에게 향하게 함으로써 정신 그 자체에 내재하고 있는 관념의 어떤 것을 고찰하지만, 상상할 때는 반대로 정신이 자기를 물체로 향하게 함으로써 그 물체 속에 정신에 의해 이해된 관념이든 감각에 의해 지각된 관념이든 그것에 대응하는 어떤 것을 직관한다는 경우이다.

되풀이해서 말하지만, 만일 물체가 실제로 존재하는 것이라면 상상의 활동은 그러한 식으로 하여 성립할 수 있을 것임을 나는 쉽게 이해하는 것이다. 그리고 상상의 활동을 설명하는 데 있어 이것만큼 편리한 방식은 달리 생각나지 않으므로, 여기에서 나는 개연적으로 물체는 존재한다고 추측한다. 하지만 그것은 다만 개연적으로서, 여러 가지 점을 면밀히 검토해 보아도 나의 상상력 속에서 발견되는 물체적 본성에 관한 명백한 관념으로부터는 어떠한 물체가 존재하는 것을 필연적으로 결론짓게 하는 듯한 논증이 도출될 수 있다고는 아무래도 생각되지 않는 것이다.

그러나 나는 순수 수학의 대상인 이 물체적 본성 이외에 아직도 많은 것을 상상한다. 예를 들어 색깔이나 소리나 맛이나 고통 등이 그것인데, 그러나 이것들은 물체적 본성만큼 뚜렷하게는 상상되지 않는다. 그리고 이러한 것들은 오히려 감각에 의해 보다 잘 지각되는 것이고, 감각으로부터 기억의 도움에 의해 상상력에까지 도달한 것처럼 생각되므로, 이러한 것들에 관해 좀더 적절히 논하기 위해서는 감각에 관해서도 동시에 논해야만 하며, 내가 감각이라고 명명하는 이 의식의 양태에 의해 지각되는 것으로부터 물체적 사물의 존재 증명에 도움이 되는 무언가 확실한 논증을 얻는 일이 가능한지 어떤지를 보아야만 한다.

  그래서 우선 첫째로 나는 여기서 이전에 내가 감각에 지각되므로 참이라고 생각한 것은 무엇이었는가, 또한 어떠한 이유에 근거하여 그리 생각했는가를 되새겨 보자. 다음으로, 나중에 가서 그것들을 의심하게 된 이유가 무엇이었는가를 검토해 보자. 그리고 마지막으로 그것들에 관해 지금은 어떻게 생각해야만 할 것인가를 고찰해 보자.

  첫째로, 나는 내가 머리나 손이나 발이나 그밖의 모든 지체를 갖고 있음을 감각했던 것이다. 그리고 이러한 지체들로 이루어진 이 신체를 나의 부분이기나 한 것처럼, 혹은 나의 전체이기나 한 것처럼 간주하기조차 했다. 또한 이 신체가 다른 많은 물체 사이에 위치하고, 이러한 물체로부터 갖가지의 방식으로, 때로는 형편에 알맞게, 때로는 형편에 어긋나게 영향을 받을 수 있음도 감각했다. 그리하여 형편에 알맞는 영향을 어떤 유의 쾌락의 감각에 의해, 형편에 어긋나는 영향을 고통의 감각에 의해 인식했던 것이다. 그리고 또한 고통과 쾌락 이외에도 나의 내부에서 굶주림이나 갈증, 그밖에 이와 유사한 욕망을 감각했고, 나아가서는 기쁨이나 슬픔이나 분노나 그밖에 이와 유사한 정념으로 향하는 어떤 신체적 경향마저도 감각했던 것이다. 그리하여 나의 외부에 있어서는 물체의 연장이나 모양이나 운동 이외에, 물체 속에서 단단함이나 열이나 그밖의 촉각적인 성질도 감각했다. 또한 그밖에도 빛·색깔·향기·맛·소리도 감각했고, 이러한 것의 온갖 상위에 의해 하늘과 땅과 바다 및 다른 모든 물체를 상호간에 구별했던 것이다.

  따라서 그러한 모든 성질의 관념이 나의 의식에 제시되었기 때문에, 또한 그러한 관념에 한하여 나는 생생히 직접적으로 감각했기 때문에 내가 자기의 의식과는 전혀 다른 어떤 것을, 즉 그러한 관념의 근본이 된 물체를 감각하고 있다고 확신한 것도 전혀 근거 없는 이야기는 아니었다. 왜냐하면 내가 경험한 바에 의하면 그러한 관념은 나의 허락도 없이 내 속에 찾아왔던 것이며, 따라서 어떠한 대상도 감각기관 앞에 나타나 있지 않았다면 아무리 내가 감각하고자 해도 감각할 수가 없고, 반대로 감각기관 앞에 나타나 있을 때는 감각하지 않고자 해도 감각할 수밖에 없었기 때문이다.

또한 감각에 지각된 관념은 나 스스로 그러한 느낌을 갖고 성찰을 집중시켜 만들어 낸 관념이나, 나의 기억에 새겨져 있다고 내가 인정하는 관념의 어느 것보다도 훨씬 생생하고 뚜렷하며 또한 나름대로 훨씬 명백하기도 하므로, 그러한 관념이 나 자신으로부터 나온다는 등등의 일은 있을 수 없는 것처럼 생각되었다. 그러므로 그러한 관념은 무언가 다른 사물로부터 내 속에 찾아왔다고밖에 생각되지 않았던 것이다. 그런데 그러한 사물에 관해 내가 갖고 있었던 지식은 이러한 관념 그 자체로부터 얻어진 것에 국한되어 있었으므로, 나의 마음에는 그와 같은 사물은 이러한 관념 그 자체와 닮았을 것이라는 생각밖에 떠오르지 않았던 것이다.

더구나 나는 이성을 사용하기 전에 감각을 사용했던 일을 생각해 내고, 또한 내가 스스로 만들어 낸 관념이 감각에 의해 지각한 관념만큼 뚜렷하지는 않고, 전자의 대부분이 후자의 여러 가지 부분으로 합성되어 있음을 인정했으므로, 감각 속에 미리 갖지 못했던 관념을 오성 속에는 결코 갖지 않는다고 나는 쉽게 믿어 버리고 말았던 것이다.

그리고 또 내가 일종의 특별한 권리를 갖고서 나의 것이라고 명명한 이 신체는 다른 어떠한 물체보다도 더욱 나에게 속하는 것이라고 생각한 것도 터무니없는 일은 아니었다. 왜냐하면 나는 신체로부터는, 그밖의 물체로부터와는 달리 결코 떼어내는 일을 할 수 없었기 때문이고, 또한 온갖 욕망과 정념을 신체 속에 또 신체를 위해 감각했기 때문이며, 그리고 마지막으로 고통과 쾌락을 신체의 부분에 있어서는 인정했지만, 신체의 밖에 두어진 다른 물체에 있어서는 인정하지 않았기 때문이다.

그렇지만 어찌하여 이 무엇인지 알 수 없는 고통의 감각으로부터는 마음의 어

떤 슬픔이 생기고 쾌락의 감각으로부터는 기쁨이 생기는가, 혹은 또 어찌하여 굶
주림이라고 부르는 이 무엇인지 모를 위장의 고통은 나로 하여금 음식물을 섭취
하도록 재촉하고, 갈증은 나로 하여금 음료를 취하도록 재촉하는가 등등에 관해
서는 실상 나는 자연에 의해 그렇게 가르쳐졌기 때문이라는 것 이외에 아무런 이
유도 갖고 있지 않았다. 왜냐하면 그 고통과 음식물을 취하고자 하는 의지와의 사
이에는, 혹은 고통을 가져다 주는 것의 감각과 그 감각으로부터 생기는 슬픔의 의
식과의 사이에는 전혀 유사성이 — 적어도 내가 이해할 수 있는 한에서는 — 없기
때문이다. 오히려 내가 감각의 대상에 관해 판단한 모든 사항도 자연에 의해 가르
쳐진 것처럼 생각되었던 것이다. 왜냐하면 이러한 대상들에 관하여 내가 언제든
지 내리는 판단들은, 내가 이 판단들을 내릴 수밖에 없는 이유를 찾아내기도 전에
형성되었기 때문이다.

그러나 그 뒤 경험을 거듭함에 따라 내가 감각에 대해 기울이고 있었던 온갖 신
뢰는 차츰 무너지기 시작했던 것이다. 왜냐하면 멀리서 볼 때는 원형 같았던 탑이
다가가서 본 결과 네모진 것이었음을 알게 되든가, 그 탑의 꼭대기에 세워져 있는
거대한 조상(彫像)은 지상에서 바라보면 그다지 크게 보이지 않는 일이 자주 있
었고, 그밖에 이와 같은 많은 사례에 있어 나는 외부 감각의 판단이 그르치는 일
을 발견했기 때문이다. 단지 외부 감각뿐만이 아니라 내부 감각에 관해서도 그러
했었다. 즉 고통 이상으로 절실한 감각은 있을 수 없겠지만, 그러나 언젠가 나는
다리나 팔을 절단한 사람들로부터 지금껏 때때로 그 없어진 부분에 통증을 느끼
는 것 같다는 이야기를 들은 적이 있었다. 따라서 나의 경우에도 신체의 어떤 부
분에 통증을 느꼈다 해도 실상 그 부분이 나에게 고통을 준 것이라고 확신할 수는
없는 것처럼 생각되었던 것이다.

이러한 의심의 이유에 나는 최근 다시 두 가지의 극히 일반적인 의심의 이유를
덧붙였다. 그 하나는 내가 잠자고 있는 동안에도 때에 따라 감각한다고는 믿을 수

없는 어떤 것을 깨어 있는 사이에 감각한다고는 믿지 않았으며, 더구나 내가 수면 중에 감각한다고 생각되는 것이 나의 밖에 있는 것으로부터 나에게 찾아온다고는 믿지 않았으므로, 내가 깨어 있을 때 감각한다고 생각하는 것에 관해서도 특별히 밖으로부터 찾아오는 것이라고 믿어야 할 이유는 없다는 것이다. 그리고 또 하나는, 나는 나라는 존재의 작자(作者)를 아직 모르기 때문에, 혹은 최소한 모른다고 가상하고 있기 때문에 나에게 참으로 진실이라고 보이는 것에 있어서조차 그르친다는 식으로 내가 본성상 꾸며져 있다고 생각해도 전혀 이상할 것이 없다는 것이다.

그리하여 이제까지 나로 하여금 감각적 사물의 진리성을 믿게 해 주고 있었던 이유에 관해 말한다면, 이미 그것들에 대해 답변하는 데 아무런 어려움도 없었다. 즉 나는 이성이 제지하고 있는 많은 것 쪽으로 자연에 의해 몰아내어져 있는 것처럼 생각되었으므로, 그와 같은 자연의 가르침에는 별로 신뢰를 두어서는 안 된다고 생각했던 것이다. 또한 감각의 지각은 나의 의지에 의존하는 것은 아니지만, 그렇다고 하여 그것이 나와는 다른 것으로부터 비롯된다고 결론지어서도 안 된다고 생각했던 것이다. 왜냐하면 어떤 능력이 비록 나에게는 아직 알려져 있지 않다 해도, 어쩌면 나의 내부에 있어 감각적 지각을 낳게 하고 있을지도 모르기 때문이다.

그러나 지금 나 자신과 나라는 존재의 작자를 보다 잘 알기 시작하면서, 나는 감각으로부터 얻어진다고 생각되는 것은 무엇이든 경솔히 인정해서는 안 됨은 물론 그 전부에 의심을 두어서도 안 된다고 생각하는 것이다.

그리고 나는 우선 내가 명백히 이해하는 것은 모두 내가 이해하는 것대로 신에 의해 만들어질 수 있다는 것을 알고 있으므로, 하나의 것을 또 하나의 것이 없이도 명백히 이해할 수만 있다면, 그것만으로도 이 두 가지의 것이 다른 것임을 확신할 수가 있는 것이다. 왜냐하면 그것들은 최소한 신에 의해 개별적으로 정립될 수 있을 것이기 때문이다. 또한 어떠한 힘에 의해 그와 같이 정립될 수 있느냐 하는 것은, 그것들을 서로 다른 것으로 판단하는 데 있어 아무런 문제도 되지 않는 것이다. 따라서 내가 나의 현존을 분명하게 알고 있다는 것, 그리하여 그 사이 내가 나의 본성 혹은 본질에 속한다고 분명히 인정할 수 있는 것은, 내가 사유하는 존재라는 것에 의해 나는 나의 본질이 이 사유하는 존재라는 점에 있다고 정당하게 결론짓는 것이다.

그리하여 아마(혹은 곧 뒤에서 말하는 바와 같이, 분명히) 나는 신체를 가지고 있고, 이것이 나와 매우 밀착되어 있다 해도, 그러나 나는 한편으로 내가 다만 사유하는 존재이며, 연장을 갖는 것 외에 나 자신의 명백한 관념을 갖고 있으며, 다른 한편으로는 신체가 다만 연장을 갖는 것이며, 사유하는 존재가 아닌 한에 있어 신체의 뚜렷한 관념을 갖고 있는 것이므로, 내가 나의 신체와는 전적으로 다른 것이며, 신체 없이도 존재할 수 있음은 확실하다.

그리고 나는 나의 속에서 어떤 특수한 방식으로 사유하는 능력, 즉 상상하는 능력 및 감각하는 능력을 발견한다. 그런데 나는 이러한 능력 없이도 전체로서의 나를 명백히 이해할 수가 있지만, 그러나 그러한 능력을 나 없이, 바꾸어 말하면 그것들이 내재하는 오성적 실체 없이 이해할 수는 없다. 왜냐하면 그러한 두 가지의 능력은 우리가 이것들에 대해 갖고 있는 개념 속에, 혹은 (스콜라 철학의 용어를 빌린다면) 형상적 개념 속에 어느 정도의 오성 작용을 포함하고 있고, 여기서 나는 마치 물체의 운동 및 그밖의 양태가 사물로부터 구별되듯이 그러한 두 가지의 능력이 나로부터 구별되는 것을 깨닫기 때문이다.

그리고 또 나는 다른 어떤 유의 능력까지도 나의 속에서 인정한다. 예를 들면 장소를 바꾸는 능력이라든가 여러 가지의 자세를 취하는 능력, 그밖에 이와 유사한 것들이다. 그러나 이러한 능력도 지금 말한 상상이나 감각의 능력과 마찬가지로 그것이 내재하는 어떠한 실체 없이는 존재할 수가 없다. 그런데 만일 이러한 능력이 존재한다면 물질적인 실체, 즉 연장을 갖는 실체에 내재해야 할 것이며, 오성적인 실체에 내재해야 할 것이 아님은 명백하다. 왜냐하면 그러한 능력의 명백한 개념 속에는 확실히 일종의 연장이 포함되어 있지만, 오성 작용은 전혀 포함되어 있지 않기 때문이다.

그런데 지금 내 속에는 확실히 어떤 유의 수동적인 능력이 있다. 즉 감각하는 능력, 좀더 자세히 말하면 감각적 사물의 관념을 수용하며 인식한다는 수동적인 능력인 것이다. 그러나 이 능력을 내가 사용할 수 있는 것은, 그러한 관념을 산출 혹은 실현하는 어떤 유의 능동적인 능력이 나의 내부나 혹은 다른 것의 내부에 존재할 경우로 한정될 것이다. 그러나 그러한 능동적인 능력은 명백히 나 자신 속에는 있을 수 없다. 왜냐하면 그 능력은 어떠한 오성 작용도 전혀 예상하지 않으며, 또한 감각적 사물의 관념은 내가 협력하지 않아도 오히려 자주 나의 뜻에 어긋나면서까지 생겨나는 것이기 때문이다.

따라서 그 능동적인 능력은 무언가 나와는 다른 실체 속에 있다고 하지 않을 수 없다. 더구나 이 실체 속에는 (이미 위에서 주의해 두었던 것처럼) 그 능력에 의해 생겨나는 관념 속에서 표현적으로 존재하는 모든 실재성이 형상적으로 혹은 우승적으로 내재하는 것이 아니면 안 된다. 그러므로 이 실체는 물체, 즉 물체적 본성—이것에는 관념 속에 표현적으로 존재하는 일체의 것이 형상적으로 포함되어 있다—이거나 신이거나 물체보다도 훨씬 고귀한 어떤 피조물—이것에는 우승적으로 포함되어 있다—이거나 어느 한쪽이 아니면 안 된다.

그러나 신은 결코 기만자는 아닌만큼 신이 자기 자신에 의해 그러한 관념을 나에게 직접 심어 주는 것도, 간접으로—그러한 관념의 표현적 실재성이 현상적으로서가 아니고, 단지 우승적으로 포함되어 있는 듯한 어떤 피조물을 통해—심어 주는 것도 아니라는 것은 참으로 명백하다. 왜냐하면 신은 나에게 그와 같은 일 (감각적 사물의 관념이 신 혹은 천사에서 비롯된다는 것)을 아는 능력을 전혀 부여해 주고 있지 않으며, 오히려 그러한 관념이 물체적 사물에서 비롯된다고 믿는 큰 경향을 주고 있으므로, 만일 그러한 관념이 물체적 사물과는 다른 것으로부터 비롯되었다고 하면, 어째서 신은 기만자가 아니라고 생각할 수 있는지 나로서는 알 수가 없기 때문이다.—그러므로 물체적 사물은 존재하는 것이라고 말해야만 하는 것이다.

하지만 아마도 그러한 물체적 사물의 전부는, 내가 감각으로 파악한 대로의 것으로서 존재하지는 않을 것이다. 왜냐하면 이러한 감각에 의한 파악은 많은 점에서 극히 불명료하고 혼란되어 있기 때문이다. 그러나 적어도 내가 그것들 속에서 명백히 이해하는 사항은 모두, 즉 일반적으로 말해 순수 수학의 대상 중에서 파악되는 사항은 모두 그것들 속에 그대로 있는 것이다.

그런데 이밖의 상황이라고 하면, 예를 들어 태양은 이러한 크기, 이러한 모양의 것이라는 등 단지 개별적인 사항이라든가, 혹은 빛·소리·고통 등과 같이 그다지 명백하게는 이해되지 않는 것이라든가 그 어느 한쪽이다. 그리하여 이러한 사항은 매우 의심스럽고 불확실함에도 불구하고 신은 기만자는 아니라는 것, 그러므로 내 의견 중에서 무엇인가 허위가 존재한다면 반드시 또 그것을 정정해야 할 그 어떤 능력이 신에 의해 내 속에 주어져 있으리라는 것, 이와 같은 것을 생각하여 나는 그러한 사항에 있어서도 진리에 도달할 수 있다는 확실한 희망을 품을 수가 있는 것이다.

사실 자연이 나에게 가르쳐 주는 사항은 모두 어느 정도의 진리를 가지고 있다는 것은 의심할 여지가 없는 것이다. 왜냐하면 내가 지금 일반적인 의미로서 자연이라고 함은 신 그 자체, 혹은 신에 의해 정해진 피조물 상호간의 질서이며, 또한 개별적으로 내가 자연이라고 함은 신에 의해 나에게 부여된 모든 것의 복합체이기 때문이다.

그런데 이와 같은 자연이 나에게 무엇보다도 명백히 가르쳐 주는 바는, 내가 신체를 갖고 있고 이 신체는 내가 아픔을 느낄 때는 상태가 나쁘고 내가 굶주림이나 갈증으로 괴로워할 때는 음식물이나 음료를 필요로 한다는 등의 일이다. 따라서 이와 같은 가르침 속에 얼마쯤의 진리가 있음을 나는 의심해서는 안 되는 것이다.

자연은 또 그러한 아픔, 굶주림, 갈증 등등의 감각에 의해 내가 자기의 신체에 단지 뱃사람이 배에 타고 있는 듯한 상태로 깃들이고 있을 뿐만이 아니라 내가 이 신체와 극히 밀접하게 결부되어 신체와 어떤 일체를 이루고 있다는 것까지도 가르치는 것이다. 왜냐하면 만일 이렇게 되어 있지 않다면, 사유하는 것인 나는 신체가 상처를 입었을 경우에도 그로 말미암아 고통을 느끼는 일은 없고 마치 배의 어딘가가 부서졌을 경우에 뱃사람이 시각에 의해 이것을 지각하듯이 순수 오성에 의해 그 상처를 지각할 뿐일 것이고, 또한 신체가 음식물이나 음료를 필요로 할 때라도 나는 이 점을 분명히 이해할 뿐 굶주림이라든가 갈증 등과 같은 혼란된 감각을 갖는 일은 없을 것이기 때문이다. 실상 이러한 굶주림, 갈증, 아픔 등과 같은 감각은 정신이 신체와 합일되고 복합되어 있는 일로부터 생기는 어떤 혼란된 의식의 양태일 따름인 것이다.

그리고 나는 또한 나의 신체 주위에 다른 갖가지의 물체가 존재하고 있고, 그 중의 어떤 것은 내가 추구해야 할 것이며, 어떤 것은 피해야 할 것이라는 점도 자연에 의해 가르쳐지는 것이다. 그리하여 확실히 내가 참으로 다종다양한 색깔·소리·향기·맛·열·강도(强度) 및 그밖의 감각하는 일로부터 나는 이러한 온갖 감각이 찾아오는 근본인 물체 속에는 아마도 이러한 지각과 유사하지는 않더라도 대응은 하고 있는 어떤 다양성이 존재한다고 정당하게 결론짓는 것이다. 그리고 그러한 지각 속의 어떤 것은 나에게 있어 상쾌하고 어떤 것은 불쾌하다는 것으로부터, 나의 신체—혹은 오히려 신체와 정신으로 합성되어 있는 한에 있어서의 나의 전체—는 나를 둘러싸고 있는 물체에 의해 여러 가지 방식으로, 유익한 혹은 유해한 영향을 받을 수 있다는 것은 확실하다.

그렇지만 이밖에 자연에 의해 가르쳐진 것처럼 생각되고는 있지만, 실제로는 자연으로부터 받았던 것이 아니라 경솔히 판단을 내리는 습성이라는 것으로부터 받아들인 데 지나지 않는 사항, 따라서 잘못되어 있는 경우가 대부분인 사항이 많이 있다. 즉 나의 감각에 자극을 주는 것이 전혀 발견되지 않는 공간은 모두 공허하다든가, 예를 들어 뜨거운 물체 속에는 내 속에 있는 열의 관념과 흡사한 무엇인가가 있다든가, 흰 물체 혹은 검은 물체 속에는 내가 감각하는 대로의 흰 성질 혹은 검은 성질이 있다든가, 쓴 물체 혹은 달콤한 물체 속에는 그러한 맛이 있다고 생각하는 것들이 그러하다. 또한 별이나 탑이나 그밖의 무엇이든 간에 멀리 있는 물체가 나의 눈에 보이는 대로의 크기나 모양을 갖는다고 생각하는 것이 역시 그러한 것이다.

그러나 이 점에 관한 모든 것을 충분하고 명확하게 파악하기 위해서는 내가 '나는 어떤 일을 자연에 의해 가르침받는다.'고 할 때, 본디 이 말이 어떠한 것을 의미하는지를 좀더 엄밀히 정의하지 않으면 안 된다. 즉 나는 여기서 자연이라는 단어를 신에 의해 나에게 부여된 모든 것의 복합체라는 의미보다도 더욱 좁은 의미로 해석하고 있는 것이다. 왜냐하면 첫째, 이 복합체에는 단지 정신에만 속하는 많은 사항, 이를테면 일단 발생한 일은 발생하지 않았던 일로는 결코 되지 않는다고 파악하는 것이라든가 그밖에 자연의 빛에 의해 알려지는 모든 사항이 포함되지만, 여기에서는 이와 같은 사항을 문제로 삼고 있는 것은 아니며, 둘째로 그 복합체에는 단지 물체에만 관련되는 많은 사항, 이를테면 물체가 아래로 향하는 일이라든가 그밖에 이와 유사한 사항도 포함되지만, 이러한 사항 역시 지금 문제로 삼고 있는 것은 아니고, 나는 다만 정신과 신체와의 합성체로서의 나에게 신에 의해 부여된 것만을 문제로 삼고 있기 때문이다.

따라서 이러한 의미에서의 자연은 고통의 감각을 가져다 주는 것을 피하고 쾌락의 감각을 가져다 주는 것을 구하도록 가르치기는 하지만, 이 자연이 아직도 우리들에게 이러한 감각의 지각으로부터 우리들 밖에 있는 사물에 관해 오성의 음미를 기다리지 않고 무언가를 결론지어도 좋다고 가르치는 일은 없을 것이다. 왜냐하면 그러한 사물에 관해 진실을 아는 것은 단지 정신에만 속하는 일이며, 합성체에는 속하고 있지 않다고 생각되기 때문이다.

이런 까닭으로, 비록 별이 작은 횃불의 불길만큼도 나의 눈을 자극하지는 않지만, 그렇다고 하여 별이 횃불보다 작다고 믿게 하는 실재적 혹은 적극적인 경향이 나의 내부에 있는 것은 아니다. 하지만 나는 어린 시절부터 아무런 근거도 없이 그렇게 판단해 왔던 것이다. 또 불에 다가가면 열을 느끼고 너무 가까이 다가가면 아픔조차 느끼지만, 불 속에는 그 열과 비슷한 것이라든지 나아가서는 그 고통과 비슷한 무언가가 있다고 믿게 하는 근거는 전혀 없으며, 다만 불 속에는 결국 어떠한 것이든 무엇인가 우리들 속에 열 혹은 고통의 감각을 낳게 한다고 믿게 하는 근거만이 있을 뿐인 것이다.

그리고 또 설사 어떤 공간 속에 감각을 자극하는 것이 아무것도 없다 해도 거기에 어떠한 물체도 없다고는 할 수 없는 것이다. 도리어 나는 이러한 사례에 있어서도 내가 자연의 질서를 전도(轉倒)함을 예사로 하고 있음을 알아차리는 것이다. 왜냐하면 감각의 지각이라는 것은 본디 정신을 그 일부분으로 하는 합성체에 있어, 무엇이 유익하고 무엇이 유해한가를 정신에 제시하기 위해서만 자연에 의해 주어지고 있는 것으로서 그 범위 내에서는 충분히 명백하지만, 나는 이 감각의 지각을 흡사 우리들 밖에 있는 물체의 본질이 무엇인지를 직접적으로 인식하기 위한 확실한 규칙인 것처럼 쓰고 있기 때문이다. 그러나 물체의 본질에 관해서는 감각의 지각은 매우 불명료하고 혼란된 것밖에 제시하지 않는 것이다.

그런데 신의 선성(善性)에도 불구하고 왜 나의 판단이 거짓인 경우가 발생하는지는 이미 앞에서 충분히 밝혀 두었다. 그렇지만 여기에 새로운 곤란이 나타난다. 그것은 자연이 나에게 추구해야 할 것 혹은 피해야 할 것으로서 제시하는 것 자체에 관해서이고, 또한 내부 감각에 관해서인데, 이것들에 있어 나는 오류를 발견한 듯이 생각된다.

즉 누군가가 어떤 음식물의 좋은 맛에 이끌려 그 속에 숨어 있는 독까지도 삼켜 버리는 경우가 그러하다. 그렇지만 이 경우에 자연이 나에게 요구한 것은 좋은 맛을 가진 음식물을 구하도록 한 것뿐이며, 독(이것을 그는 전혀 깨닫고 있지 않다)을 먹도록 요구하지는 않은 것이다. 그러므로 여기에서 내릴 수 있는 결론은 저 자연은 전지(全知)가 아니라는 것뿐이다. 그리고 이것은 전혀 놀랄 만한 일이 아닌 것이다. 왜냐하면 인간은 한정된 존재이므로 역시 한정된 완전성만이 인간에게 합당하기 때문이다.

그렇지만 자연에 의해 몰아세워진 일들에 있어서조차 우리들은 그르치는 일이 종종 있는 것이다. 이를테면 병에 걸린 사람들이 자기에게 해가 되리라는 것을 알면서도 먹거나 마시기를 원하는 경우가 그러하다. 혹은 이 경우, 그들이 그르치는 것은 그들의 자연이 부패되어 있기 때문이라고 누군가가 말할지도 모른다. 그러나 이렇게 말하는 것은 곤란을 제거하는 방법이 되지 못한다. 왜냐하면 병자도 건강한 사람도 신의 피조물이고, 따라서 병자가 신으로부터 속이는 자연을 부여받았다는 것은 건강한 사람이 그러하다는 것 이상으로 모순처럼 생각되기 때문이다.

그런데 톱니바퀴와 추로 구성되어 있는 시계는 설사 잘못되어 시간을 바르게 알리지 못할 경우라도, 온갖 점에서 만든 사람의 희망을 충족시키고 있는 경우 이상으로 엄밀히 자연의 모든 규칙을 쫓고 있는 것이다. 그것과 마찬가지로 인간의 신체에 관해서도, 그것을 내가 뼈 · 신경 · 근육 · 혈관 · 혈액 · 피부로써 구성되어 있는 일종의 기계—비록 그 속에 전혀 정신이 존재하지 않는다 해도 현실로 그 속에서 의지의 명령 없이, 따라서 정신의 활동 없이 일어나고 있는 운동을 모두 할 수 있도록 꾸며지고 조립되어 있는 기계—라고 생각한다면, 나는 다음과 같은 점을 쉽게 인정할 수가 있다.

즉 이 신체에 있어서는, 이를테면 수종(水腫)에 걸렸을 때 갈증 때문에 괴로워하고, 정신에게 그 갈증이라는 감각을 가져다 주고, 그리하여 이 갈증 때문에 목구멍의 신경이나 그밖의 부분이 촉진되어 음료를 취하게 되고, 이 때문에 병이 깊어진다는 것은, 그같은 결점이 전혀 없을 때 그것과 비슷한 갈증에 의해 자기에게 유익한 음료를 선택하도록 움직여지는 것과 마찬가지로 자연스러운 일이라는 것이다.

그러므로 시계에 부여된 용도를 생각해 볼 때, 시간을 제대로 알리지 않는 시계는 자기의 자연으로부터 빗나가고 있다고 할 수 있다. 또한 마찬가지로 인간의 신체라는 기계를, 통상 그 속에서 생기는 운동을 하도록 꾸며진 것으로서 고찰하는 한, 음료를 취함으로써 그것이 신체에 유익함을 주지 않을 경우에는 갈증을 느끼는 신체도 역시 자기의 자연으로부터 어긋나 있다고 생각해도 좋다. 그러나 나는 지금 여기서 말한 자연의 의미가 앞서 말한 자연의 의미와는 전적으로 다르다는 것을 재빨리 알아차리는 것이다.

이 경우의 자연이란 병든 사람을 건강한 사람의 관념에 비교하고, 잘못 만들어진 시계를 잘 만들어진 시계의 관념에 비교하는 나의 사유에 전적으로 의존하는 명명(命名)일 따름이고, 문제로 되어 있는 이 사물에 있어서는 외적인 명명일 따름이지만, 앞서 자연이라고 일컬어진 것(기계적 자연)은 실제로 사물 속에서 발견되는 어떤 물체이고, 따라서 일종의 진리를 갖는 물체인 것이다.

그렇지만 확실히 수종에 걸려 있는 신체에 관한 한 마실 것이 필요하지 않은데도 불구하고 갈증을 느낀다 하여 그 자연이 부패해 있다고 일컬어질 경우 그것은 외적인 명명에 불과하지만, 합성체에 관한 한, 즉 그와 같은 신체와 합일하고 있는 정신에 관한 한 마실 것이 자기에게 유해함에도 불구하고 갈증을 느낀다는 것은 단순한 명명이 아니라 자연의 진실한 오류인 것이다. 그러므로 여기에는, 무슨 이유로 신의 신성은 이와 같이 해석된 (인간의) 자연이 기만당하는 것을 방지하지 않는가에 대해 탐구하는 일이 여전히 남겨져 있는 것이다.

그런데 여기에 대한 탐구를 시작함에 있어 내가 최초로 깨닫는 것은, 정신과 신체 사이에 있어 신체는 그 본성상 항상 가분적이고, 정신은 이와는 반대로 전혀 불가분적이라는 점에서 큰 차이가 있다는 것이다.

실제 내가 정신을 고찰할 때, 바꾸어 말하면 단지 사유하는 존재인 나 자신을 고찰할 때, 나는 자기 속에서 어떠한 부분도 구별할 수가 없고 오히려 내가 참으로 단일한 전체임을 이해하는 것이다. 그리하여 정신 전체가 신체 전체와 합일하고 있는 것처럼 생각되기는 하지만, 그렇다고 하여 발이나 팔이나 또는 그밖에 신체의 어느 부분이 잘리더라도 그로 인해 정신으로부터 무엇인가가 제거되지는 않는다는 것을 나는 인정하는 것이다. 그리고 또 의지하는 능력, 감각하는 능력, 이해하는 능력 등 모든 능력이 정신의 부분이라고 할 수도 없다. 왜냐하면 의지하는 것도 감각하는 것도 이해하는 것도 동일한 하나의 정신이기 때문이다. 그런데 이것과는 반대로 물체적인 것, 즉 연장을 가진 것으로서 나의 사유에 따라 쉽사리 부분으로 분할될 수 없는 것은 하나도 없으며, 이 일에 의해 나는 그것이 가분적이라고 이해하는 것이다. 아무튼 이 일 하나만으로도 정신이 신체와는 전혀 다른 것임을 나에게 가르치기에 충분할 것이다(비록 내가 아직도 양자의 차이를 다른 곳에서 충분히 배우지는 못했다 하더라도).

다음으로 내가 깨닫는 일은, 정신은 신체의 모든 부분에 의해 직접적으로 작용하는 것이 아니고 오로지 뇌에 의해서만, 혹은 아마도 뇌의 극히 작은 일부분— 그곳에 공통 감각이 깃들인다고 일컬어지고 있는 부분—에 의해서만 직접적으로 작용한다는 점이다. 이 부분은 같은 상태에 놓일 때마다 비록 신체의 나머지 부분이 그 사이에 각종 다른 상태에 있다 하더라도 정신에게 언제라도 같은 것을 제시하는 것이다. 이것은 무수한 경험에 의해 증명되지만, 여기서 일일이 열거할 필요는 없을 것이다.

그 이외에도 내가 깨닫는 것은, 물체의 본성으로 볼 때 물체의 한 부분이 그것으로부터 다소 떨어져 있는 부분에 의해 움직일 수 있다면, 그 부분은 반드시 그것으로부터 다소 떨어진 부분이 전혀 작용하지 않아도 중간에 있는 어느 부분에 의해 마찬가지로 움직일 것이라는 점이다. 즉 이를테면 팽팽하게 당긴 한 가닥의 끈 ABCD에 있어 최초의 부분 A는 마지막 부분 D를 당기면 움직이지만, 중간의 부분 B 혹은 C를 마지막의 부분 D를 그대로 둔 채 잡아당겨도 마찬가지로 움직이는 것이다.

내가 발에 통증을 느끼는 경우에도 마찬가지로 자연학이 나에게 가르친 바에 의하면, 그 감각은 발에 분포되어 있는 신경에 의해 생기는 것이다. 즉 이 신경은 발에서부터 뇌에까지 끈처럼 뻗쳐 있고, 발에 있는 신경들이 당겨지면 뇌의 가장 안쪽 부분(신경은 여기까지 닿아 있다)까지도 당기면서 이 부분 속에 일종의 운동을 불러일으키는데, 이 운동이 통증은 발에 있다는 것을 정신으로 하여금 느끼도록 자연에 의해 꾸며져 있다. 그러나 그 신경은 발에서 뇌까지 도달하기 위해서는 다리·허리·등·목을 통과해야 하는 까닭에, 그 신경 가운데 발에 있는 부분이 건드려지지 않고 중간에 있는 어느 부분이 건드려지기만 해도 발에 상처를 입었을 경우에 생기는 것과 마찬가지의 운동이 뇌 속에 생기며, 그 결과 정신은 발에 상처를 입었을 때와 같은 아픔을 느끼게 되는 일도 이따금 생기는 것이다. 그리고 다른 어떠한 감각에 관해서도 이와 마찬가지로 생각하지 않으면 안 된다.

마지막으로 내가 깨닫는 일은, 정신에 직접적으로 작용하는 뇌의 그 부분에 생기는 모든 운동은 각각 어떤 하나의 감각만을 정신에 가져다 준다는 것이다. 그러므로 이와 같은 사정하에서는 저마다의 운동이 가져다 주는 감각이, 그 운동에 의해 초래될 수 있는 감각 중 건전한 인간 보전에 가장 합당한 것이고, 또한 가장 많이 도움이 된다는 것 이상으로 생각할 수는 없는 것이다. 그런데 자연에 의해 우리들에게 베풀어진 감각이 모두 그와 같은 것임은 경험이 증명하는 바이다. 따라서 감각 중에는 신의 힘과 선성을 증명하지 않는 것은 전혀 발견되지 않는 것이다. 이와 같은 까닭이므로, 이를테면 발에 있는 신경이 강렬하게 또한 예사롭지 않은 방식으로 움직일 때는, 그 신경의 운동은 척추를 지나 뇌의 가장 깊은 부분에까지 다다르고, 그곳에서 정신에게 어떤 것을, 즉 발에 있는 것과 같은 아픔을 감각하게 하며, 이 감각에 의해 정신은 그 아픔의 원인을 발에 해로운 것으로서 가능한 한 제거하도록 촉진하는 것이다.

하기야 인간의 본성은, 신에 의해 뇌에 있어서의 이 같은 운동이 무언가 다른 것을 정신에 제시하는 듯한 식으로 구성되는 것도 가능했을 것이다. 이를테면 그 운동이 뇌 속에 있는 한에서 이 운동 자체를 감각하게 한다든가, 발에 있는 한에서 감각하게 한다든가, 어딘가 뇌의 중간에 있는 한에서 감각하게 하는 식으로 말이다. 그러나 이러한 것 가운데 그 어느 것도 앞의 것(발에 느껴지는 아픔)만큼은 신체의 보존에 도움이 되지는 않았을 것이다.

마찬가지로 우리들이 마실 것을 필요로 할 때는 목구멍이 메마르게 되고 목구멍의 신경이 움직이며, 이 신경을 통하여 뇌의 깊은 부분까지도 움직인다. 그리고 이 운동이 정신으로 하여금 갈증을 느끼도록 하는 것이다. 이러한 사태에 있어 우리들이 마실 것을 필요로 하고 있음을 아는 일만큼 건강의 보존을 위해 우리들에게 유익한 일은 없으며, 다른 경우에도 마찬가지이다.

아무튼 이상으로 풀이한 바에 의해 신의 광대한 신성에도 불구하고 정신과 신체와의 합성체로서의 인간의 본성이 이따금 기만당할 수밖에 없다는 것은 명백하다.

그것은 만일 어떤 원인으로 발에 상처를 입었을 경우 대체로 발생하는 것과 전적으로 같은 운동이 발이 아니라 발에서부터 뇌까지 확산되어 있는 신경의 중간쯤 어느 부분에서 혹은 뇌 자체에서 발생하는 것이라면, 아픔은 마치 발에 있는 것처럼 느껴지고 감각은 자연적으로 기만당하게 되기 때문이다. 왜냐하면 뇌에 있어서의 이같은 운동은 어떤 경우에도 같은 감각만을 정신에 가져다 줄 수 있고, 또한 이 운동은 발에 상처를 입히는 원인에 의해 생기는 경우가 다른 부분에 존재하는 원인에 의해 생기는 경우보다도 훨씬 많은 것이 보통이므로, 이 운동이 언제나 정신에게 다른 부분의 아픔보다는 오히려 발의 아픔을 제시한다는 것은 이치에 맞는 일이기 때문이다.

또한 목구멍의 메마름이 통례대로 신체의 건강에 마실 것이 도움이 된다는 일로부터 발생하는 것이 아니라, 수종 환자에게서 볼 수 있듯이 어떤 반대의 원인으로부터 발생하는 경우가 때로는 있다 해도, 이와 같은 이례(異例)의 경우에 속이는 편이 반대로 신체의 상태가 건전할 때 항상 속이기보다는 훨씬 나은 것이며, 그밖의 경우에도 사정은 마찬가지이다.

아무튼 이상과 같은 고찰은 단지 나의 본성이 빠지기 쉬운 모든 오류를 깨닫는 데 도움이 될 뿐만 아니라, 나아가서는 그러한 오류를 쉽게 바로잡거나 피하기 위해서도 크게 도움이 되는 것이다. 즉 나는 모든 감각이 신체의 보전에 관한 사항에 있어서는 거짓을 나타내는 경우보다도 진실을 나타내는 경우가 훨씬 많음을 명백히 알고 있고, 또한 동일한 것을 음미하기 위해서 거의 줄곧 이러한 감각의 부분을 사용할 수가 있으며, 나아가서는 현재를 과거와 결부시키는 기억력을 사용하는 일과, 이미 온갖 오류의 원인을 규명한 오성을 사용하는 일도 할 수가 있으므로, 이후로 나는 내 감각에 매일 제시되는 것이 거짓은 아닐까 하여 걱정할 필요는 없는 것이다. 오히려 근래 며칠 동안의 지나친 회의도 우스꽝스러운 것으로 일축해 버려야만 하는 것이다.

특히 수면에 관한 지극히 일반적인 회의가 그러하다. 앞서 나는 각성을 수면으로부터 분리하지 않았지만, 지금은 이 두 가지 사이에 존재하는 극히 큰 차이를 인정하기 때문이다. 즉 꿈은 각성시에 나타나는 사항과는 달라서 생애의 다른 모든 활동과 기억에 의해 결부되는 일이 결코 없다. 만일 누군가가 내가 깨어 있는 동안에 흡사 꿈속에서처럼 갑자기 모습을 나타냈다가 곧 사라져 어디서 왔는지 또 어디로 갔는지 알 수 없다면, 그 사람을 정말로 인간이라고 판단하기보다도 유령이나 나의 뇌 속에서 형성된 환상이라고 판단하는 것은 결코 부당하지 않다.

그렇지만 그것이 어디에서 왔는가, 어디에 있는가, 언제 왔는지 내가 인정하는 사물, 그 지각을 아무런 단절도 없이 나머지의 전생애에 결부시킬 수 있는 사물이 나타날 경우에도 그러한 사물은 수면 중에 나타나는 것이 아니라 깨어 있을 때 나타나는 것임을 나는 확신하는 것이다. 또한 그것들을 음미하기 위해 모든 감각·기억·오성을 동원해 본 다음, 이것들의 어느 것에 의해서도 다른 것과 모순되는 것이 무엇 하나 나에게 알려지지 않는다면, 나는 그러한 사물의 진리성에 관해 조금도 의심해선 안 되는 것이다. 왜냐하면 신은 기만자는 아니라는 점에서, 그와 같은 사항에 있어 나는 전혀 그르치지 않는다고 결론을 내릴 수가 있기 때문이다.

그렇지만 실생활의 필요는 유예를 허락지 않고 언제라도 이 정도의 엄밀한 음미를 행하는 것은 아닌 까닭에, 우리들은 인간의 생활이 개개의 사물에 관한 한 자주 잘못을 범하기 쉬움을 고백해야만 하며, 결국 우리들의 본성의 약함을 인정해야만 하는 것이다.

세계론

제1장

우리들의 모든 감각과 그 모든 감각을 낳는 사물과의 차이에 대해

나는 이제부터 빛에 관해 논하고자 하는데, 우선 여러분들에게 주의를 부탁하고 싶은 것이 있다. 그것은 우리들이 빛에 관해 갖고 있는 감각상(感覺像), 다시 말하면 눈을 매개로 하여 우리들이 빛에 관해 상상하며 형성하고 있는 관념과 이 감각상을 우리들 속에서 만들어 내는 대상 자체에 있는 바의 것, 즉 불길이나 태양 속에 있어 빛이라는 이름으로 불리고 있는 것과의 사이에는 차이가 있을 수 있다는 것이다.

왜냐하면 우리들이 생각할 경우에 갖는 관념은 그러한 관념의 근원이 되는 대상과 서로 매우 유사한 것이라고 모든 사람들이 일반적으로 믿고 있는데, 그러나 나는 이 점이 진실임을 우리들에게 확신시키는 이유를 결국 하나도 찾아내지 못하며, 뿐만 아니라 나는 많은 점에서 이 일을 의심하지 않을 수 없음을 깨닫기 때문이다.

잘 알려져 있는 바와 같이 말이라는 것은 그것이 표시하는 사물과 아무런 유사성도 갖지 않음에도 불구하고 우리들로 하여금 이러한 사물을 떠올리게 하는 것이고, 더구나 그때 우리들은 말의 발음이나 철자에 주의를 기울이는 일조차 하지 않는 게 보통이다.

그러므로 어떤 하나의 이야기를 듣고 그 이야기의 의미를 충분히 파악했는데도 불구하고 어떠한 언어로써 그것이 이야기되었는지 나중에는 알 수 없게 되는 경우도 생길 수 있다.

그런데 만일 말이라는 것, 즉 인간의 결정에 의한 것 이외에는 아무런 의미도 갖지 못한 것이, 그것과 아무런 유사성도 갖지 못한 사물을 떠올리는 데 충분하다면, 자연 또한 어떤 신호를 마련하고 있고, 이 신호 자체는 우리들이 빛에 관해 갖는 감각과 닮은 것을 전혀 갖지 않더라도 빛의 감각을 우리들로 하여금 갖도록 하는 일이 어째서 불가능하다는 것일까. 사실 또 자연이 웃음이나 눈물을 가지고 있는 이유는, 기쁨이나 슬픔을 사람의 얼굴 표정에서 읽을 수 있도록 하기 위해서가 아닐까.

그러나 아마도 여러분들은 이렇게 이야기할지도 모른다. 즉 귀는 말의 음만을 우리들에게 느끼게 할 뿐이고, 눈은 웃거나 울고 있는 사람의 표정을 우리들로 하여금 보게 할 뿐으로서, 이러한 말이나 표정이 의미하는 바를 기억 속에 고정시켜 두고 그것을 귀나 눈의 감각과 동시에 우리들에게 제시하는 것은 우리들의 정신이라고.

나는 여기에 대해 이렇게 대답해도 좋을 것이다. 즉 빛을 표시하는 활동이 우리들의 눈에 닿을 때마다 빛의 관념을 우리들에게 제시하는 것도 역시 우리들의 정신이라고. 그러나 나는 논의하는 데 시간을 낭비하기보다는 실례를 하나 더 들어 보기로 하자.

말의 의미에 주의를 기울이지 않고 그 소리만을 듣고 있을 경우라도 이 소리의 관념, 즉 우리들이 생각할 때 이 소리에 대해 형성되는 관념은, 이 관념의 원인인 대상과 어느 정도 닮고 있다고 여러분들은 생각하는가. 사람이 입을 벌리고 혀를 움직이고 숨을 내쉰다고 하는 활동 속에서는, 이러한 활동이 원인이 되어 우리들로 하여금 상상하도록 하는 소리에 대한 관념과 전혀 다른 것밖에 나는 발견하지 못하는 것이다.

그리하여 또한 대개의 철학자[1]들이 주장하는 바에 따르면, 소리라는 것은 우리들의 귀를 때리기 위해 오는 공기의 어떤 진동일 따름이다. 그러므로 청각이 만일 그 대상의 실제 모습을 우리들의 생각에 가져오고 있다면, 청각은 우리들로 하여금 소리를 떠올리게 하는 것이 아니고, 그때 귀에 진동하는 공기의 모든 입자의 운동을 떠올리게 하는 것이 아니면 안 될 것이다.

그러나 철학자들이 하는 말을 반드시 모든 사람이 믿는다고는 정해진 것이 아니므로, 나는 또 다른 보기를 하나 들어 보자.

촉각은 우리들의 감각 중 속이는 일이 가장 적고 가장 확실한 것이라고 사람들은 평가한다. 그러므로 만일 촉각마저도 촉각을 생겨나게 하는 이 대상과 아무리 보아도 닮지 않은 수많은 관념을 우리들에게 떠올리게 하는 것임을 내가 제시해 보이고, 시각도 촉각과 같은 일을 할 수 있다고 말해도 이것을 여러분들이 기묘한 일로서 여기지 않을 것으로 나는 생각한다.

그런데 간지러움이나 아픔과 같은 갖가지의 관념, 즉 밖으로부터 우리들에게 닿고 있는 물체가 있을 경우에 우리들의 생각 속에서 형성되는 각종 관념은, 그것들 이외의 물체와는 아무런 유사성도 없다는 것을 모르는 사람은 없는 것이다.

한 개의 깃털을 잠자고 있는 어린아이의 입술 위로 살며시 미끄러뜨리면, 그 어린아이는 누군가가 간지럽히고 있다고 느낀다. 그런데 이 어린아이가 품는 간지럼의 관념은, 깃털 속에 있는 어떤 것과 닮았다고 여러분들은 생각할 수 있을까.

어떤 병사가 전쟁터에서 돌아온다고 가정하자. 격투와 흥분이 한창인 동안은 그는 부상을 당했어도 그것을 깨닫지 못했을지도 모르지만, 냉정해지기 시작한 지금 그는 아픔을 느끼고 상처를 입은 것이라고 믿어 버린다. 그리하여 그는 외과

---

1 데카르트가 철학자라고 할 때는 스콜라 철학자를 말한다.

의사를 불러 군복을 벗고 진단을 받는다. 그 결과 그가 감각하고 있었던 것이 갑옷 아래 접혀 들어가 그를 압박하고, 상태를 악화시키던 것이 하나의 죔쇠 또는 띠끈이었을 뿐이라는 사실이 밝혀진다. 만일 그의 촉각이 이 띠끈의 감각을 그에게 주어, 그 띠끈의 이미지를 그의 생각에 각인시켰다면, 그가 느낀 것이 무엇인지 알아보기 위해 별도로 외과의사가 필요하지는 않았을 것이다.

아무튼 나의 견해로는, 빛에 관한 감각을 우리들 쪽으로 보내는 모든 대상 속에 있는 것과 빛의 이 감각과의 유사성은, 깃털이나 띠끈의 활동 및 간지럼이나 아픔과의 유사성보다는 클 것이라고 우리들로 하여금 믿게 할 만한 이유는 하나도 없는 것이다.

그렇지만 내가 이러한 각 예를 인용했던 것은, 대상 속에 있는 이 빛이 우리들의 눈 속에 있는 빛과는 다르다는 것을 여러분들로 하여금 절대적으로 믿도록 하기 위해서가 아니고, 다만 여러분들이 빛에 관해 의문을 일으키도록, 그리하여 또 여러분들이 반대의 선입관을 품게 되는 것을 막고, 여러분들이 이제부터 나와 더불어 사태의 진상을 보다 잘 검토할 수 있도록 하기 위해서였던 것이다.

제2장

불의 열과 빛은 무엇인가

나는 그곳에서 빛이 발견될 수 있는 물체를, 세계 속에서 두 종류밖에 알지 못한다. 즉 모든 천체와 불길 또는 불이다. 그러나 모든 천체는 불길에 비하여 인간의 상상으로부터 훨씬 먼 곳에 있으므로, 나는 우선 불길에 관해 내가 깨달은 바를 설명하도록 힘쓰고자 한다.

불길이 목재 또는 이와 비슷한 다른 물질을 태울 때, 이 목재의 부분이기도 한 온갖 입자를 움직여 서로 분리시킨 다음 그 속에서 미세한 쪽의 온갖 입자를 불이나 증기나 연기로 바꾸고, 거친 쪽의 온갖 입자를 재로 남겨 두는 것을 우리들은 눈으로 확인할 수가 있다. 만일 원한다면 이 목재 속에서 불의 (실체적) '형상'과 열의 (실재적) '성질' 및 목재를 연소하는 '활동'을 각각 전혀 상반되는 사항으로서 상상해도 좋다. 하나하나로서는 불타고 있는 목재에 반드시 있을 것이라고 내가 생각하는 것 이외의 무엇인가를 그곳에서 가정하면 잘못을 범하는 것이 아닐까 하여 두려워한다.

그러므로 나는 연소하고 있는 목재로서는 그 목재의 부분을 이루는 온갖 입자가 운동하고 있다고 생각하는 것으로만 해 두는 것이다. 왜냐하면 목재에 불을 붙이고 열을 가하여 연소시켰다 해도, 그 위에 다시 가정을 덧붙여 목재의 온갖 입자 가운데에는 움직인 것이나 이웃하고 있던 온갖 입자로부터 분리되어 버린 것이 있다고 하지 않는다면, 나는 그 목재가 어떠한 변경 또는 변화를 받았다고는 아무래도 생각할 수 없기 때문이다.

그리하여 반대로 연소하고 있는 목재로부터 불이나 열을 제거하여 불타지 않도록 했다고 하자. 그런데도 목재의 온갖 부분 중 보다 미세한 것을 강제적으로 움직이고, 이러한 미세한 온갖 작은 부분을 보다 거친 것으로부터 분리하는 어떤 힘이 존재한다는 것에만 동의해 준다면, 이 일만으로도 목재가 연소하는 경우에 경험되는 것과 같은 변화를 모두 목재에서 생기게 할 수 있음을 나는 간파하는 것이다.

그런데 하나의 물체가 다른 물체를 움직일 수 있다고 생각하는 것은 움직이게 하는 물체 자신 역시 움직이고 있다고 하지 않는다면 불가능한 것처럼 여겨지므로, 이 일로부터 나는 다음과 같이 결론짓는다. 목재에 작용하는 불길의 물체는 서로간에 독자적으로 매우 신속하고 격렬한 운동을 하는 미립자로 구성되어 있으며, 이러한 미립자는 이와 같은 식으로 움직이는 것에 의해 그것에 접촉하는 물체의 온갖 부분 중 그다지 저항하지 않는 모든 부분을 스스로와 더불어 밀어 움직이는 것이라고. 불길의 온갖 입자는 상호간에 독립하여 운동하고 있는 것이라고 나는 말한다. 왜냐하면 그러한 온갖 입자는 곧잘 많은 것이 일체가 되고 일치 협력하여 하나의 결과를 생겨나게 하는 것이기는 하지만, 우리들이 보는 바 결국 그 온갖 입자의 각각은 접촉하는 물체에 개별적으로 작용하는 것이기 때문이다.

나는 또 그러한 온갖 입자 운동은 매우 신속하고 매우 격렬하다고도 말한다. 왜냐하면 그러한 온갖 입자는 몹시 작고 우리들의 시각으로는 식별할 수 없을 정도이므로, 이러한 온갖 입자가 그 크기에 있어 결여되는 바를 그 운동의 신속함이 보충하지 않는다면, 불길의 온갖 입자는 다른 물체에 대해 작용하는 힘을 실제 갖고 있을 만큼은 가질 수 없게 될 것이기 때문이다.

나는 이러한 온갖 입자의 하나하나가 어느 방향으로 움직이는가에 관해서는 무

엇 하나 덧붙이지 않는다. 왜냐하면 운동의 능력과 운동이 어느 방향으로 일어나
야만 하는가를 결정하는 능력과는 상호간에 전혀 상반되는 것이고, 또한 그 한쪽
은 다른 쪽 없이도 존재할 수 있는(내가 '굴절광학'에서 설명했던 것처럼) 것임을 염
두에 둔다면 이하의 일은 여러분들로서도 쉽게 추측할 수 있을 것이기 때문이다.
즉 그러한 온갖 입자 하나하나는 그것들을 에워싸고 있는 모든 물체의 배치로 보
아 이 입자에 있어 가장 무리 없는 방식으로 운동하는 것이고, 또한 같은 불길 속
에서라도 상승하는 입자도 하강하는 입자도 있을 수 있고, 또 직선운동을 하는 입
자도 곡선운동을 하는 입자도 있을 수 있으며, 그리고 또 온갖 방향으로 운동하는
입자도 있을 수 있지만, 이것은 불길의 본성을 조금도 바꿀 수는 없는 것이라고.

따라서 만일 불길의 온갖 입자의 대부분이 위쪽으로 향하는 것을 볼 수 있다
해도, 여기에 대해 다음과 같은 것 외에 또다른 이유가 있다고 생각할 필요는 없
다. 즉 다른 모든 방향에 관해 거의 언제나, 이러한 불길의 입자가 닿고 있는 모
든 물체가 이러한 온갖 입자에 보다 큰 저항을 일으키도록 배치되어 있기 때문인
것이다.

그러나 불길의 모든 입자가 이와 같은 식으로 움직인다는 것을 인정하고, 또한
불길이 목재를 불태우고 연소하는 능력을 갖는 이유가 무엇인가를 이해하기 위해
서는 불길의 온갖 입자의 운동을 떠올리는 것만으로도 충분하다고 인정한 이상,
불길이 우리들을 따뜻하게 해 주고 우리들에게 밝음을 주는 것이 어떻게 가능한
지를 이해시키는 데도 충분한지 어떤지 조사해 보자. 왜냐하면 만일 그렇다면 불
길에 무언가 다른 (실재적) 성질이 있을 필요도 없고, 우리들은 또 위에서 기술한
운동만이 있는 것으로서, 그것을 낳은 각종 결과에 따라 어느 때는 열이라고, 어
느 때는 빛이라고 불리고 있는 것이라고 할 수도 있기 때문이다.

그런데 열에 관해서 말한다면, 우리들이 그것에 대해 갖고 있는 감각은, 나의
견해로는 그것이 격렬할 때는 일종의 고통으로 여겨지고 온화할 때는 간지럼으로

해석되는 일도 있다. 그리하여 이미 말한 바와 같이 우리들의 생각 이외에는 간지럼이나 아픔에 관해 우리들이 떠올리고 있는 온갖 관념과 닮은 것은 하나도 없는 것이다. 그것과 마찬가지로, 또한 우리들은 열에 관해 우리들이 떠올리는 관념과 닮은 것은 하나도 없다고 충분히 믿을 수 있는 것이다.

오히려 우리들은 손의 작은 부분이라든가, 또는 그밖에 어떠한 곳이든 우리들의 신체 가운데 어느 작은 부분을 여러 가지 방식으로 움직일 수 있는 부분은 모두 우리들에게 이 감각을 불러일으킬 수 있다고 믿어도 좋을 것이다.

비슷한 많은 경험이 이 의견을 뒷받침한다. 왜냐하면 단지 손을 비벼대는 것만으로 손이 따뜻해지고, 또한 다른 모든 물체도 움직이든가 진동시키든가 하여 그 물체의 부분을 이루고 있는 다수의 미립자가 운동하며, 그러한 미립자가 손의 미립자의 운동을 동반할 수 있도록 하기만 하면 불 가까이에 두지 않아도 가열될 수 있는 것이다.

빛에 관해서도 역시 불길 속에 있는 것과 똑같은 종류의 운동이 우리들에게 충분히 빛을 감각시키는 거라고 생각할 수 있는 것이다. 그러나 내가 기도한 바의 핵심은 바로 빛에 있는 만큼, 나는 나의 논의를 좀더 근본적인 곳으로 거슬러올라가 다시 시작하고 그것을 충분히 설명하고 싶다.

제3장

견고함 및 유동성(流動性)에 대해

이 세상에는 쉴새없이 계속되고 있는 갖가지 운동이 무한히 있다. 며칠이나 몇 달, 혹은 몇 년이나 걸리는 상당히 긴 운동을 관찰한 후에 나는 다음과 같은 인식에 도달했던 것이다. 즉 지구의 수증기는 구름 쪽으로 상승하고 또 그곳으로부터 하강하는 운동을 쉴새없이 계속하고 있으며, 공기는 바람에 의해 항상 움직여지고 바다는 결코 정지하지 않으며, 샘이나 강은 결코 흐름을 멈추지 않고 가장 견고한 건물도 마침내는 붕괴하며, 식물이나 동물은 오로지 생성(生成)과 사멸(死滅)만을 거듭할 따름이라는 것이다.

결국 간단히 말하면 변화하지 않는 것은 하나도, 또 어디에도 존재하지 않는다. 이로써 내가 분명히 인식하는 것은, 불길 속에만 쉴새없이 운동하는 많은 미립자가 존재하는 것은 아니며, 다른 모든 물체에도 이와 같은 미립자가 존재한다—그렇지만 그 활동은 그다지 격렬하지 않을 수도 있고, 또한 그 입자는 작아서 우리들의 어느 감각에 의해서도 지각되지 않을 수도 있다—고 하는 것이다.

나는 그러한 여러 가지 미립자의 운동이 생기는 원인을 탐구하기 위해 멈추어 서지는 않는다. 왜냐하면 나에게 있어 그러한 미립자는 세계가 존재를 시작한 것과 동시에 운동을 시작한 것이라고 생각하면 충분하기 때문이다. 그와 같은 식으로 생각해도 무방하다면, 내가 추론에 의해 발견하는 바로는 그러한 운동이 언젠가는 정지되는 일도, 또 그러한 운동의 주체가 바뀌는 이외의 변화를 하는 일도 불가능한 것이다. 즉 어떤 하나의 물체 속에 있는, 스스로 운동하는 힘 또는 능력은 그 전체 또는 부분이 다른 물체로 옮겨 감으로써 마침내 최초의 물체 속에서는 이미 찾아볼 수 없게 되는 일은 확실히 가능하지만, 세계 속의 어디에도 존재하지 않게 되는 일은 불가능하다는 것이다.

이러한 일에 관한 나의 추론은 나를 충분히 만족시키고 있다고 해도 좋다. 그러나 아직 그 추론을 여러분들에게 말할 단계는 아니다. 그러므로 그 사이, 만일 대다수의 학자가 그러하듯이 상상하는 것이 좋다고 생각하면, 여러분들은 생각할 수 없을 정도의 속도로 세계의 둘레를 회전하고 있는 제1동자(動者)가 존재하고, 이 제1동자가 세계 안에서 벌어지는 다른 모든 운동의 시원(始原)이라고 상상해도 좋은 것이다.

아무튼 이와 같은 생각에 의해 이 세계에서 벌어지는 모든 변화의 원인 및 지상의 온갖 다양한 현상의 원인을 설명하는 방법이 얻어지는 것인데, 그러나 여기에서는 내가 화제로 삼고 있는 문제에 소용되는 사항만을 이야기하는 데 그치기로 한다.

고체(固體)와 유동체(流動體)의 차이라는 것에 먼저 주의해 주기를 바란다. 이로 인해 또 어떠한 물체도 극도로 작은 온갖 부분에 이르기까지 나눌 수 있다고 생각해 주기 바란다. 나는 이 분할된 온갖 부분의 수가 무한한지 그렇지 않은지를 결정하고 싶은 마음이 전혀 없다. 그러나 적어도 그 수가 우리들의 인식에 있어서는 무제한이라는 것과, 우리들의 눈에 의해 지각될 수 있는 것 중에서 가장 작은 모래알 속에서조차도 몇 백만의 작은 부분이 있다고 확실히 가정할 수 있다.

또한 주의할 것은, 이리하여 나누어진 두 개의 미립자가 서로 멀어지는 활동을 하지 않고 맞닿아 있을 경우에는, 이러한 두 개를 분리시키는 데 있어 약간일지는 모르지만, 어쨌든 일종의 힘이 필요하다는 점이다. 왜냐하면 이러한 미립자는 일단 이와 같은 식으로 놓여지든가 하면, 다른 병렬법(竝列法)을 취하는 등의 자발적인 행동을 하는 일은 결코 없기 때문이다. 또한 주의할 것은 이러한 두 개의 미립자를 분리시키는 데는 하나를 분리시킬 때보다 두 배의 힘이 필요하고, 천 개를 분리시키는 데는 천 배의 힘이 필요하다는 점이다. 따라서 만일 몇 백만의 미립자를 분리시킬 필요가 있을 경우에는—단 한 올의 머리카락을 뽑아내는 데도 아마 이와 같은 식으로 몇 백만의 미립자를 단번에 분리시킬 필요가 있을 것이다—그렇게 느껴질 만큼의 힘이 필요하다 해도 결코 이상한 일은 아닌 것이다.

이와 반대로 이러한 미립자의 두 개 또는 그 이상의 것이 다만 지나는 길에 서로 접촉하고, 더구나 그것이 현실로 활동하고 있어 각각 다른 방향으로 운동하고 있을 경우에는, 그러한 미립자를 분리시키는 데 필요한 힘은 그러한 미립자가 전혀 (상대적으로) 운동하고 있지 않다고 가정할 경우보다도 작으리라는 것은 확실하다. 또한 만일 그러한 미립자의 스스로 분리하는 운동이, 우리들이 그러한 미립자를 분리시키고자 생각하는 운동과 똑같거나 또는 좀더 클 경우에는 미립자를 분리시키는 힘은 전혀 필요 없는 것이 되리라는 것도 확실하다.

그런데 고체와 유동체와의 상위에 관해서는, 유동체의 모든 부분은 고체의 모든 부분보다도 훨씬 쉽게 전체로부터 분리될 수 있다는 사실 이외에는 나는 아무것도 찾아내지 못한다. 그러므로 상상할 수 있는 한의 가장 단단한 물체를 구성하는 데는, 그것의 부분을 이루고 있는 온갖 입자의 어느 두 개를 들더라도 그 사이에 공간이 남지 않도록 상호간에 접촉하고 있으며, 또한 그러한 온갖 입자의 어느 것을 들어도(다른 입자에 대해 상대적인) 운동을 일으키는 활동을 현실로 갖고 있지 않다면 그것으로써 충분하다고 나는 생각한다. 왜냐하면 이러한 것 이외에 어떤 입자를 다른 입자에 보다 잘 붙여 놓는 어떠한 접착제 또는 석회를 상상할 수는 없기 때문이다.

나는 또 존재할 수 있는 한의 가장 유동적인 물체를 구성하려면, 그 유동체의 모든 미립자는 최소이고, 각각의 미립자는 가장 다양한 운동을 하며, 더구나 가능한 한 최대의 속도로 움직이게 하는 것만으로도 충분하다고 생각한다. 그렇지만 이 일에 덧붙여, 그러한 미립자는 역시 상호간에 온갖 각도로부터 접촉할 수 있는 것이고, 또한 운동을 하고 있지 않을 경우와 마찬가지로 역시 좁은 공간에 수용되고 있는 것이 아니면 안 된다고 생각하는 것이다.

결국 온갖 물체는 그 구성 입자 상호간에 멀어지려 하는 활동의 다소에 따라 이 위에서 기술한 양극단에 많든 적든 다가가는 것이라고 나는 믿는다. 그리하여 또한 나의 눈이 닿는 한의 모든 경험은 나의 이 의견을 증명하고 있다.

불길에 관한 한 나는 이미 각각의 입자는 쉴새없이 활동하고 있는 것이라고 말했는데, 불길은 그 자체가 유동적일 뿐만 아니라 다른 대부분의 물체를 유동적으로 만드는 것이다. 또한 주의할 일은, 불길이 금속을 녹일 경우, 목재를 연소시킬 경우와 다른 능력을 갖고서 활동하는 것은 아니라는 점이다. 그러나 금속 입자는 모두가 거의 같은 것이므로, 불길은 금속 입자의 하나를 움직여 그밖의 것을 움직이지 않도록 하는 일은 할 수 없는 것이며, 이리하여 불길은 그와 같은 입자로 완전히 유동적인 물체를 구성하는 것이다. 이에 반해 나무의 각 입자는 불규칙이므로 불길은 그 속으로부터 가장 작은 온갖 입자를 분리시켜 유동체로 변화시킨다. 즉 그러한 온갖 입자를 연기로 날려 보내는데, 큰 쪽의 온갖 입자는 이와 같은 식으로는 작용하지 않는다.

불길 다음으로 공기만큼 유동적인 것은 없다. 우리들은 공기의 입자가 상호간에 각각 떨어져 움직이고 있는 것을 눈으로 확인할 수 있다. 왜냐하면 일반적으로 티끌이라 불리는 작은 물체, 즉 태양광선 속에 나타나는 저 작은 물체를 유심히 살펴본다면, 티끌에 작용하는 바람이 전혀 없을 때조차 그 티끌이 수천 가지의 다른 방식으로 이리저리 쉴새없이 날아다니고 있음을 여러분들은 보게 될 것이다. 비슷한 일은 보다 거친 모든 유동체에 있어서도 역시 경험될 수 있다. 그러자면 갖가지 색깔의 유동체를 상호 혼합시켜 유동체의 운동을 잘 규명하면 좋은 것이다. 그리하여 마지막으로 유동체가 운동하는 것은 여러 가지의 강산(强酸)이 어떤 금속의 모든 부분을 움직이든가 분리시키든가 할 때 뚜렷하게 나타난다.

하지만 여기서 여러분들은 나에게 묻게 되리라. 만일 불길이 연소작용을 하는 것을 가능하게 하고, 또한 불길을 유동적으로 하고 있는 것은 불길의 각 입자의 운동뿐이라면, 공기의 각 입자의 운동도 공기를 극히 유동적인 것으로 하고 있는 데도 불구하고 불길에 주고 있는 것과 마찬가지의 연소 능력을 공기에 주지 않는 이유는 무엇이며, 뿐만 아니라 우리들의 손이 공기를 거의 느낄 수 없는 이유는 무엇인가라고.

이것에 대해 나는, 운동의 속도에 주목하는 것만으로는 불충분하며, 따라서 입자의 크기에도 주의를 기울여야 하고, 또한 보다 유동적인 물체를 형성하는 입자는 보다 미세한 것이지만, 연소하거나 혹은 일반적으로 말하여 다른 물체에 작용하는 힘을 보다 많이 갖고 있는 것은 보다 거친 입자라고 대답한다.

또 한 가지 주의해 두고 싶은 일은, 내가 여기서 단일한 입자라고 해석하고, 앞으로도 언제나 그렇게 해석할 것은 하나로 결합되어 있고, 또한 분산의 활동을 현실로는 전혀 하고 있지 않는 모든 것이라는 점이다. 그렇지만 조금이라도 크기를 갖는 것은 보다 작은 것으로 쉽게 분할될 수 있는 것이다. 이리하여 한 알의 모래, 하나의 돌이나 바위, 또한 지구 전체까지도 앞으로는 우리들이 전적으로 단일하고 한결같은 운동만을 고찰하고 있는 한 한 개의 입자라고 해석될 수 있을 것이다.

그런데 공기의 온갖 입자를 상호 비교했을 경우 다른 것에 비해 매우 큰 것, 이를테면 공기 중에서 볼 수 있는 티끌과 같은 것이 있다 해도 이것들은 또 매우 천천히 움직이는 것이고, 따라서 만일 보다 빠르게 움직이는 공기의 입자가 존재한다 해도 그것들은 또 그만큼 보다 작은 것인 것이다. 그러나 불길의 입자 가운데는 공기 중에 있는 온갖 입자보다도 더욱 작은 것이 있을 수 있는데, 공기의 입자보다도 큰 것 역시 존재하든가, 혹은 적어도 공기의 입자 중 최대의 크기를 갖는 것에 있어서는 똑같지만, 그것보다도 훨씬 빨리 움직이는 입자가 (공기의 경우보다) 좀더 많이 존재하는 것이다. 그러므로 연소하는 능력을 갖고 있는 것은 이러한 최후의 것뿐인 것이다.

불길 속에는 공기의 입자보다 작은 입자도 존재하리라는 것은, 그와 같은 모든 입자는 몹시 협소하여 공기조차도 들어갈 수 없는 틈만을 갖고 있는 많은 물체에 침투하고 투과한다는 것으로써 추측될 수 있다. 불길의 입자 속에는 공기의 입자보다도 크거나 혹은 같은 정도의 크기의 것이 보다 많이 존재하리라는 것은, 공기만으로는 불길을 계속 지키기에는 부족하다는 사실로써 뚜렷이 알 수 있다. 불길의 입자의 움직임이 보다 민첩하고 재빠르다는 것은, 격렬한 불길의 입자 활동이 그것을 우리들에게 충분히 증명하고 있다.

또한 마지막으로 연소하는 능력을 갖고 있는 것은 이러한 입자 가운데 최대의 크기를 갖는 입자일 뿐이라고 하는 것은, 증류주(蒸溜酒)나 그밖에 매우 미세한 물체로부터 생기는 불길은 거의 연소하지 않는 데 반하여 단단하고 무거운 물체로부터 생기는 불길은 매우 격렬하다는 점으로써 알 수 있는 것이다.

제4장

공허에 대해, 또한 우리들의 감각이 어떤 물체는 지각하지 않는 이유는 무엇인가에 대해

그러나 개개의 일에 좀더 파고들어, 공기는 다른 것과 마찬가지로 하나의 물체임에도 불구하고 어째서 다른 것과 마찬가지로 감각되지 않는가에 대해 고찰할 필요가 있다. 그리하여 이 일에 의해 우리들은 어린 시절 이래 우리들 모두의 선입관으로 굳어져 버린 어떤 하나의 오류로부터 벗어날 수 있는 것이다.

우리들은 어린 시절에 우리 주위에 감각되고 있는 것 이외의 물체는 하나도 존재하지 않는다고 믿었고, 또한 마찬가지로 공기라는 것은 어느 정도는 감각될 수 있는 것이므로, 하나의 물체이기는 하지만 적어도 그것 이상으로 잘 감각되는 것만큼은 실질적이지도 견고하지도 않다고 믿게 된 이후로, 하나의 오류를 선입관으로 갖고 있는 것이다.

이러한 일에 관해 나는 여러분들에게 먼저 다음과 같은 일에 주의하도록 바라는 바이다. 즉 물체라는 것은 고체이든 유동체이든 같은 물질로 되어 있다는 것과, 또한 이 물질의 입자가 물체를 구성할 경우 그 물체의 입자마다 입자를 에워싸는 다른 온갖 입자에 의해 여러 각도로부터 접촉되고 있을 때 형성되고 있는 물체만큼 견고하고, 또한 작은 공간을 차지하는 물체를 입자가 구성하고 있음을 상기하는 것은 불가능하다는 것이다. 그러므로 이 점으로부터 내릴 수 있는 결론은 공허가 어딘가에 존재할 수 있다면, 생각건대 그것은 유동체가 아닌 고체 속일 것이라는 점이다.

왜냐하면 유동체의 입자는 운동하고 있는 것이므로 다른 운동하고 있지 않는 입자의 경우보다도 훨씬 쉽게 상호간에 밀어대면서 뭉치고 상호간에 서로 조정하는 것이 명백하기 때문이다. 예를 들어 분말을 어떤 항아리에 넣을 때 그 속에 분말을 좀더 넣고자 여러분들은 그 항아리를 흔든다든가 두드린다든가 하겠지만, 만일 여러분들이 항아리 속에 어떠한 액체를 넣는다면 그 액체는 즉시 그 이상으로 작게 하는 것은 불가능할 정도의 좁은 장소에 절로 수용되어 버릴 것이다.

마찬가지로 만일 또 여러분들이 이 문제에 관해 철학자들이 자연 속에 공허가 전혀 없다는 것을 제시하는 경우에 보편적으로 사용하는 경험의 어떤 것을 고찰한다면, 모든 사람들이 공허라 생각하고 우리들도 공기밖에 느끼지 않는 장소의 전부가 우리들이 다른 물체를 느끼는 장소와 적어도 같은 정도로, 또한 같은 물질로써 채워져 있음을 여러분들은 쉽게 인식할 수 있을 것이다.

그런데 자연은 어떤 기계의 경우에 우리들이 경험하듯이, 물체의 모든 부분의 어떤 것이 상호간에 접촉을 하지 않게 된다든가 혹은 다른 물체에 접하지 않게 된다는가 하는 상태라면 오히려 무거운 물체를 상승시키고 단단한 물체를 부수지만, 공기의 입자와 같이 아주 쉽게 여러 방향으로 구부러지고 어떻게라도 배열되는 입자가 주위의 입자와 여러 각도로부터 접촉하고 있지는 않다든가, 또는 입자가 접촉하는 물체가 없다든가 하는 상태로 되어 있음을 묵인한다고 하는 데에 어떠한 확실성이 있는지를 나로서는 알 수가 없는 것이다. 또한 우물이 그 본질과는 어긋나게 위쪽으로 솟아오르는 이유는 펌프의 관을 채우기 위해서일 뿐이라고 믿고 있는데도 불구하고, 다른 한편 구름 속의 물은 구름 아래의 공간 중에 존재하는 물체의 입자 사이에 공허가 조금이라도 있으면 그 공간을 채우기 위해 낙하하지 않는 것이라고 생각하는 일이 도대체 가능한 것일까.

그러나 여러분들은 여기서 나에게 한 가지 곤란한 질문을 제기할지도 모른다. 그것은 상당히 중대한 질문이다. 즉 유동체를 구성하는 입자가 내가 말하듯이 쉴 새없이 움직이기 위해서는, 생각건대 그러한 입자 상호간에 또는 최소한 입자가 움직임에 따라 물러나는 장소에 공허한 공간이 발견되어야만 하지 않겠는가 하는 것이 그 질문이다.

이와 같은 질문에 답변하는 것은, 만일 내가 다양한 경험을 통하여 우주에서 일어나는 모든 운동은 어떠한 방식에 의한 환상 임을 인정해 두지 않았더라면 곤란했을 것이다. 즉 하나의 물체는 자기가 지금 차지하고 있는 장소를 떠날 때, 다른 어떤 물체가 차지하고 있었던 장소에 언제나 들어가는 것이다. 그리고 이 후자는 또한 다른 것이 차지하고 있었던 장소를 차지하고, 그 다음에도 계속하여 최후의 물체, 즉 최초의 물체가 남긴 장소를 그 순간에 차지하는 물체에까지 미치는 것이다.

이리하여 이러한 물체 상호간에는 그것들이 정지하고 있을 때도, 운동하고 있을 때도 이미 공허는 발견되지 않기에 이른다. 여기서 또 주의를 당부하고 싶은 것은, 이렇게 말했다고 해서 일률적으로 움직이고 있는 물체의 모든 입자가 실제로 원처럼 정확히 둥글게 배치되어 있을 필요도, 그러한 입자가 모두 같은 크기와 모양을 갖고 있을 필요도 전혀 없다는 것이다. 왜냐하면 이와 같은 불평등은 다른 불평등, 즉 속도에서 발견되는 불평등으로 간단히 보상될 수 있기 때문이다.

아무튼 우리들은 물체가 공기 속을 운동하고 있을 때는 보통 이와 같은 환상의 운동이라는 것을 깨닫지 못하는 것이다. 왜냐하면 우리들은 공기를 공허한 것으로서밖에 떠올리지 않는 데 익숙해져 있기 때문이다. 그러나 물고기가 연못 속을 헤엄쳐 다니는 것을 보면 알 수 있듯이, 물고기는 수면에 너무 접근하지 않는 한 물 속을 대단히 빠른 속도로 이동해도 수면을 전혀 동요시키지 않는다.

따라서 물고기는 연못의 물을 무차별로 밀고 있는 것이 아니라 물고기의 운동을 위한 순환을 만들어 내고, 또한 물고기가 떠난 장소에 들어오는 데 가장 쓸모가 있는 물만을 밀고 있는 것이다. 그리하여 이 경험은 이러한 환상의 운동이 자연에서는 얼마나 쉽게 일어날 수 있으며, 또한 흔해빠진 것인가를 충분히 나타내고 있다.

그러나 나는 또 하나 다른 경험을 들고자 하는데, 그것은 환상이 아닌 운동은 하나도 일어나지 않음을 제시하기 위해서이다. 통에 들어 있는 포도주가 통의 위쪽이 완전히 닫혀 있어서 통의 아래쪽에 붙어 있는 구멍으로부터 흘러나오지 않을 경우에 사람들은 흔히 이와 같은 일이 생기는 것은 공허에 대한 공포 때문이라고 말하는데, 이것은 부적당한 표현법이다. 이 술이 어떠한 사물을 두려워할 정신을 갖지 않음은 누구나가 알고 있는 사실인 것이다. 또한 설사 술이 정신을 갖고 있다 해도, 어떠한 이유로 술이 이렇듯 공허를 두려워하는 것인지를 나로서는 알 수 없다. 공허는 실상 하나의 망상에 지나지 않는다.

그러므로 오히려 이렇게 말해야 할 것이다. 술이 이 통에서 나올 수 없는 것은, 통의 외부는 적정 한도까지 가득 채워져 있기 때문이고, 또한 술은 만일 흘러 떨어진다고 하면 공기가 그때까지 차지하고 있었던 장소를 차지할 테지만, 그 (술이 차지한 부분의) 공기는 우주의 어디에도 달리 정착할 곳을 찾아내지 못하기—우리들이 통 위에 구멍 하나 뚫고 공기가 이 구멍을 지나는 원호(圓弧)를 따라 자기를 위해 비워 둔 장소까지 올라갈 수 있도록 해 주지 않는다면—때문이라고(통 윗부분의 구멍으로부터 공기가 들어감에 따라 술은 흘러나온다).

그렇지만 나는 여기서 자연 속에는 공허라는 것이 전혀 없음은 확실하다고 주장하려는 것이 아니다. 왜냐하면 만일 공허에 관해 설명하고자 시도한다면 나의 논의가 너무나 길어지지 않을까 우려하기 때문이다. 게다가 내가 이야기한 여러 경험은 나의 논의를 증명하기에는 불충분하지만, 우리들이 아무것도 느끼지 않는 모든 공간이 동일한 물질로 채워지고, 또한 우리들이 감각할 수 있는 물체가 차지하고 있는 공간과 적어도 같은 정도의 물질을 함유하고 있음을 납득시키기에는 충분할 것이다. 이리하여 예컨대 하나의 항아리가 금 또는 납으로 채워져 있어도, 그럼에도 불구하고 그 항아리가 공허하다고 우리들이 생각할 때보다도 많은 물질을 함유한다고는 말하지 않는 것이다.

이와 같은 일은 이성이 손가락 끝을 넘는 곳에는 미치지 않고, 세계에는 자기들이 만지고 있는 것 이외에는 아무것도 존재하지 않는다고 생각하는 사람으로서는 참으로 기묘하게 생각될지도 모른다. 그러나 만일 여러분들이 여러분들로 하여금 물체를 감각하게 하든가, 혹은 감각하지 못하게 하든가 하는 것이 무엇인가를 조금 고찰했다면, 이상과 같은 이야기만으로는 믿기 어려운 일은 아무것도 발견하지 못했으리라고 나는 확신하고 있다. 왜냐하면 여러분들은 다음과 같은 일을 명료하게 인식하고 있을 것이기 때문이다. 즉 우리들의 신체 주위에 있는 모든 사물이 감각될 수 있는 것은 아니고, 오히려 우리들의 신체 주위의 가장 흔해빠진 것이야말로 가장 감각되는 일이 적은 것이며, 우리들의 신체 주위에 항상 존재하고 있는 것은 결코 감각되지 않는 것이다.

우리들의 심장의 열은 매우 큰 것이지만, 우리들은 그 열을 느끼지 못한다. 왜냐하면 그 열이 일상에 있는 것이기 때문이다. 우리들의 체중은 가볍지가 않지만, 그 체중도 우리들에게 무겁고 답답한 느낌을 불러일으키게 하지는 않는다. 우리들은 옷의 무게조차 느끼지 않는데, 그것은 우리들이 옷을 입고 있는 데 익숙해져 있기 때문이다. 그러므로 이러한 것의 이유는 충분히 명백하다. 즉 우리들이 어떤 물체를 감각할 수 있는 것은, 그 물체가 우리들의 감각기관 속에서 생기는 일종의 변화의 원인이기 때문이라는 것, 말하자면 그 물체가 우리들의 감각기관을 구성하고 있는 물질의 미립자를 어떠한 방식으로 움직이기 때문이라는 것은 확실한 것이다.

평소에 나타나 있지 않은 대상은, 단지 충분한 힘만 갖고 있다면 이와 같은 식의 변화를 우리들의 감각기관에 일으킬 수 있다. 왜냐하면 대상이 작용하고 있는 사이에 우리들의 감각기관의 어떤 것을 손상시켰다 해도, 나중에 대상이 작용하지 않게 되었을 때는 손상된 부분을 자연이 회복시킬 수 있기 때문이다. 그러나 우리들에게 쉴새없이 접촉하고 있는 대상이 우리들의 감각기관에 어떠한 변화를 낳게 하든가, 또한 감각기관의 어떤 물질의 입자를 움직이든가 하는 능력을 전에는 갖고 있었다 해도, 그 대상은 감각의 입자를 내내 움직였던 결과 우리들이 태어나 얼마 되지 않았을 때 이미 우리들의 감각기관의 이 입자를 다른 모든 입자로부터 완전히 분리시켜 버렸을 것이 틀림없다. 따라서 그와 같은 대상이 그대로 남길 수 있었던 입자는 대상의 활동에 대해 완강히 저항한 입자뿐이고, 이와 같은 입자를 통해서는 대상이 어떤 모양으로도 감각되지 않는 것이다.

이것으로 미루어 볼 때, 다음과 같은 일은 놀랄 것도 아님을 알 수 있다. 즉 우리들의 주위에는 많은 공간이 있고, 그 공간에서 우리들은 물체를 하나도 감각하지 못하지만, 그같은 공간은 우리들이 매우 많은 물체를 감각하는 공간보다도 적은 물체를 함유하고 있는 것이다.

그렇지만 우리들이 호흡할 때 폐 속으로 빨아들이는 이 거친 공기, 즉 활동을 주면 바람으로 바뀌고 구(球)에 갇혔을 경우에는 단단한 것으로 생각되며, 발산하는 것과 증발하는 것에 의해서만 구성되어 있는 공기도 역시 물이나 대지와 같을 만큼 견고한 것이라고 생각할 필요는 없다. 이 일에 있어서 공기는 (물이나 대지보다도) 더욱 희박하다고 한결같이 주장하고 있는 철학자들의 의견에 쫓지 않으면 안 된다. 더구나 이 일은 경험에 의해 쉽게 확인할 수 있는 것이다. 그 이유는 한 방울의 물을 만드는 모든 입자는 열의 활동에 의해 서로간에 다른 것으로부터 분리되는 것이지만, 이 한 방울의 물은 그것이 물로서 차지하고 있었던 공간에는 넣을 수 없을 만큼 많은 공기를 구성할 수 있기 때문이다.

이것으로부터 명백히 귀결되는 것은, 공기를 구성하고 있는 입자 사이에는 무수히 작은 틈이 존재한다는 것이다. 왜냐하면 희박한 물체는 이와 같은 방법으로밖에 떠올릴 수 없기 때문이다. 그러나 이와 같은 틈이 공허일 수 없다는 것은 내가 앞에서 말한 대로이므로, 이와 같은 모든 일로부터 나는 다음과 같이 결론짓는다. 즉 이 공기에는 필연적으로 하나 또는 그 이상의 어떤 다른 물체가 섞여 있고, 이러한 물체가 공기의 입자 사이에 남겨져 있는 작은 틈을 꼭 알맞은 한도까지 채우는 것이라고.

이제 남겨진 고찰은, 이러한 다른 물체란 대체 무엇인가 하는 것이다. 그것에 대한 고찰을 끝내면 이미 빛의 본성을 이해하는 것도 어렵지 않으리라고 나는 기대한다.

제5장

**공허에 대해, 또한 우리들의 감각이 어떤 물체는 지각
하지 않는 이유는 무엇인가에 대해**

철학자들이 주장하는 바에 의하면 구름 위에는 우리들 주변에 있는 공기보다도
좀더 미세한 어떤 유의 기체가 있는데, 그 기체는 공기처럼 지구의 증기로 되어
있는 것이 아니라 그것만으로 다른 원소(元素)를 이루고 있다는 것이다. 또한 철
학자들은 이 기체 위에는 다시 또 다른 보다 미세한 물체가 있는 것이며, 그것을
불의 원소라고 하기도 한다.

그들은 다시 이와 같이 덧붙이고 있다. 즉 하계의 물체가 구성될 경우에는 모두
이 두 가지의 원소가 물(의 원소) 및 땅(의 원소)과 혼합되어 있는 것이라고.

그러므로 내가 다음과 같이 말해도, 그것은 철학자들의 의견에 따를 뿐인 것이
다. 즉 공기보다 미세한 이 기(氣)의 원소와 불의 원소가 우리들이 호흡하는 공기
의 입자 사이에 있는 틈을 채우는 것이고, 따라서 이러한 모든 물체가 상호간에
뒤엉켜 구성하는 덩어리라는 것은, 물체라는 것이 어떤 경우에도 취할 수 있는 한
어떠한 단단함도 취할 수 있는 것이라고.

그러나 이 문제에 관해 나의 생각을 보다 잘 알 수 있도록, 또한 내가 철학자들
이 모든 원소에 관해 우리들에게 말하고 있는 것의 전부를 여러분들도 믿어 달라
고 요구하는 것이라고 생각하지 않도록, 나는 모든 원소를 내 나름대로 풀이해 보

이지 않으면 안 된다.

나는 제1의 것, 즉 우리들이 불의 원소라고 일컬을 수 있는 것을 세계 속에서 가장 미세하고 가장 투과력을 갖는 하나의 유체로서 떠올리고 있는 것이다. 또한 나는 유동적인 물체의 본성에 관해서는 위에서 말한 것을 쫓아, 그것의 입자는 다른 물체의 입자 중 어느 것보다도 작고, 또한 어느 것보다도 훨씬 빠르게 운동하는 것이라고 상상하는 것이다. 혹은 오히려 자연 속에서 어떠한 공허를 부득이 인정해 버리지 않도록 하기 위해, 나는 이 제1원소에는 무언가 정해진 형태나 크기를 갖는 입자는 하나도 속해 있지 않다는 것이다.

그렇지만 나 자신이 믿고 있는 바에 따르면 제1원소의 격렬한 운동은 제1원소에게 다른 물체와의 충돌에 의해 온갖 방식과 형태로 분할을 일으키는 데 충분하고, 또한 제1원소의 각 입자의 형태를 온갖 순간에 바꾸게 하며, 그 진입하는 장소의 형태와 적응시키는 데 충분하다. 그러므로 이 원소의 입자가 어떠한 어려움 없이는 투과하지 않는다든가, 가득 채우지 못한다든가 할 만큼 좁은 통로 혹은 작은 길도 다른 물체의 입자 사이에는 결코 없는 것이다.

제2원소에 관한 한 이것은 거의 원소라고 해석해도 좋을 것이다. 나는 이것을 또한 제3원소에 비교한다면 매우 미세한 하나의 유체로서 떠올리고 있는 것이다. 그러나 제2원소를 제1원소와 비교한다면, 제2원소의 각 입자에는 어떤 형태와 크기를 귀속시켜 마치 모래나 먼지의 입자처럼 거의 완전한 원에 가깝고, 또한 결합되어 있는 것이라고 상상할 필요가 있다. 그러므로 제2원소의 입자는 상호간에 그다지 잘 조절할 수도 없고, 서로 밀어대며 입자의 주위에 무수한 작은 틈을 결코 남기지 않도록 하는 것도 할 수 없는 것이다.

제1원소로서 이와 같은 작은 틈 속에 미끄러져 들어가는 것은, 제2원소의 입자가 이러한 틈을 채우기 위해 갑작스레 모양을 바꾸기보다도 훨씬 쉬운 것이다. 그러므로 내가 믿는 바에 의하면 이 제2원소는 세계 속 어디에 있어서나 그리 순수

할 수는 없으며, 제1원소의 물질을 항상 어느 정도 함유하고 있지 않을 수도 없는 것이다.

이들 두 개의 원소 외에는 제3의 것, 즉 땅의 원소만을 나는 인정한다. 이것에 관해 나는, 그 입자를 제2원소의 입자와 비교했을 경우에는 보다 작은 크기를 갖고 보다 느린 속도로 운동하는데, 이러한 비(比)는 제2원소의 입자를 제1원소의 입자에 비교했을 경우와 같은 것이라고 판단하는 것이다. 또한 나는 이것을 하나 또는 그 이상의 거칠고 묵직한 덩어리로서 떠올리고, 그 덩어리의 모든 부분은 상호의 위치를 바꾸는 운동성을 극히 조금, 또는 전혀 갖고 있지 않다고 믿는 것이다.

이러한 모든 원소를 설명하는 데 있어 내가 열·냉기·건조·습윤이라 불리는 온갖 성질을 하나도 사용하지 않고 철학자를 본받지 않음을 만일 여러분들이 이상하게 생각한다면, 나는 이렇게 말하고 싶다. 이러한 온갖 성질은 그것 자체가 설명을 필요로 하는 것처럼 생각되며, 또한 만일 내가 잘못되고 있지 않다면 이러한 네 개의 성질뿐 아니라 무생물이 갖고 있는 다른 모든 성질 및 형상마저도 그러한 무생물의 온갖 입자의 운동과 크기와 형태와 배열 이외에 어떠한 가정을 사용하지 않고서도 설명할 수 있는 것이라고.

그러므로 내가 위에서 말한 세 개의 원소 이외에는 어떠한 것도 인정하지 않는 이유를 여러분들은 쉽게 이해할 수 있을 것이다. 왜냐하면 원소와 그밖의 물체, 즉 철학자들이 혼합 물체이니 합성 물체이니 복합 물체이니 하고 부르는 물체와의 차이는, 혼합 물체의 상(相)은 항상 어떠한 상반되는, 또는 상쟁(相爭)하는 몇 가지의 성질을 포함하고 있거나 혹은 적어도 상호간에 다른 성질을 보존하는 경향을 전혀 갖지 않는 성질을 포함하고 있는 데 반하여 원소의 형상은 단순할 것이고, 원소의 온갖 성질은 모두 상호간에 잘 조화되어 있어 어느 것이나 다른 성질 모두를 보존하고자 하는 경향을 갖는다는 점에 있기 때문이다.

그런데 나는 이와 같은 형상을 이 세계 속에서는 위에서 말한 세 개밖에 찾아낼 수 없다. 왜냐하면 내가 제1원소에 귀속시킨 형상은 다음과 같기 때문이다. 즉 제1원소의 입자는 매우 빠르게 움직이고 또한 매우 작으므로, 이러한 입자를 저지할 수 있는 물체는 어디에도 없다는 것, 또한 그러한 입자는 정해진 크기도 형태도 위치도 필요로 하지 않는다. 제2원소의 형상은 이와 같다. 즉 제2원소의 입자는 중간 정도의 운동과 크기를 갖고 있으므로, 만일 세계 속에 그러한 입자의 운동을 증대시키고 입자의 크기를 감소시킬 수 있는 많은 원인이 발견된다 해도 그것과 전혀 상반되는 일을 일으킬 수 있는 다른 원인도 바로 같은 정도로 있다고 하는 것, 따라서 그러한 입자는 언제나 이같은 중용성(中庸性)을 유지하며 균형을 이루고 있다는 것이다. 그리고 제3원소의 형상은 이와 같다. 즉 제3원소의 입자는 매우 크거나 혹은 입자가 결합되어 있어 다른 물체의 운동에 언제나 저항하는 능력을 갖는다는 점이다.

　물질의 온갖 입자 하나하나의 갖가지 운동·형태·크기, 또는 입자의 갖가지 배열이 혼합 물체에 줄 수 있는 온갖 형상을 낱낱이 조사해 주기 바란다. 내가 확신하는 바로는 그와 같은 어떠한 형상을 들어 보아도 그 형상을 변화시키고, 또한 그 형상이 변화되어 가는 사이에 원소의 형상 중 어느 것인가에 환원시킬 수 있는 경향을 가진 성질을 그 자체에 포함하지 않는 형상은 하나도 없는 것이다.

　이를테면 불길이 그러하다. 불길의 형상이 요구하는 바는 그 입자가 매우 빠르게 움직인다는 것과, 위에서 말한 바와 같이 그 입자가 어느 정도의 크기를 갖고 있기 때문에 오랫동안 붕괴하지 않는 상태로 있을 수는 없다. 왜냐하면 입자가 크다는 사실이 그 입자 자신에게 다른 물체에 작용하는 힘을 줌으로써 입자가 크다고 하는 그 사실이 오히려 스스로의 운동에 감소 원인이 되든가, 또는 입자의 활동이 격렬하다는 것이 그 입자와 만나는 물체에 심하게 부딪치도록 하여 입자 자체를 파괴시킴으로써 오히려 입자 크기의 축소 원인이 되든가 어느 쪽이기 때문이다.

이리하여 불길의 입자는 조금씩 제3원소의 형상이나 제2원소의 형상, 그리고 어떤 것은 제1원소의 형상으로 환원될 것이다. 이상의 일을 통해서 여러분들은 이 불길, 즉 우리들 이전부터 있었던 불과 내가 말한 불의 원소와의 차이를 인식할 수 있을 것이다. 또한 여러분들은 다음과 같은 일도 알 수 있을 것이다. 즉 기의 원소와 땅의 원소, 바꾸어 말하면 제2원소와 제3원소는 우리들이 호흡하는 이 거친 공기나 우리들이 보행하는 이 대지와 조금도 닮지 않았다는 것과, 그리고 일반적으로 말해서 우리들의 주위에 현상(現象)하는 모든 물체는 혼합 또는 복합 물체이고, 붕괴를 면할 수 없다는 것이다.

그렇지만 모든 원소가 저마다 가게 될 장소, 즉 원소가 본성의 순수성을 항상 보존할 수 있는 장소를 스스로 세계의 안에 하나도 갖지 못하다고 생각할 필요는 없다. 뿐만 아니라 오히려 물질의 각 입자는 원소의 형상 몇 개로 환원되는 경향을 언제나 갖고 있으며, 또한 물질의 입자는 일단 원소의 형상으로 환원되어 버리면 결코 그 형상을 버리려고 하지 않는다. 그러므로 비록 신이 최초에 혼합 물체 밖에 창조하지 않았다 해도 세계가 존재하게 된 이후부터 지금에 이르는 동안 이와 같은 혼합 물체의 전부는 역시 본래 자기의 형상을 버리고 원소의 형상을 취할 만큼의 시간적 여유를 가졌을 것이다.

그러므로 우주 속에서도 두드러진 부분으로 간주할 수 있을 만큼의 크기를 갖고 있는 모든 물체가 저마다 어느 하나의 원소의 형상—참으로 단순한—밖에 갖지 않는다는 것, 그리고 혼합 물체는 이러한 큰 물체의 표면 이외의 어디에도 존재할 수 없다는 것은 지금으로서는 얼마든지 가능한 일이다. 더구나 커다란 물체의 표면에 혼합 물체가 존재하리라는 것은 명백한 사실이다. 왜냐하면 모든 원소는 매우 상반되는 본성을 갖고 있으므로 그것들 중 어느 두 개가 접촉하면 상호간에 다른 표면에 대해 작용하고, 그리하여 그곳에 존재하고 있는 물질에 이와 같은 식으로 혼합 물체의 형상을 여러 가지로 줄 수밖에 없게 되기 때문이다.

이상의 일에 관련되어, 만일 우리들이 우주를 구성하고 있는 모든 물체를 일반적으로 고찰한다면 물체 가운데 크다고 일컬어지고, 우주의 주요 부분으로 꼽힐 수 있는 것은 다음의 세 가지로 국한됨을 알게 될 것이다. 첫번째는 태양과 항성, 두 번째는 모든 천공, 세 번째는 지구 및 유성과 혜성이다. 그러므로 우리들은 태양과 항성이 참으로 순수한 제1원소의 형상 이외의 형상을 전혀 갖지 않고, 모든 천공은 제2원소의, 그리고 지구는 유성이나 혜성과 함께 제3원소의 형상을 갖지 않는다고 생각하는 커다란 이유를 갖는 것이다.

나는 유성과 혜성을 지구와 동등하게 취급한다. 왜냐하면 유성과 혜성은 지구와 마찬가지로 빛에 저항하고 광선을 반사하는 만큼, 그것들 사이에서 나는 어떠한 차이도 발견할 수 없기 때문이다. 나는 또 태양과 항성을 동등하게 취급하고, 지구의 본성과는 전혀 다른 본성을 그것들에 귀속시킨다. 왜냐하면 태양이나 항성이 갖고 있는 빛의 활동만으로도, 그러한 물체를 매우 미세하고 매우 활동적인 어떤 물질로 이루어져 있음을 인식하기에는 충분하기 때문이다.

모든 천공에 관해서는, 그것들은 우리들의 감각으로는 지각될 수 없는 것이므로 모든 천공에는 중간적인 본성, 즉 반짝이는 물체(우리들이 그 활동을 감각하는 것)와 단단하고 무거운 물체, 즉 우리들이 그 저항을 감각하는 것과의 중간적인 본성을 귀속시켜야 할 이유가 있다고 나는 생각한다.

마지막으로 우리들은 지구의 표면 이외의 어디에서도 혼합 물체를 전혀 지각하지 못하는 것이다. 그리하여 혼합 물체를 에워싸고 있는 모든 공간, 즉 위로는 가장 높은 구름으로부터 아래로는 인간의 탐욕이 쇠붙이를 끌어내고자 지금까지 판적이 있는 가장 깊은 갱도에 이르기까지의 공간도, 지구나 천공의 무한한 펼쳐짐에 비하면 지극히 작은 것임을 만일 우리들이 고찰한다면, 지표(地表)의 혼합 물체는 전체로서 보면 지구를 에워싼 천공의 물질 활동과 그 천공의 물질 혼입(混

入)에 의해 지구의 표면상에 형성된 하나의 피층(皮層) 같은 것에 지나지 않음을 우리들은 쉽게 상상할 수 있을 것이다.

이상의 기술을 통해 우리들은 다음과 같이 생각하는 이유를 갖게 될 것이다. 즉 우리들이 호흡하는 공기뿐 아니라 그밖에 가장 단단한 돌이나 가장 무거운 쇠붙이에 이르기까지 모든 복합 물체 속에조차도 기의 원소의 입자가 땅의 원소의 입자와 섞여 존재하며, 따라서 또한 불의 원소의 입자도—불의 원소의 입자는 기의 원소의 입자 사이에서 발견되는 것이므로—존재하는 것이라고.

그러나 이와 같은 모든 물체 속에 이러한 세 원소의 입자가 서로 혼합되어 있다 해도, 정확히 말하면 우리들이 신체 주변에서 볼 수 있는 모든 물체를 구성하고 있는 입자에는, 그 입자가 크다는 것 또는 그 입자가 지속적으로 운동하기는 어렵다는 이유로 말미암아 제3원소에 관계 지을 수밖에 없다는 데 주의하지 않으면 안 된다. 왜냐하면 다른 두 개의 원소의 입자는 매우 미세하여 우리들의 감각으로는 지각되지 않기 때문이다.

그러므로 물체는 모두 해면(海綿)과 같은 것으로서 표현할 수 있다. 해면 안에는 많은 틈이나 작은 구멍이 있고, 이러한 틈이나 구멍은 항상 공기나 물 혹은 다른 비슷한 액체로 채워져 있지만, 사람들은 이러한 액체가 해면의 구성에 참가하고 있는 것이라고는 생각하지 않는다.

지금까지는 나에게는 이것 외에도 아직 설명해야 할 사항이 많이 남아 있고, 또한 나의 의견에 좀더 확실성을 부여하기 위해서 몇 가지의 이유를 덧붙이는 것은 참으로 간단한 일이었다. 그러나 이 이야기가 길어져 여러분들에게 있어 너무 지루한 것이 되지 않도록 나는 우화(寓話)를 만들어 내어 이야기의 일부를 그 속에 포함시켰으면 한다.

나는 이 우화를 통해 진리가 충분히 나타나고, 또한 그 진리는 내가 그것을 참으로 명백히 해설할 경우와 마찬가지로 납득하기 쉬운 것이기를 소망한다.

제6장

새로운 세계의 기술(記述) ; 그 세계를 구성하는 물질의 제성질에 대해

그러므로 잠시 동안 여러분의 사상을 이 현실 세계의 밖에 내놓고, 전혀 새로운 세계를 보러 가게 해 주기 바란다. 이 새로운 세계를 나는 상상상(上)의 모든 공간에 생겨나도록 할 것이다. 철학자들은 이런 상상상의 공간은 무한이라고 말한다. 그러므로 참으로 이 점에서는 그들도 믿어야만 할 것이다. 왜냐하면 그러한 상상상의 무한의 공간을 만들어 낸 것은 그들 자신이기 때문이다.[1] 그러나 이 무한성이 우리들을 좌절시키거나 당혹시키지 않도록 우리들은 그 공간의 끝까지 가고자 애쓰지는 않을 것이다. 우리들이 전진하는 곳을 신이 창조한 이래 5000년 내지 6000년(당시의 상식에 의한 지구의 연령)이 지난 모든 피조물이 시계(視界)로부터 사라지는 곳까지로 한정하자. 그리하여 정해진 어떤 장소에 이르러 발을 멈춘 뒤, 다음과 같이 가정하자. 신은 우리들의 주위에 새로이 많은 물질을 창조하고 우리들의 상상력이 어디까지 어떤 식으로 확대되든 우리들은 공허한 장소를 이미 하나도 지각하지 않도록 하였다고.

---

1 데카르트의 빈정거림이다. 스콜라 철학에 의하면 실제의 세계는 유한이고, 무한 공간은 상상상(想像上)의 것이다.

바다는 무한은 아니지만, 대해(大海) 한복판의 배 위에 있는 사람은 시계를 무한이라고 여겨지기까지 넓힐 수 있다. 그런데도 역시 그 사람이 보고 있는 전면에는 여전히 물이 있는 것이다. 그러므로 우리들의 상상력은 무한히 확대될 수 있다고 생각되며, 또한 이 새로운 물질은 무한이라고 가정되어 있지는 않지만, 우리들은 그 물질을 우리들이 상상한 여러 가지의 공간보다도 훨씬 큰 공간을 채우고 있는 것이라고 가정해도 역시 상관없다.

그러나 이러한 모든 일 속에서 여러분들이 반론할 수 있는 점을 찾아내든가 하는 일이 일체 없도록 우리들 스스로의 상상력을 가능한 한도까지 확대시키도록 내맡기는 일은 허락하지 않도록 하자. 오히려 우리들은 의도적으로 어떤 한정된 공간 속에 상상력을 고정시켜 두자. 그리고 이 공간은, 예를 들어 지구로부터 '큰 하늘' [2]에 있는 주요한 별까지의 거리보다 크지 않아도 상관없다.

또한 우리들은 신이 창조한 물질은 온갖 방향에 걸쳐 한없이 멀리까지 확대되어 있다고 가정하자. 왜냐하면 그러는 편이 훨씬 사실에 가깝고, 게다가 우리들이 생각하는 활동에 한계를 정하는 편이 신의 사업에 한계를 정하는 것보다 훨씬 쉽기 때문이다.

어쨌든 우리들은 공상적으로 이 물질을 허구(虛構)하는 것이므로, 이 물질에 귀속시키는 본성에는 무엇이든 모두 가능한 최고의 완전성을 갖고 인식할 수 있다고 단언할 수 없는 것은 결코 포함시키지 않도록 하자. 그리고 이로 말미암아 우리들은 분명히 가정을 세워, 이 물질은 땅의 형상도 불의 형상도 기의 형상도 갖지 않고, 또한 그것 이외의 특수한 형상, 이를테면 나무·돌·금속의 형상도 전혀 갖지 않으며, 열·냉기·건조·습윤 등과, 가볍다거나 무겁다거나 하는 성질 및 맛·향기·소리·색깔·빛 등을 갖는다고 하는 성질 혹은 또 다른 비슷한 성질

---

2 중세 천문학에 있어서의 제8천(天), 즉 항성(恒星)을 말한다.

DE CIRCVLIS SPHÆRÆ.
CAP. III.

페토르스 아피아누스의 《우주지(宇宙誌)》(1524년)에 있는 천구도(天球圖). 월하계(月下界)는 중심으로부터 땅·물·기·불의 4원소가 계층을 이루고, 이러한 4원소의 상호 교환에 의해 생성·소멸의 세계가 형성되고 있다. 달로부터 위의 천계는 제5원소로 이루어지고, 생성·소멸은 없다고 생각되고 있었다. 달·수성·금성·태양·화성·목성·토성·황성천·수정천으로 이어지고, 그 바깥에 제1동자(動者)가 있는 제10천이 있으며 가장 바깥쪽에 신이 사는 곳, 즉 정화천(淨化天)이 있다. 이 그림을 236페이지의 두 그림 및 제2도(256페이지)와 비교하라. 이 중세의 천구 구상은 아리스토텔레스의 코스모스와 본질적으로 다를 것이 없다. 이 유한의 세계라고 하는 사고방식이 타파되기 위해서는 운동 개념의 변혁이 필요했다. 스콜라 철학이 실체·양·질·장소의 네 가지로 나누어 생각한 변화의 개념을, 데카르트는 장소적 운동의 개념만으로 설명하려고 한다(제7장). 이 때문에 자연법칙은 감각을 초월한 곳에서 구해지게 되고, 또한 등속원운동(等速圓運動)과 대체되어 수학적인 직선을 따르는 운동이 운동의 파라다임이 되었다(제7장). 데카르트의 운동개념과 입자설은 스콜라 철학에 있어서의 제5원소를 물질, 즉 연장이라는 생각으로 통일적 파악을 하는 것을 허용했을 뿐 아니라(제5장), 무한인 우주로의 통로를 열었던 것이다(제6장).

—그것의 본성 중에 모든 사람에 의해 명증적으로 반드시 인식된다고는 할 수 없는 무언가가 있다고 일컬어지는 물질—은 더더욱 갖고 있지 않은 것으로 하자.

그리고 또한 이 물질은 철학자들이 말하는 제1질료(質料), 즉 형상이나 성질이 완전히 드러나 명백히 이해될 수 있는 것은 이미 하나도 남지 않았다고는 생각하지 말기로 하자. 우리들은 오히려 이 물질을 어떤 참된 물체, 즉 참으로 견고하며 우리들이 지금 사색의 걸음을 멈추고 있는 이 대공간의 가로·세로·깊이의 전체에 걸쳐 모든 것을 똑같이 채우고 있는 물질이라고 생각하자. 그러므로 그 물질의 입자 하나하나는 항상 이 공간의 한 부분을 차지하지만, 입자가 차지하는 이 부분 공간은 입자의 크기에 비례하므로, 각 입자는 그것보다 큰 부분 공간을 채울 수도, 보다 작은 부분 공간으로 수축할 수도 없고, 또한 어떤 하나의 입자가 어떤 부분 공간에 머물러 있는 동안은 다른 어떤 입자가 그곳에 들어와 장소를 차지할 수도 없다.

위에 덧붙여, 이 물질은 우리들이 상상할 수 있는 한의 어떠한 모양으로도, 어떠한 부분으로도 분할될 수 있다고 하자. 그리고 또 그러한 부분의 각각은 어느 것이나 우리들이 떠올릴 수 있는 어떠한 운동에도 받아들일 수 있는 것이라고 하자. 또한 그 위에 실제로 신은 그 물질을 많은 부분으로 나누어 어떤 것은 보다 크게, 어떤 것은 작게 한 것이라고 가정하자. 우리들의 공상이 향하는 대로 어떤 것은 어떤 모양을 취하고, 다른 것은 다른 모양을 취해도 상관없다. 그렇다고 하여 신이 그러한 여러 부분을 상호간에 분리시켜 부분 사이에 무언가 공허가 있는 것처럼 했다는 것은 아니다. 우리들의 생각은, 오히려 신이 물질의 여러 부분에 준 구별은 오직 신이 그러한 부분에 준 운동의 다양성에 있다는 점이다.

신이 그러한 부분에 준 운동의 다양성이라는 것은, 즉 신은 그러한 부분에 창조의 첫 순간부터 갖가지의 운동을 준 다음 저마다의 부분이 다른 방향으로 운동을 시작하여 어떤 것은 빠르게 어떤 것은 느리게 움직이도록(혹은 만일 원한다면 전혀 움직이지 않는다 해도 좋다) 했던 것이며, 또한 그러한 여러 부분이 그런 뒤에도 다만 몇 가지의 자연법칙을 쫓아 운동을 계속하도록 했던 것이다.

신은 이러한 법칙을 참으로 미묘하게 잘 설정했으므로, 비록 신은 내가 말한 것을 무엇 하나 창조하지 않았다고 우리들이 가정했다 해도, 또한 신은 창조한 것 중에 아무런 질서도 비례도 부여해 두지 않고 시인들만이 묘사할 수 있는 지극히

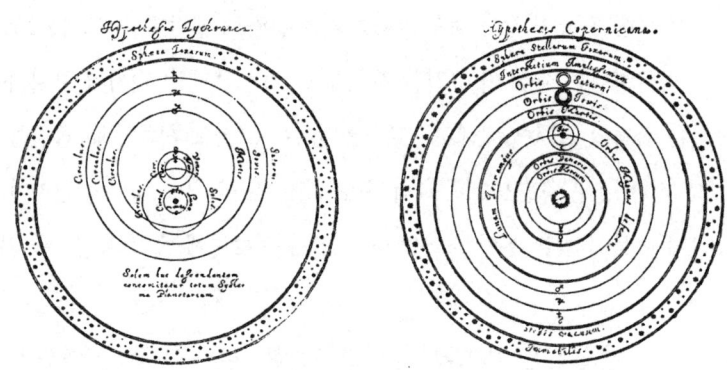

왼쪽 그림은 티코 브라이에의 세계 체계의 구상을, 오른쪽 그림은 코페르니쿠스의 세계 체계의 구상을 나타내고 있는데, 둘 다 J. 헤빌리우스의 《세레노그라피아 월지(月誌) ― 1647년》에서 인용한 것이다. 티코 브라이에의 체계는 프톨레마이오스의 체계와 코페르니쿠스의 체계와의 타협이라 할 수 있을 것이다. 즉 거기서는 프톨레마이오스의 체계와 마찬가지로 지구는 세계의 중심에 정지되어 있고, 달과 태양(뿐 아니라 전세계)은 지구의 주위를 도는데, 다섯 개의 유성은 태양의 주위에서 원궤도를 따라 돈다고 생각되고 있다. 티코는 코페르니쿠스의 가설이 갖고 있는 이론상의 이점을 충분히 깨닫고 있었지만, 항성의 시차(視差)가 관측될 수 없다는 것, 즉 항성간의 위치 관계가 사계절을 통해 변하지 않는 것에 의거하여 코페르니쿠스의 설을 전면적으로 받아들이지 않았던 것이다. 티코의 이 세계 체계의 생각은 1577년에 나타난 혜성에 관해 그가 저술한 책에서 풀이되고 있다. 또한 티코는 이 1577년의 혜성 관측에 의해 혜성은 달까지의 거리가 적어도 세 배는 떨어진 곳에 있다고 결론지은 다음, 혜성은 대기권의 현상이라는 재래의 통념을 논박했다(제9장 끝부분 참조). 그리고 위의 그림 중에는 "태양이 여기까지 내려가면 유성의 전체 계도 그것을 쫓는다."라고 라틴 어로 씌어 있다.

혼돈된 상태를 만들었던 것이라고 해도, 그러한 여러 법칙은 이 혼돈의 각 부분이 절로 풀려 가서 적당한 질서로 배치되고 매우 완전한 세계의 형상을 갖도록 하기에 충분한 것이다. 이 지극히 완전한 세계 속에서는 빛뿐만 아니라 다른 일체의 사물, 즉 현실 세계에 나타나고 있는 일반적인 것 및 개별적인 것도 찾아낼 수가 있는 것이다.

그러나 내가 이것을 좀더 나아가 설명하기 전에 여러분들도 얼마 동안 멈추어 이 혼돈을 고찰하고, 다음과 같은 점에 유의해 주시기 바란다. 즉 이 혼돈은 모르는 척할 수도 없을 만큼 매우 완전히 인식되는 것만을 포함하는 것이다. 왜냐하면 내가 그 혼돈에 붙여 준 여러 성질에 관해 자세히 살펴보면 알겠지만, 여러분들이 상상할 수 있는 것만을 나는 가정해 두었기 때문이다. 또한 혼돈을 구성하는 데 사용한 물질에 관해 말하면, 삶을 갖지 않는 피조물 중에는 이것 이상 단순하고, 또한 인식하기 쉬운 것은 하나도 없는 것이다. 그리고 또한 그 물질의 관념은 우리들의 상상력이 형성할 수 있는 것 모두에 포함되어 있으며, 여러분들은 필연적으로 그 관념을 떠올리거나 아니면 어떤 것이라도 결코 상상하지 않거나, 그 한쪽인 것처럼 되어 있는 것이다.

그렇지만 철학자들은 탐색하기를 매우 좋아하며, 보통사람들에게는 매우 명백한 것 속에서도 곤란을 발견하는 방법을 알고 있다. 그리고 또 그들이 제1질료에 관해 갖고 있는 기억은―그들은 이 제1질료가 매우 생각하기 힘든 것이라는 점을 알고 있지만―내가 이야기하고 있는 물질에 관한 인식으로부터 그들을 벗어나게 할지도 모른다. 그러므로 나는 여기서 그들에게 다음과 같이 말할 필요가 있다. 즉 내가 만일 잘못 생각하고 있지 않다면, 철학자들이 그들 자신이 말하고 있는 물질에 관해 찾아내는 어려운 문제들은 모두 그들이 그 물질을, 그 물질이 갖고 있는 양 및 외연적(外延的)인 확대성과 구별하고자 원하는 곳으로부터, 즉 물질을 물질이 갖는 공간을 차지하지 않을 수 없다는 성질과 구별하고자 원하는 곳으로부터 오는 것이다.

그렇지만 이와 같은 사항에 관해 철학자들이 자기 자신의 주장이 합당하다고 믿고 있다 해도 그것은 나와는 전혀 상관이 없는 것이다. 왜냐하면 나는 그들을 반박하기 위해 걸음을 멈출 의도가 전혀 없기 때문이다. 그렇지만 철학자들 쪽에서도 역시 내가 말하고 있는 물질의 양은 '수'가 '계산된 것'과 다르지 않음과 마찬가지로 물질의 실체와 다르지 않다고 내가 가정해도, 또한 내가 물질의 연장 또는 물질이 공간을 차지한다는 성질은 물질에 있어 부수적인 것이 아니라 물질의 참다운 형상, 또는 본질이라고 생각한다고 해도 그것을 이상하게 여겨서는 안 된다. 왜냐하면 그들은 이와 같은 방식으로 물질을 떠올리는 일은 매우 쉬운 것이라는 사실을 부정할 수는 없을 것이기 때문이다.

게다가 나의 의도는 그들처럼 현실 세계 속에 실제로 있는 사물을 설명하는 일이 아니다. 마음내키는 대로 하나의 세계를 만들어 내어 그 세계 속에는 가장 하찮은 지력(知力)밖에 갖지 못하는 사람들이라도 생각할 수 있는 것만을 존재하게 하고, 그럼에도 불구하고 그 세계는 내가 공상으로 만들어 낸 세계와 완전히 일치하는 것으로 창조된 듯이 하는 일이다.

내가 만일 그 세계에 명쾌하게 규명되지 않은 것을 조금이라도 넣었다면, 그것들 속에는 무언가 숨겨진 모순이 있는데, 내가 그것을 깨닫지 못하는 것이고, 따라서 그것을 생각하지 않은 채로 나는 무언가 불가능한 것을 상정했을지도 모른다. 그런데 내가 이 세계에 넣은 것은 모두 뚜렷하게 상상할 수 있는 것이므로, 이것이 본래의(실제의) 세계 속에는 하나도 없었다 해도, 신은 역시 그것을 이 새로운 세계 속에 창조할 수 있음은 확실하다. 왜냐하면 신은 우리들이 상상할 수 있는 모든 것을 창조할 수 있기 때문이다.

제7장

이 새로운 세계의 자연법칙에 대해

나는 더 이상 다른 일에 시간을 소비하지 않고, 자연은 앞에서 말한 혼돈상태를 어떠한 식으로 스스로 풀 수 있으며, 또한 신이 자연에 부여한 여러 법칙은 어떤 것인지 알아보려 한다.

우선 바라는 것은, 자연이라는 일로 나는 지금 어떤 여신이라든지 그밖의 무언가 공상적인 힘이라는 것 등을 해석하고 있는 것이 아니고, 오히려 이 말을 물질 자체를 가리키는 데 사용하고 있다는 점이다. 여기서 물질이라 함은, 내가 물질에게 귀속시킨 여러 성질의 전부를 갖고 있다고 생각되는 물질을 가리키는 것이며, 또한 신은 창조 이래 그 물질을 같은 방식으로 계속 보존해 오고 있다는 조건 하에서 말하고 있는 것이다. 그 이유는, 신은 이와 같이 그 물질을 내내 보존하고 있다는 것에 의해 물질의 여러 부분에는 많은 변화가 있으리라는 결론이 필연적으로 나오기 때문이다. 그러나 신의 활동은 변화하지 않는 까닭에, 그와 같은 변화는 정확히 말하면 신의 활동에 귀속할 수 없는 것처럼 생각된다. 그러므로 나는 그러한 변화를 자연에 귀속시키는 것이다. 그리하여 변화가 생길 때 쫓는 여러 법칙을 '자연의 법칙'이라고 명명하는 것이다.

이 점을 보다 잘 이해할 수 있도록 다음의 일을 생각해 주기 바란다. 즉 우리들이 물질의 여러 성질 속에서 가정한 것은, 물질의 입자는 창조된 이래로 온갖 다양한 운동을 계속해 왔다는 점과, 또한 그러한 입자는 모두 여러 각도로 서로 접촉되고 입자와 입자 사이에는 전혀 공허가 없다는 점이다. 그러므로 필연적으로 귀결되는 것은, 입자는 운동을 시작한 이래로 서로 충돌함으로써 서로의 운동을 변화시키고 다양화한다는 사실이다. 그러므로 신이 만일 창조를 행한 뒤에도 물질의 여러 입자를 창조 때와 같이 보존하고 있다 해도, 신은 그러한 입자를 같은 상태로 보존하고 있지 않은 것이다. 즉 신은 언제나 일률적인 활동을 하고, 따라서 언제나 같은 결과를 실제로 야기하는데, 이 결과 가운데는 부수적으로 많은 차이가 있는 것이다.

게다가 어느 누구나 알고 있듯이 신은 불변의 존재이므로, 신은 언제나 같은 방식으로 활동하는 것이라는 사실을 믿는 데에는 아무런 곤란함이 없다. 그러나 나는 이 이상 파고들어 이와 같은 형이상학적인 고찰에 전념하지는 않겠다. 나는 여기서 다만 두세 가지의 원리적인 규칙, 즉 신이 그것에 따라 이 새로운 세계의 자연을 활동시킨다고 생각해야만 하고, 또한 내가 믿는 다른 일체를 여러분들에게 인식시키기에 충분한 두세 가지의 원리적 규칙만을 말하고자 한다.

제1 규칙은, 물질의 각 입자는 다른 몇 개의 입자가 그것에 충돌하여 변화를 강요하지 않는 한 항상 각각 동일한 상태를 유지한다. 즉 만일 이 입자가 그것을 분할하지 않는 한 더이상 작아질 이유는 결코 없고, 만일 이 입자가 둥글다든가 모가 났다면 다른 입자가 강요하는 일이 없는 한 그와 같은 모양을 바꾸지는 않을 것이다. 또한 만일 이 입자가 어떤 장소에 멈추어 있었다면 다른 입자에 의해 쫓겨나지 않는 한 결코 그 장소에서 떠나지 않을 것이다. 또한 만일 이 입자가 일단 움직이기 시작했다면 다른 것이 그것을 멎게 하거나 속도를 늦추기까지는 언제까지라도 똑같은 힘을 간직하게 될 것이다.

이것과 동일한 규칙이 실제 세계에서도 크기 · 모양 · 정지 및 그밖에 똑같은 숱한 사상에 관해서 지켜지고 있음을 믿지 않을 사람은 아무도 없을 것이다. 그러나 철학자들은 이 규칙으로부터 운동을 제외했다. 그렇지만 운동이야말로 내가 확실하게 이 규칙 속에 포함시켜 두고자 하는 사항이다. 하지만 내가 그들을 반박하려는 의도를 갖고 있다고는 생각하지 않기를 바란다. 그들이 말하는 운동은 내가 생각하고 있는 것과는 매우 다른 것인만큼, 한편의 운동에 관해 참된 것이 다른 한편의 운동에 관해 참이 아닐 수도 있는 경우는 아주 쉽게 일어날 수 있다.

철학자들 스스로가 그들이 말하는 운동의 본성은 거의 인식되지 않음을 고백하고 있다. 그리고 또 그 운동의 본성을 다소라도 이해할 수 있는 것으로 하기 위해서는, 그들은 다음과 같은 전문 용어 이상으로 명료하게 설명하는 일은 쉽지 않다는 것이다. Motus est actus entis in potentia, prout in potentia est〔운동은 가능태(可能態)에 있는 존재자의 가능태로 있는 한의 활동이다〕. 이러한 말은 나에게는 매우 모호하므로 나는 그것들을 그들의 언어로 설명하지 않을 수 없다. 왜냐하면 나는 그러한 말을 재해석할 수 없기 때문이다〔실제로 이 제어(諸語) ─ 운동은 가능태에 있는 존재자의 가능태로 있는 한의 활동이다 ─ 는 프랑스 어로 바꾸어 보아도 그 이상 명료해지지는 않는다〕.

그러나 이것과 반대로 여기서 내가 이야기하고 있는 운동의 본성은 아주 쉽게 인식되므로, 이른바 스스로 고찰하는 사항을 분명히 떠올리고자 온갖 사람들 중에서 가장 열심히 노력하고 있는 기하학자마저 그것을 자기들이 사용하고 있는 '면(面)'이라든지 '선(線)'이라든지 하는 본성보다도 더 단순하고 이해하기 쉬운 것이라고 판단하고 있을 정도인 것이다. 이 점은 그들이 선을 하나의 점 운동으로 설명하고, 면을 하나의 선 운동으로 설명하고 있는 것에서 볼 수 있다.

철학자들은 또한 다음과 같은 수많은 운동을 가정하여, 그것들을 어떤 물체의 위치 변화도 없이 생겨나게 할 수 있는 운동이라고 생각하고 있다. 이를테면 그들이 말하는 Motus ad forman, motus ad calorem, motus ad quantitatem〔신체적 형상에의 운동(생성), 열에의 운동(질의 변화), 양에의 운동(증가)〕이라든지 그밖의 많은 것이 그것이다. 그러나 나는 기하학자들의 선분(線分)보다도 쉽게 떠올릴 수 있는 운동 이외에는 어떠한 운동도 알지 못한다. 그 운동이란 물체를 하나의 장소로부터 다른 장소로 이동시키고, 그 두 장소 사이에 있는 모든 공간을 차례차례 차지하는 운동을 말한다.

그런데 철학자들은 이러한 갖가지 운동 중에서 가장 하위(下位)의 것에조차 정지보다도 훨씬 실질적이고 실재적인 존재성을 귀속시키고, 정지는 운동의 결여일 따름이라고 말하고 있다. 그러나 나는 정지도 역시 하나의 성질이라고 간주한다. 물질이 어떤 하나의 위치에 머무르는 동안 그 물질에 정지라는 성질을 귀속시켜야만 하는 것은, 그 물질이 장소를 바꾸는 동안 운동이라는 성질이 그 물질에 귀속되는 하나의 성질인 것과 마찬가지이다.

마지막으로 철학자들이 말하는 운동은 아주 특이한 것이어서 다른 모든 사물은 완전성을 목적으로 자기를 보존하는 일에 노력하지만, 운동은 정지 이외에 다른 어떤 목표도 갖지 않는 것이다. 더구나 운동은 자연의 전법칙에 반하여 스스로의 파멸을 목표로 노력하는 것이다. 그러나 이에 반하여 내가 가정하는 운동이 쫓는 자연의 법칙은, 물질 속에서 발견되는 일체의 구조 및 성질을 일반적으로 생기게 하는 자연의 법칙과 같은 것이다. 그러므로 학자들이 Modos et entia rationis cum fundamento in re(실재자에 기초를 둔 양태 및 개념적 존재)라든지 Qualitates reales(실재적 성질)라고 부르는 것도 이와 같은 법칙에 의거한 것이다. 그러나 솔직히 말하면 이러한 모양이나 성질 중에는 다른 모양이나 성질보다도 더 많은 실재성이 있다고는 보지 않는다.

제2의 규칙으로 나는 다음과 같이 가정한다. 즉 어떤 하나의 물체가 다른 하나의 물체를 밀 경우, 미는 물체가 밀리는 물체에 어떠한 운동을 준다면 미는 물체는 반드시 스스로의 운동을 같은 양만큼 동시에 잃으며, 밀리는 물체로부터 어떠한 운동량을 빼앗는다면 미는 물체는 반드시 스스로의 운동을 그만큼 증대시키는 것이다. 이 규칙과 제1의 규칙을 합치면 하나의 물체가 다른 어떤 물체에 밀리든가 저지되는 것에 의해 운동을 시작하거나 중지하는 모든 경험에 아주 잘 들어맞는 것이다. 왜냐하면 앞의 제1규칙을 가정하고 있는 것이므로 학자들이 빠져들기 쉬운 곤란—즉 돌이 던진 사람의 손으로부터 떨어진 뒤에도 얼마 동안 계속 움직이는 일에 이유를 부여하기 위해 학자들이 빠져 있는 곤란—으로부터 우리들은 모면되고 있기 때문이다. 즉 우리들은 오히려, 그 돌은 왜 언제까지나 움직이고 있는가 하는 질문을 던질 것이다.

그러나 이 이유는 아주 간단히 찾아낼 수 있다. 왜냐하면 그 돌은 공기 속을 운동하는 것이지만, 이 공기가 그 돌에 대해 어떠한 저항을 하리라는 것은 아무도 부정할 수 없을 것이기 때문이다. 돌이 공기를 가르며 날아갈 때 공기 중에 씽씽하는 소리가 들리고, 또한 부채나 아주 가볍고 퍼져 있는 어떤 물체를 공기 속에서 움직였을 경우에는, 공기는 그 부채나 그와 같은 물체의 운동을 지속시키기는커녕—누군가(이를테면 아리스토텔레스)가 주장하고자 했던 것처럼—오히려 방해하는 것임을 손바닥에 대한 압력으로부터 감각하는 일도 가능하리라.

그러나 가령 우리들의 제2규칙에 의한 저항 효과의 설명이 안 되어 있고, 또한 보다 많이 저항할 수 있는 물체일수록 다른 물체의 운동을 정지시키는 일도 그만큼 더 잘할 수 있다고 생각하자. 이러한 생각을 사람들은 믿을지도 모른다. 그러나 이 경우, 다음과 같은 이유를 붙이는 데 있어 또다시 곤란을 겪어야만 할 것이다. 더 단단한 또는 보다 저항력이 강한 물체에 충돌했을 때보다 오히려 부드러운 물체, 즉 저항력이 다소 떨어지는 물체에 충돌했을 때 돌의 운동이 더 약해지는 이유는 무엇일까(이를테면 아리스토텔레스의 저항 개념은 때로는 밀도(密度), 때로는 점성(粘性)의 관념을 포함하고, 저항력을 의미하는 현대적 용법은 오히려 드물다). 또한 마찬가지로 돌이 단단하고 저항력이 큰 물체에 충돌했을 때는, 돌은 이 물체에 조금 힘을 들이기는 하지만 곧 자기가 온 길을 되돌아갈 뿐, 충돌했다는 이유만으로

운동을 중단하든가 정지해 버리지 않는 이유는 무엇일까.

　이에 반하여 제2의 규칙을 가정한다면, 이상의 일에 관해 전혀 곤란은 없는 것이다. 왜냐하면 제2의 규칙이 우리들에게 가르치는 바는, 물체의 운동(의 속도)은 다른 물체에 충돌했을 경우 충돌당한 물체가 충돌을 가한 물체에 저항하는 정도에 비례하여 느려지는 것이 아니고, 충돌당한 물체의 저항이 충돌한 물체에 따르면서 충돌한 물체가 잃는 힘을 자기 속에 받아들이는 정도에 비례해서만 느려지는 것이기 때문이다.

　그런데 우리들이 현실 세계 속에서 관찰하는 대개의 운동의 경우, 움직이기 시작하거나 움직임을 그만두는 물체가 다른 어떠한 물체에 의해 눌리거나 멈추고 있음을 지각하지는 못한다 해도, 이러한 두 가지의 규칙이 정확히 지켜지고 있지는 않다고 우리들이 판단할 이유는 없는 것이다. 왜냐하면 이하의 일은 모두 확실하기 때문이다. 즉 그와 같은 물체는 자주 기와 불이라는 두 개의 원소로부터 활동을 받고 있으며, 이 두 개의 원소는 항상 그와 같은 물체 사이에 섞여 존재하고 있는데, 앞에서 말했던 것처럼 그곳에서 감각될 수는 없는 것이다. 또한 그와 같은 물체는 기의 원소 중에서도 비교적 거친 것으로부터도 영향을 받는데, 이 비교적 거친 기의 원소도 역시 감각되지 않는 것이다. 그러한 물체는 자기의 활동을 어느 때는 이 거친 기의 원소에 전달할 수가 있고 또 어느 때는 땅의 원소의 덩어리 전체에도 전달할 수가 있다. 그러나 땅의 원소의 덩어리로서는 물체의 활동은 확산되어 버리기 때문에 여기서도 물체의 활동은 지각되지 않는 것이다.

　그러나 우리들의 감각이 이제까지 현실 세계 속에서 경험한 모든 것이 이러한 두 개의 규칙에 합의되어 있는 일에 명백히 위반되는 것처럼 생각되었다 해도, 이 두 개의 규칙을 증명해 보이고 있는 근거는 강력한 것이라고 나로서는 생각되므로, 내가 여러분들에게 서술하고 있는 새로운 세계 속에서도 그 두 개의 규칙을 아무래도 가정하지 않을 수 없다고 나는 믿고 있는 것이다. 왜냐하면 비록 임의대로 선택하고자 생각해 본다 해도 진리를 수립하기 위한 기초로서는 신의 것인 부동성 그 자체와 불변성을 취하는 이외에 그보다 강력하고 견고한 어떠한 기초도 발견될 수는 없기 때문이다.

아무튼 이러한 두 개의 규칙은 명백히 다음의 사실로부터만, 즉 신은 불변이고 항상 같은 방식으로 활동하고 있으므로 늘 같은 결과를 얻는다는 사실로부터만 귀결되고 있는 것이다. 왜냐하면 신이 물질을 창조한 최초의 순간부터 전 물질의 총체(總體) 속에 있는 양만큼의 운동을 둔 것이라고 가정한다면, 신이 물질의 총체 속에 최초로 둔 것과 같은 양의 운동을 언제나 보존하고 있음을 인정해야만 하든가, 또는 신이 언제나 같은 방식으로 활동하는 것을 믿을 필요가 없든가 어느 한쪽이 되어야만 하기 때문이다.

더구나 이것에 덧붙여 이 최초의 순간 이래 물질의 온갖 입자—그곳에서는 운동이 불균일하게 확산되고 있다—는 그러한 입자가 가질 수 있었던 힘에 따라 운동을 서로 전달하든가 보존하고 있다고 가정한다면, 신은 그러한 물질의 입자에 언제나 같은 일을 계속 시킨다고 생각할 수밖에 없다. 그리고 이것이야말로 두 개의 규칙이 합의하는 바인 것이다.

제3의 규칙으로서 나는 다음의 것을 부가하고자 한다. 즉 어떤 물체가 운동할 때 그 운동은 자주 곡선을 그리게 되며, 또한 그 물체는 어떠한 모양으로 환상이 아닌 운동을 결코 할 수 없으리라는 것은 위해서 말한 바 있지만, 그 물체의 각 부분은 저마다 나름대로 언제나 직선운동을 계속하고자 한다. 또한 마찬가지로 그러한 여러 부분의 활동, 즉 그러한 여러 부분이 갖는 운동의 경향은 그것들이 하는 실제의 운동과는 달라져 있는 것이다.

이를테면 만일 하나의 수레바퀴를 그 굴대의 둘레에 회전시킨다면, 그 수레바퀴의 모든 부분도 원운동을 하게 된다. 왜냐하면 그러한 부분은 서로 결합되어 있으므로 그와 같은 식으로 움직일 수밖에 없기 때문이다. 그러나 그러한 부분은 직

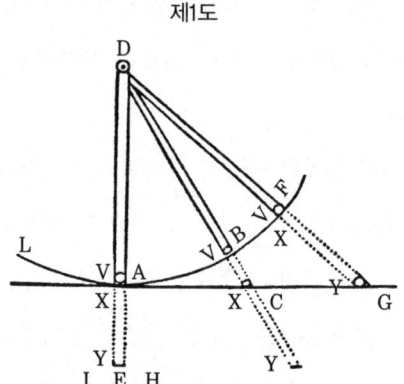

제1도

진하는 경향이 있다. 이러한 경향은 어느 한 부분이 다른 부분으로부터 분리되었을 경우에 명료히 알게 된다. 왜냐하면 그 부분은 자유롭게 되자마자 원환상(圓環狀)의 운동을 그만두고 직선적으로 계속 움직이기 때문이다.

마찬가지로 하나의 돌을 투석기(投石器)에 넣고 휘두를 때, 그 돌은 투석기로부터 나가자마자 직선적으로 나아간다. 뿐만 아니라 그 돌은 투석기 안에 있는 동안에도 투석기의 중심에 응력(應力)을 미치고 끈을 팽팽하게 만든다. 이로써 알 수 있는 것은 그 돌이 항상 직선적으로 나아가는 경향을 갖고 있다는 점과, 속박을 받지 않으면 그 돌은 원환상으로는 움직이지 않는다는 점이다.

이 규칙도 앞서의 두 규칙과 같은 기초에 의존하고 있다. 이 규칙이 의존하는 것은, 신은 사물을 (순간마다) 연속된 하나의 활동에 의해 보존하고 있다는 것, 그러므로 또한 신이 사물을 보존하는 것은 어느 정도 앞의 시점에 있어 그 사물이 있을 수 있었던 상태가 아니고 그 사물을 신이 보존하는 그 순간에 그 사물이 틀림없이 존재하는 상태라는 것뿐이다. 그런데 모든 운동 중에서 가장 간단한 것은 직선운동뿐이다. 직선운동의 모든 성질은 극히 짧은 순간 속에 포함되어 있다. 왜냐하면 직선운동을 떠올리는 데에는 하나의 물체가 어떤 하나의 방향을 향해 현실로 활동하고 있음을 생각하는 것만으로 충분하며, 이것은 그 물체가 운동하고 있는 사이에 측정될 수 있는 각 순간에 생기는 일이기 때문이다. 이에 반하여 원운동—그밖의 어떠한 운동이라도 좋지만—을 떠올리는 데에는 적어도 그 운동 중의 두 순간, 혹은 오히려 그 운동의 두 부분과 그 두 부분간의 관계를 고찰하지 않으면 안 되는 것이다.

그러나 철학자들—혹은 궤변가들이라고 해야 할까—이 단지 겉으로 보기에만 교묘하고 치밀할 뿐인 논의를 여기서 펼칠 기회를 주지 않도록 주의하기 바란다. 위의 말은 직선운동이 일순간에 생긴다는 것을 의미하지는 않으며, 다만 단순히 직선운동을 하는 데 필요한 모든 일은 물체 속에, 더구나 물체가 운동하는 사이에 측정될 수 있는 각 순간 속에 있는 것이지만, 원환상의 운동을 낳는 데 필요한 모든 것은 그와 같은 식으로는 되어 있지 않음을 의미할 뿐인 것이다.

이를테면 만일 하나의 돌이 투석기에 넣어져 AB라고 표시된 원을 따라 운동하고, 또한 그 돌의 상태란 그 돌이 점 A에 도달한 순간의 상태일 따름이라고 생각한다면, 그 돌이 운동의 현실태에 있음을 깨닫게 될 것이다. 왜냐하면 그 돌은 점 A에서 멈추어 버리지 않기 때문이다. 또한 그 돌이 어떤 하나의 방향, 즉 C로 향하는 운동의 현실태에 있음을 인식할 수 있을 텐데, 왜냐하면 이 돌의 활동은 이 순간에 C쪽을 향하고 있는 것이기 때문이다. 그러나 여러분들은 그 돌의 운동을 원환상으로 하는 것은 무엇 하나 발견할 수가 없을 것이다. 이리하여 그 돌이 점 A에 있어 투석기 밖으로 나가기 시작한 것이라 하고, 신은 그 돌을 이 순간의 상태 그대로 계속 보존하는 것이라고 하면, 신은 그 돌을 보존하는 데 선 AB에 따라 원 모양으로 나아가는 경향을 갖도록 보존하는 것이 아니라 점 C쪽으로 곧장 나아가는 경향을 갖도록 그 돌을 보존한다는 것은 확실하다.

그러므로 제3의 규칙에 따르면, 세계에 존재하는 모든 운동에 관해 운동이 존재하고, 또한 직선운동인 한에 있어 그러한 모든 운동의 작자(作者)는 신뿐이라고 하지 않을 수 없으며, 동시에 물질의 배치가 다양함으로써 이것이 여러 가지의 운동을 불규칙한 것, 구부러진 것으로 하는 것이라고 하지 않을 수 없다.

이와 같은 일을 신학자들도 우리들에게 가르치고 있다. 즉 신은 우리 모두에게 있어 그러한 활동이 존재하고 어떠한 선성(善性)을 포함하고 있는 한 그러한 활동의 작자이지만, 그러한 활동을 나쁜 것으로 해 버리는 일이 있음은 우리들 의지의 성향(性向)인 것이라고.

나는 여기서 개개의 사항을 정하기 위한 많은 규칙을 좀더 덧붙이는 일도 할 수 있을 것이다. 즉 어떠한 경우에, 어떻게, 어느 정도로, 물체의 운동이라는 것은 다른 물체와 부딪힘으로써 방향을 바꾸거나 양을 늘리거나 줄일 수 있는가를 결정하기 위한 여러 규칙**1**을 여기서 다시 덧붙여도 좋다. 운동에 관한 이러한 것 속에 자연의 온갖 현상이 집약적으로 포함되어 있는 것이다. 그러나 이미 설명한 세 가지의 법칙 이외에 영원한 진리로부터 오류를 범하는 일 없이 귀결되는 법칙만을 인정하고자 한다고 여러분들에게 알리는 것만으로 나는 만족한다. 수학자들도 그들의 가장 확실하고 명확한 여러 증명을 그러한 영원 진리에 바탕을 두는 것을 습관으로 삼아 왔던 것이다. 이러한 영원 진리야말로 신이 모든 사물을 다루는 데 있어 수와 무게와 길이의 측도(測度)에 의한다는 사실을 신이 우리들에게 가르쳐 주는 것이라고 하고 싶다.

그리하여 또 이러한 진리의 인식은 우리들의 영혼에 있어 아주 본성적이므로, 그러한 진리를 뚜렷이 떠올릴 때는 그것들을 오류가 없다고 판단하지 않을 수 없으며, 또한 신이 만일 많은 세계를 만들었다고 해도 그와 같은 세계에 있어서도 이러한 영원 진리는 현재의 이 세계에 있어서와 마찬가지로 진실임을 의심할 수는 없다고 나는 말하는 것이다. 이리하여 이러한 영원 진리와 우리들의 규칙의 여

---

1 철학의 원리 제4부 참조.

러 귀결을 충분히 살펴본 사람들이라면 그 원인으로부터 결과를 인식할 수 있을 것이다. 그리고—나 자신의 견해를 학원의 전문 용어를 사용하여 표현한다면—이러한 사람들은 이 신세계에서 생길 수 있는 모든 일의 '선천적'인 증명을 얻게 될 것이다.

그리고 이와 같은 것을 방해하는 예외가 하나도 없는 것처럼 마지막으로 다음과 같은 가정을 추가하고 싶다. 즉 신은 앞으로 단 한 가지의 기적도 이루는 일이 결코 없을 것이고, 지성적 실체나 이성적 정신—이와 같은 것이 존재한다고 우리들은 나중에 가정하리라—이 자연이라는 것의 보통 과정을 어떠한 방식으로든 어지럽히지는 않으리라는 가정을 덧붙여 주기를 바라는 것이다.

그렇지만 나는 이제부터 말하는 모든 것을 정확하게 증명하겠다고 여러분들에게 약속하는 것은 아니다. 나는 여러분들이 그와 같은 증명을 하기 위해 노력하고자 하면, 스스로 그 증명을 찾아낼 수 있을 만한 통로를 여러분들을 위해 열어 주면 그것으로 충분하리라. 대부분의 정신은 사항이 너무나 쉽게 되어 버리면 낙담하고 만다. 그러므로 여기서 여러분들의 마음에 들 만한 도표를 그리기 위해서는 밝은 색에 더하여 그림자도 또한 사용할 필요가 있는 것이다. 그러므로 나는 자기가 개시한 기술(記述)만을 이대로 계속하고자 생각하는 것이며, 여러분들에게 하나의 우화를 이야기하고자 하는 것 외에는 그 어떤 의도도 갖고 있지 않다.

제8장

이 새로운 세계의 태양과 별의 형성

물질의 여러 입자 속에 신이 최초로 만든 입자들의 차이와 혼란이 무엇이든, 이윽고 그러한 물질의 입자는 신이 자연에 부여하고 있는 여러 법칙에 따라 거의 대부분이 크기나 운동에 있어 중간 정도의 것이 되어 버리며, 이리하여 그러한 입자는 앞에서 설명한 제2원소의 모습을 했을 것이 틀림없다. 왜냐하면 이 물질을 신이 운동 능력을 부여하기 이전의 어떤 상태로서 고찰한다면, 우리들은 그것을 세계 속에서 가장 견고한 물체일 것이라고 생각할 것이 분명하기 때문이다. 따라서 우리들은 그와 같은 물체의 어떠한 물체를 밀더라도 나머지 모든 입자를 그 일에 의해 밀거나 끌지 않을 수 없는 것이다. 그러므로 그 물체의 입자 중 어느 것에 최초로 주어진 운동 및 자기분할의 활동 또는 힘은, 한순간에 다른 모든 입자에도 가능한 한 평등하게 퍼지고 배분된다고 생각해야 하는 것이다.

이 평등성이 절대적으로 완전하지 않다는 것은 진실이다. 왜냐하면 첫째, 이 새로운 세계에는 공허가 전혀 없으므로 물질의 모든 입자가 직선적으로 움직이는 것은 불가능했기 때문이다. 그러나 이 물질의 모든 입자는 거의 비슷하고, 또한 어느 것이나 마찬가지로 방향을 간단히 바꿀 수 있으므로, 그것들은 전체가 일치되어 어떤 유형의 원환상 운동을 행하게 되었을 것이다. 그렇지만 신이 그러한 입자를 처음에 여러 가지로 움직였다고 가정하는 것인만큼, 우리들은 입자가 전부 합체하여 단 하나의 중심의 둘레를 도는 것이라고 생각할 것이 아니라 오히려 다른 많은 중심의 둘레를 돌고 있는 것이라고 생각해야만 할 것이다. 그리고 우리들은 이러한 다른 중심은 상호간에 갖가지의 위치를 차지하고 있다고 생각해야만 한다.

이러한 사실에 의해 이 중심에 보다 가까운 입자는 보다 중심으로부터 떨어진 입자에 비하여 당연히 활발성을 잃거나 보다 작은 크기를 갖거나 또는 동시에 이 모두를 취하고 있었을 것이라고 결론지을 수 있다. 왜냐하면 이러한 모든 입자는 직선상으로 운동을 계속하려는 경향을 갖고 있게 마련이므로 가장 큰 원—가장 직선에 가깝다—을 그렸을 것이 분명한 입자가 가장 강력하다는 것, 즉 같은 활동이 주어진 것 가운데서는 가장 크고, 마찬가지로 거친 듯한 것 가운데서는 가장 활발히 활동하는 것은 확실하기 때문이다. 또한 이상과 같은 3, 4개의 원, 또는 그 이상의 원에 둘러싸여 있는 물질은, 처음에는 다른 물질만큼 분할되지 않고, 또한 활동력도 떨어질 수 있었던 것이다. 게다가 또 신은 처음에 온갖 종류의 상위를 물질의 입자와 입자 사이에 둔 것이라고 우리들은 가정하고 있으므로, 물질의 입자는 그때 이후로 여러 종류의 크기와 형태를 갖고 여러 방향을 향해 여러 방식으로 운동하려고 하거나, 혹은 하지 않으려고 하는 것처럼 배치되어 있었던 것이라고 생각해야만 할 것이다.

그러나 이상의 일은 입자가 그 이후로 완전히 같다고 우선 말해도 좋을 상태로 되는 것과, 특히 회전의 중심으로부터의 거리가 같은 정도의 위치에 존재를 유지하고 있는 입자가 상호간에 거의 완전히 일치하는 것을 방해하지 않는다. 왜냐하면 그와 같은 입자는 다른 것 없이 독립적으로 움직일 수는 없으므로, 보다 활발한 입자는 그 운동을 그보다 활발하지 못한 입자에 전달할 수밖에 없었던 것이고, 보다 큰 입자는 그것에 선행하는 입자와 같은 장소를 통과할 수 있도록 스스로 부서져 분할할 수밖에 없든가, 혹은 입자는 회전의 중심으로부터 멀리 떠날 수밖에 없어, 마침내 입자는 얼마쯤 지나자 모두 질서있게 배열되고, 그리하여 입자가 그 코스의 중심점으로부터 멀리 떨어져 있든가, 그다지 떨어져 있지 않든가는 그 입자의 크기와 활동이 다른 입자에 비교하여 큰가 작은가에 따라 좌우되기 때문이다. 게다가 또 입자의 크기는 언제나 운동의 속도와 상반되는 것이므로 각 중심으로부터 먼 쪽의 입자는 가까운 쪽의 입자보다도 조금 작지만, 또한 훨씬 활동적이라고 생각해야만 할 것이다.

완전히 일치하는 일이 입자의 모양에 관해서도 적용된다. 물론 우리들은 온갖 종류의 모양을 가진 입자가 최초에 있었다고 가정할 것이며, 또한 입자의 대부분은 하나의 돌을 깨뜨렸을 경우의 분쇄 조각처럼 많은 모와 측면을 갖고 있었을 것이라고도 가정하게 될 것이다. 그렇지만 그런 후에 입자는 서로 부딪치고 움직여 모퉁이의 작은 돌기를 조금씩 깨고 모난 측면을 매끄럽게 하여 거의 둥글게 되어 버렸을 것이 확실하다. 이것은 모래알이나 조약돌이 강물에 의해 둥글게 되는 이치와 같다. 이리하여 지금은 매우 가까운 곳에 있는 입자뿐 아니라 멀리 떨어진 입자 간에도 어느 한쪽이 조금 멀리 운동할 수 있다든가, 어느 한쪽이 다른 쪽보다 크다든가 작다는 것 이외에는 눈에 띌 만큼의 차이는 전혀 없는 것이다. 이 점은 우리들이 그러한 입자 전체에 동일한 형상을 귀속시키는 데 방해가 되지는 않는다.

그러나 다만 몇 개의 입자를 이러한 입자들로부터 제외시켜 둘 필요가 있다. 즉 최초부터 다른 입자에 비교하여 훨씬 거칠고 그리 쉽게는 분할되지 않았던 것이라든가, 또는 매우 불규칙적으로 방해가 될 모습을 하고 있었으므로 부서져 둥글게 되기보다는 오히려 많은 입자가 하나로 이어져 합쳐 버리는 입자 같은 것은 제외하지 않으면 안 된다. 이리하여 이러한 입자가 제3원소의 모습을 유지했던 것이며, 내가 이제부터 말하게 될 유성이라든가 혜성을 구성하는 데 쓰였

기호 ☿, ♀, ♁, ♂, ♃, ♄는 각각 수성, 금성, 지구, 화성,
목성, 토성을 나타낸다(234페이지 그림 참조).

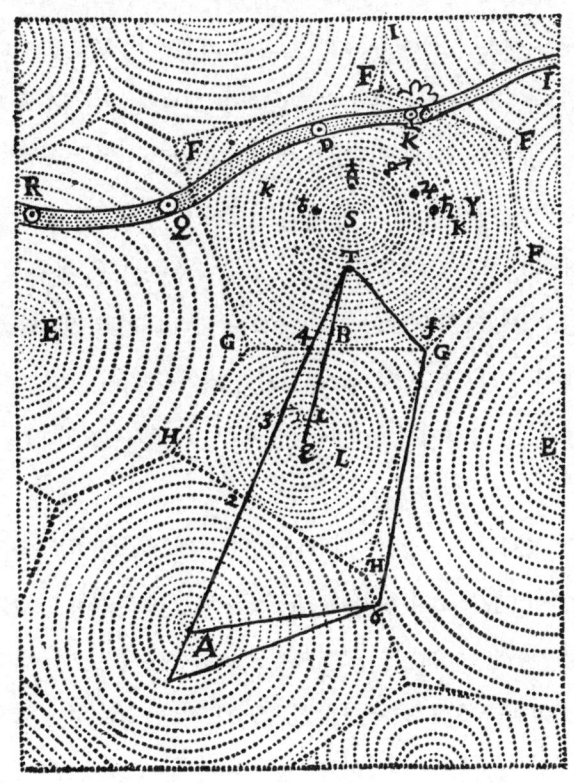

던 것이다.

그리고 또 다음과 같은 일에 주의할 필요가 있다. 즉 제2원소의 입자 둘레로부터 그 제2원소의 입자의 모퉁이가 부서져 매끄럽게 됨에 따라 나타난 물질은 필연적으로 제2원소의 입자보다도 훨씬 빠른 운동력을 얻었을 것이다. 또한 그와 동시에 쉽게 갈라져 순간에 모양을 바꾸고 자기가 현재 있는 장소의 모양에 순응

하게 되었을 것이며, 이리하여 이 물질이 제1원소의 모습을 취했던 것이다.

나는 이 물질이 제2원소의 입자보다도 훨씬 빠른 운동력을 획득했을 것이라고 말하고 싶다. 그리고 그 근거는 명백하다. 왜냐하면 그 물질은 제2원소의 입자가 서로 정면 충돌을 계속하려 함에 따라 그 곁의 매우 좁은 통로를 지나 제2원소의 입자에 끼어 있는 공간 밖으로 나오지 않으면 안 되므로, 제2원소가 같은 시간 중에 나아가는 거리보다도 훨씬 긴 거리를 찾아가기 때문이다.

다음의 일도 또한 제1원소에 관해 주의할 필요가 있다. 즉 제2원소가 구상(球狀)이기 때문에 필연적으로 주위에 남기고 있는 작은 빈틈을 채우는 데 소요하는 이상의 제1원소는 제2원소 입자의 회전 중심 쪽으로 내려갈 것이다. 왜냐하면 보다 중심에서 떨어진 장소를 모두 제2원소의 입자가 차지하고 있기 때문이다. 그리하여 제1원소는 그 중심에서 구형으로 완전히 유동적이고 미세한 물체를 구성할 것이다.

이 제1원소의 물체는 이 물체를 에워싸고 있는 제2원소의 입자와 같은 방향으로 멈추는 일 없이 제2원소의 입자보다도 훨씬 빠르게 회전하고 있는 것으로서, 이 물체가 가장 가까운 (제2원소의) 입자의 활동을 증대시키는 힘 및 회전의 중심으로부터 원주(圓周) 쪽으로 향해 온갖 방향으로 제2원소의 입자 역시 서로 밀어대는 힘을 갖고 있는 것이다. 더구나 이 일은 내가 할 수 있는 한 가장 정확히 설명할 필요가 있게 될 하나의 활동에 의해 일어나는 것이다. 그와 같은 식으로 설명해야만 하는 이유를 나는 여기서 여러분들에게 미리 말해 두지만, 우리들이 빛이라고 해석할 것은 바로 이 활동이기 때문이며, 아울러 우리들은 또한 참으로 순수한 제1원소의 물질로써 구성된 이 둥근 물체 중 그 하나를 내가 묘사하는 새로운 세계의 태양이라 해석하고, 그밖의 것을 마찬가지로 항성이라 해석하며, 이러한 물체의 둘레를 회전하고 있는 제2원소의 물질을 여러 천공이라고 해석할 것이기 때문이다.

이를테면 다음과 같이 상상하기 바란다. 즉(제2도), 점 S·E·ε·A는 내가 말하는 운동 중심의 몇 개이고, 공간 FGGF에 포함되어 있는 물질의 전체는 S라고 표시된 태양의 둘레를 회전하고 있는 하나의 천공이며, 그리고 공간 HGGH의 물질 전체도 ε라고 표시된 별의 둘레를 회전하고 있는 하나의 천공이라 하여, 이하 똑같이 생각하자. 이렇게 하면 항성이 있는 것과 같은 만큼의 다른 천공이 있는 셈이 되고 또한 별의 수는 한이 없으므로 천공의 수도 역시 한이 없다. 그리하여 '큰 하늘'이란 여러 천공을 하나하나 모두 상호간에 나누고 있는 두께가 없는 면(面)일 따름이라고 하자.

또한 다음의 일을 생각해 주기 바란다. 즉 F 또는 G의 주위에 있는 제2원소의 입자는 K 또는 L의 주위에 있는 제2원소의 입자보다도 활발하다는 것과, 따라서 제2원소 입자의 속도는 각 천공의 외주(外周)로부터 어떤 지점─이를테면 태양의 둘레의 구면(球面) KK라든가, 별 ε 둘레의 구면 LL이라든가─까지는 조금씩 감소하는 것이라는 것, 그리고 입자의 속도는 그러한 구면으로부터 천공의 중심까지 조금씩 증가하지만, 그 증가는 천공의 중심에 있는 천체의 활동에 원인이 있는 것이라는 것이다. 이리하여 K의 주위에 있는 제2원소의 입자가 태양의 둘레에서 완전한 하나의 원을 그리는 시간에 이 K보다 열 배는 태양에 가깝다고 내가 가정하는 T의 주위에 있는 제2원소의 입자는 K 주위의 입자와 같은 속도로밖에 움직이지 않는 경우처럼 태양의 주위에 원을 10회 그리는 데 그치지 않고 아마도 30회 이상이나 그리게 될 것이다. 그리하여 더욱 F 또는 G의 주위에 있는 제2원소의 입자는 F와 G가 K에 비교하여 2,3000배 떨어져 있다고 하면 K의 1회에 대해 60회 이상이나 원을 그릴 수 있다.

이것으로써 여러분들은 다음과 같은 일을 곧 이해할 수 있을 것이다. 즉 높은 곳에 있는 유성은 낮은 곳에 있는 유성, 즉 태양에 보다 가까운 유성보다도 천천히 운동할 것이고, 유성의 전체는 태양으로부터 아무튼 매우 멀리 떨어져 있는 혜성보다도 훨씬 천천히 운동하리라는 것을.

제2원소 입자의 하나하나의 크기에 관해서는, 천공 FGGF의 외주 원으로부터 원 KK까지에 있는 입자는 모두 같다고 생각할 수 있다. 또는 이러한 제2원소의 입자 중 높은 곳에 있는 것과 낮은 곳에 있는 것을 비교하면, 만일 입자의 크기의 차이를 입자의 속도 차이보다 비례적으로 훨씬 크다고 가정하지 않는 한[1] 높은 곳에 있는 것은 낮은 곳에 있는 것에 비하여 다소 작다고 생각할 수조차 있다. 그러나 원 K로부터 태양까지의 사이에서는 보다 작은 제2원소의 입자는 보다 낮은 곳에 있는 것이며, 이 사이의 입자의 크기는 속도의 차이에 비교하여 비례적으로 보다 크다든가 적어도 같다고 생각하지 않으면 안 된다(속도와 크기는 반비례적으로 생각되고 있다). 왜냐하면 바꾸어 말하면 이러한 낮은 쪽의 입자가 활동하고 있어 보다 강력[2]하다고 하면, 그 입자는 보다 높은 장소를 차지하러 갈 것이기 때문이다.

마지막으로 다음의 일을 주의해 주기 바란다. 즉 내가 태양이나 다른 항성의 형성 방식에 관해 말한 것으로 비추어, 이러한 물체는 이것들을 싸는 천공과 비교한다면 매우 작고 KK나 LL이나 그밖의 똑같은 원, 즉 태양이나 그밖의 항성 활동이 제2원소의 물질의 흐름을 어디까지 촉진시키는가를 나타내는 원의 전부마저도 이러한 천공에 비교한다면 천공의 중심을 나타내는 점과 같은 것으로밖에 간주되지 않는다는 것을. 그러므로 천문학자들은 토성의 구(球) 전체도 '큰 하늘'에 비하면 점과 같은 것이라고밖에 간주하지 않는 것이다.

---

1 이 구의 원운동의 '속도'와 '크기'라는 낱말의 위치는 뒤바뀐 것이 아닌가 생각되지만, 여기서는 텍스트를 따랐다.
2 운동량의 크기를 말한다. 중세에는 힘은 속도와 질량의 적이라고 해석되고 있었다.

제9장

유성과 혜성의 기원 및 코스의 일반론 ; 특히 혜성에 대해

유성과 혜성에 관해 이야기를 시작하기 전에 다음과 같은 점을 고찰해 주기 바란다. 물질의 입자의 다양성에 관해 내가 가정한 것으로서, 물론 입자의 대부분은 서로 충돌함으로써 부서져 분할되고, 제1 또는 제2원소의 형상을 취했을 테지만, 그럼에도 불구하고 제3원소의 형상을 유지하지 않을 수 없었던 두 종류의 입자가 여전히 별도로 존재했을 것이다. 즉 매우 넓고 또한 걸치는 곳이 많은 모양을 하고 있었으므로 서로 충돌했을 경우 부서져 작아지기보다는 오히려 그 몇 개가 쉽사리 결합되어 버림으로써 크게 되었던 것과, 처음부터 전부 중에서도 극히 크고 질량이 있는 편이었기 때문에 다른 것과 부딪혔을 경우에는 그러한 상대를 충분히 파괴하고 부술 수는 있지만, 반대로 상대에 의해 부서지는 일은 없었던 것이 그것이다.

그런데 비록 이런 두 종류의 입자가 처음엔 아주 활동적이었다든가 아니면 거의 혹은 전혀 활동적이지 않았다고 상상해 보아도, 그 뒤 그러한 입자는 그것들을 싸안고 있는 천공의 물질과 같은 기세로써 움직일 수밖에 없었다는 것은 확실하다. 왜냐하면 만일 그러한 입자는 처음에는 천공의 물질보다도 빨리 운동하고 있었다 해도 도중에 충돌하는 천공의 물질을 밀지 않을 수 없었던 까닭에 그러한 입자는 얼마 동안 천공의 물질에 스스로의 활동 일부를 전달하지 않으면 안 되었을 것이고, 만일 반대로 그러한 입자가 그것 자체로서는 운동하는 경향을 전혀 갖고 있지 않았다 해도 천공의 물질의 전부분으로 에워싸여 있었던 만큼 그러한 입자는 천공의 물질의 흐름에 필연적으로 따랐을 것이기 때문이다.

이와 같은 일을 여러분들은 매일 보고 있을 것이다. 즉 배와 같이 물에 떠 있는 갖가지의 물체는, 그것들을 방해하는 것이 전혀 없을 경우에는 크고 질량이 있는 것이나 그렇지 않은 것도 마찬가지로 물의 흐름을 따를 것이다.

또한 다음의 것에 주의하여 주기 바란다. 이와 같이 물에 떠 있는 물체 중, 이를테면 배처럼 단단하고 질량이 있는 것, 특히 크고 화물이 많이 실린 배와 같은 것은 다만 물에 의해서만 운동을 받게 될 뿐인데도 불구하고 운동을 계속하는 힘은 통상 물보다 훨씬 큰 것이고, 또한 이것과 반대로 폭풍이 일 때 기슭을 따라 떠 있는 흰 거품의 집합처럼 매우 가벼운 운동을 계속하는 힘은 작은 것이다. 그러므로 만일 여러분들이 어떤 지점에서 합류하고, 바로 이어서 강물이 섞이기보다 나뉜 두 개의 강을 상상해 본다면, 그러한 강―그 강물은 매우 조용하고 한결같은 힘으로 흐르고는 있지만, 아주 빠르다고 가정하지 않으면 안 된다―의 한쪽 흐름에 의해 운반되어 온 배나 그밖의 충분한 질량을 가진 무거운 물체는 쉽게 다른 쪽의 흐름으로 옮아가 버릴 것이다. 그리하여 이것과 반대로 가벼운 물체는 다른 쪽의 강으로부터 멀어지고 강물의 흐름이 좀더 느릿한 장소로 강물에 의해 떠밀려 가고 말 것이다.

이를테면(제3도 참조) 두 개의 강 ABF와 CDG가 다른 두 개의 방향으로부터 흘러와 E에서 합류하고, 그곳에서부터 AB는 F로, CD는 G로 구부러져 간다고 하자. 그러면 배 H와 배 I가 통로상에서 만나 충돌하지 않는 한 배 H는 강 AB의 흐름을 쫓아 E를 지나 G로 가고, 거꾸로 배 I는 F를 향해 가는 것은 확실하다. 동시에 만나서 충돌할 경우에는 보다 크고 강력한 것이 다른 쪽을 부술 것이다. 이에 반하여 A의 장소에 떠 있는 거품 · 나뭇잎 · 깃털 · 지푸라기 및 그밖의 이러한 매

제3도

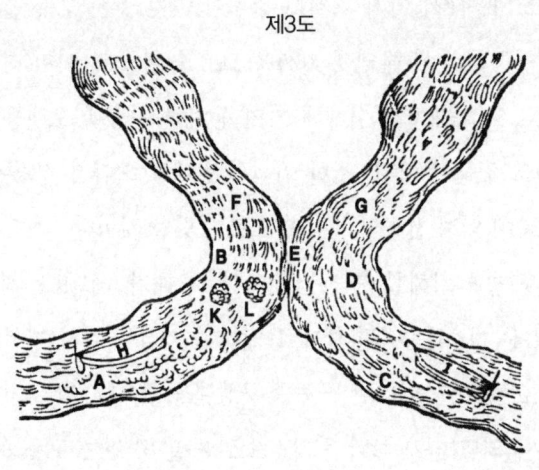

우 가벼운 물체는 이것들을 에워싸고 있는 강물의 흐름에 밀려 E나 G쪽으로 가는 것이 아니고, B쪽으로 가는 것이 확실하다. B에서는 강물의 코스는 (곡률이 크고) 그다지 직선에 가깝다고는 할 수 없는 선에 따르고 있는 것이므로, 그곳의 강물은 E 주위의 강물만큼 강렬하지도 급속하지도 않다고 생각할 필요가 있다.

그리고 또 다음의 점을 고찰할 필요가 있다. 이러한 가벼운 물체뿐 아니라 다른 훨씬 무겁고 질량이 있는 물체라도, 서로 충돌했을 경우에는 합체할 수 있으며, 이러한 물체는 밀어 떠내려 보내는 강물과 함께 구르고 많은 것이 한 덩어리가 되어 구상(球狀)의 것을 합성하는 것은, 바로 K와 L에서 볼 수 있는 바와 마찬가지라는 사실을 고찰할 필요가 있는 것이다. 이와 같은 큰 구상의 것 가운데 어떤 것, 예를 들어 L은 E쪽으로 가고, 다른 것, 예를 들어 K는 B쪽으로 가는 것은 저마다 무거운가 그렇지 않은가, 혹은 보다 거칠고 질량이 있는 입자에 의해 구성되어 있는가 그렇지 않은가에 달려 있는 것이다.

이상의 예로써 미루어 볼 때, 다음의 일은 쉽게 이해할 수 있을 것이다. 즉 제1원소의 형상도 제2원소의 형상도 취할 수 없는 물질의 입자가 처음에 어떠한 장소에 있었든 간에 그 가운데서 가장 거칠고 질량이 있는 것은 모두 얼마쯤 지나자 그것들을 에워싼 천공의 바깥 둘레에 가까운 코스를 취하고, 이어 하나의 천공으로부터 다른 천공으로 차례차례 이행해 가며 동일한 천공에 오랫동안 계속해서 머무르는 일은 결코 없을 것이다. 또한 이것과 반대로 그다지 질량이 없는 것은 천공의 물질의 흐름에 의해 천공의 중심 쪽으로 밀렸을 것이다.

또한 다음의 일도 쉽게 이해할 수 있을 것이다. 즉 내가 (제1 또는 제2원소의 형상을 취할 수 없는 입자에게) 귀속시킨 형태로 인하여 그러한 입자는 서로 충돌하여 많은 것이 합체되고 몇 개의 커다란 구체를 구성했을 것이다. 그리하여 이러한 커다란 구체는 그 부분의 입자가 각각 독자적으로 가질 수 있는 모든 운동으로부터 합성된 운동을 갖고서 천공 안을 회전하게 되는데, 그 구체의 어떤 것은 천공의 주변으로 가고 어떤 것은 중심으로 가는 것이다.

그러므로 이와 같이 어떤 하나의 천공의 중심으로 향하는 것이야말로 우리들이 지금 유성이라 해석해야만 하는 것이며, 또한 몇 개의 다른 천공을 가로질러 지나가는 것이야말로 우리들이 혜성이라고 해석해야만 하는 것으로 알아주기 바란다.

그런데 혜성에 관해 먼저 주의해야 할 점이 있다. 즉 이 새로운 세계에서 혜성은 천공의 수에 비하여 아주 조금밖에 존재할 수 없다는 점이다. 왜냐하면 비록 처음에는 많이 있었다 해도 시간이 경과함에 따라 갖가지의 천공을 가로질러 지나갈 때 내가 앞에서 말한 배의 충돌처럼 혜성의 대부분이 서로 충돌하여 부서졌을 것이기 때문이다. 따라서 지금으로서는 가장 큰 것만이 남아 있게 될 것이다.

다음의 일도 또한 주의해야만 한다. 즉 하나의 천공으로부터 다른 천공에 이와 같이 옮아갈 때, 혜성은 자기가 나온 천공의 물질을 어느 정도 자기의 전면에 밀고 있게 마련이고, 다른 쪽의 천공의 경계 속에 거의 들어가 버리기까지의 어떤 시간, 그 물질에 싸인 채로 되어 있는 것이다. 혜성은 옮겨간 천공에서 마지막으로 그 물질을 단번에 벗어 버리는데, 그에 소요되는 시간은 태양이 아침에 우리들의 수평선 위로 솟아오르기까지 소요되는 시간보다도 아마 더 짧을 것이다. 따라서 혜성은 하나의 천공으로부터 이러한 식으로 하여 나오려고 할 때는 그 천공에 들어가 어느 정도 시간이 경과했을 때보다도 훨씬 천천히 움직이는 것이다.

여기에서(제2도 참조) 볼 수 있듯이 선 CDQR에 따라 코스를 취하는 혜성은 점 C에 있을 때 천공 FG의 경계 안으로 이미 상당히 침입해 있음에도 불구하고 여전히 그 혜성이 나온 천공 FI의 물질로 싸여 있고, 대충 점 D의 주위에 오기까지는 결코 그 물질을 완전히 벗어 버릴 수가 없는 것이다. 그러나 혜성은 점 D에 이르면 곧 천공 FG의 물질의 흐름을 쫓기 시작하고, 이전보다 훨씬 멀리 움직이기 시작하는 것이다. 이어 그곳으로부터 R쪽으로 진로를 잡아가면서 그 운동은 점 Q에 가까워짐에 따라 또다시 조금씩 더디어질 것이다. 그 원인의 하나는 혜성이 경계선을 넘어 이제부터 들어가고자 하는 천공 FGH가 저항하기 때문이며, 또 하나는 S와 D 사이에는 S와 Q사이만큼 거리가 없으므로 S와 D 사이, 즉 거리상으로 작은 곳에 있는 천공의 물질이 보다 빨리 움직이기 때문이다. 이것은 강폭이 좁은 장소에서는 넓은 장소에서보다도 강물의 흐름이 언제나 빠른 것과 마찬가지이다.

그리고 또 이 혜성은 천공 FG의 중심 주위에 살고 있는 사람들에게는, 혜성이 D로부터 Q까지 옮겨가는 데 소요되는 시간 동안밖에 나타나지 않음을 주의해야만 한다. 이 점은 내가 빛이란 무엇인가에 대해 말했다면 곧 좀더 명백하게 이해할 수 있을 것이다. 또한 이상과 같은 기술에 의해 다음과 같은 것이 이해될 수 있을 것이다. 즉 혜성의 운동은 FG의 중심 주위에 살고 있는 사람들에게 보이기 시작했을 때가 보이지 않게 될 무렵보다도 훨씬 빠르게 느껴지고, 혜성의 물체는 훨씬 크게 보이고 그 빛도 훨씬 뚜렷하게 보이는 것이다.

만일 혜성으로부터 나올 수 있는 빛이 어떻게 천공의 온갖 방향으로 퍼지고 분산하는가를 좀더 세심히 고찰한다면, 다음의 일도 충분히 이해할 수 있을 것이다. 즉 혜성은 우리들이 가정하지 않으면 안 될 만큼 엄청나게 크기 때문에 혜성의 둘레에 나타나는 광선은 보는 각도에 따라 어떤 때는 머리칼 모양으로 여러 방향으로 퍼지고, 또 어떤 때는 꼬리 모양으로 다만 하나의 방향으로 기울어지는 것이다.

　이리하여 이 혜성에는 우리들이 현실 세계에서 볼 수 있는 것에 관해 이제까지 관찰된 개개의 것 가운데 적어도 진실이라고 간주되는 것을 무엇 하나 결여하고 있지 않은 것이다. 왜냐하면 만일 어떤 역사가가 터키 인이 신성시하는 초승달을 위협하는 기적을 이루기 위해 1450년에 달은 그 위를 가로지르는 혜성에 의해 침범되었다거나 그밖에 이와 비슷한 말을 했다 해도, 또한 만일 천문학자들이 천공의 굴절률(屈折率)이 얼마인지를 모르고 굴절과 혜성 운동의 속도—이것은 불확정이다—를 잘못 계산하여 혜성에 많은 시차를 줌으로서 혜성의 위치를 유성 가까이에 두든가, 또는 누군가가 힘으로 혜성을 당겨 원하는 만큼의 위치에 놓았다고 해도, 우리들은 이런 일을 믿지 않아도 상관없기 때문이다.

제10장

유성 일반에 대해, 특히 지구와 달에 대해

유성에 관해서도 주목해야 할 사항이 많다. 첫째, 유성은 그것을 둘러싼 천공의 중심으로 향하고 있긴 하지만, 중심까지 도달한 유성은 일찍이 없었다는 점이다. 왜냐하면 앞에서 내가 말했듯이 그와 같은 중심점을 차지하고 있는 것은 태양이나 그밖의 항성이기 때문이다.

그러나 유성이 어떠한 장소에서 머물러야만 할 것인가를 분명히 인식할 수 있도록, 이를테면 F라고 표시한 유성을 보아주기 바란다(제2도 참조). 나는 이 유성을 천공 중의 원 K의 주위에 있는 물질과 같은 코스에 따르고 있다고 가정해 두겠다. 그리고 다음의 점을 고찰해 주기 바란다. 만일 이 유성이 자신을 에워싸고 있는 입자보다 직선적으로 운동을 계속하는 힘을 조금이라도 많이 갖고 있다면, 이 유성은 원 K를 쫓지 않고 Y쪽으로 가게 된다. 이리하여 그 유성은 원의 중심 S로부터 훨씬 멀어지게 될 것이다.

그리고 그 유성을 Y의 주변에서 에워싸고 있는 제2원소의 입자는 K 주변의 제2원소의 입자에 비하여 운동은 신속하지만 크기가 다소 작거나 또는 큰 일은 없으므로, 이 유성에게 F의 바깥쪽으로 옮기는 힘을 더 많이 주게 될 것이다. 이리하여 이 유성은 어떠한 중간적인 장소에 머무르는 일 없이 이 천공의 주변에까지 가게 되고, 그곳으로부터 다른 천공으로 쉽게 옮겨가게 될 것이다. 이와 같은 방법으로 그 유성은 유성이 아니라 하나의 혜성이 될 것이다.

이로써 원 K로부터 천공 FGGF의 주변에 이르는 이 거대한 공간 전체—혜성이 취하는 진로는 이 공간을 지난다—로서는 어떠한 천체(天體)도 머무를 수가 없음을 알게 된다. 한편 유성이 K 주변의 제2원소의 여러 입자와 같은 구동력(驅動力)으로 움직일 때는, 직선운동을 계속하는 힘을 K 주변의 제2원소의 입자보다 더 많이 갖고 있으면 안 된다는 것은 필연임을 알게 된다. 그리하여 직선운동을 계속하는 힘을 이러한 K 주변의 입자보다 더 많이 갖는 물체는 모두 혜성임을 알게 되는 것이다.

그러므로 이번에는 이 유성 ♄가 갖고 있는 힘은 그것을 에워싸고 있는 제2원소의 입자의 힘보다 작다고 생각하자. 그러면 이 유성을 좇아 움직이고, 또한 이 유성보다도 다소 낮은 곳에 위치하고 있는 제2원소의 입자는, 이 유성이 나아가는 방향을 바꾸고 이 유성을 원 K에 좇도록 하는 대신 ♃라고 표시한 유성의 주변까지 하강시킬 수 있을 것이다. 즉 유성 및 유성을 에워싼 제2원소의 입자와 같을 만큼의 강도(强度)를 갖게 될 수 있는 곳까지 유성을 하강시킬 수 있을 것이다.

그 이유는 이러한 (♃ 주변의) 제2원소의 입자는 K 주변의 제2원소의 입자보다도 훨씬 활동적이므로 유성도 좀더 활동시키지만, 이것에 더하여 ♃ 주변의 제2원소는 (K 주변의 제2원소의 입자보다) 좀더 작으므로 그만큼 이 유성에 별로 저항할 수 없을 것이기 때문이다. 이 경우 유성은 ♃ 주변 입자의 한가운데 완전히 균형을 유지한 채 머무르게 될 것이다. 그리고 유성은 그러한 입자도 태양으로부터 멀어지지 않는다면, 태양에서 조금이라도 멀어지는 일 없이 그러한 입자와 같은 방향으로 태양의 둘레라는 코스를 취하게 될 것이다. 그러나 만일 ♃ 주변에 있는 이 유성이 스스로의 둘레에서 찾아내는 천공의 물질보다도 직선운동을 계속하는 힘이 훨씬 약하다면, 유성은 이 물질에 의해 더욱 아래쪽으로 밀려 ♂라고 표시한 유성의 주변까지 가게 될 것이다. 이와 같은 방법으로 유성은 마지막으로 자기의 힘과 비슷한 힘을 갖고 있는 물질에 둘러싸이게 되는 것이다.

이리하여 여러 유성이 있는데 그중 그 어떤 것은 태양으로부터 훨씬 떨어져 있고 어떤 것은 그리 떨어져 있지 않게 되는 일이 있을 수 있다는 점은 그림(제2도 참조)의 ♄ ♃ ♁ T ♀ ☿에서 볼 수 있는 대로이다. 그러한 것 가운데 가장 낮은 곳에 있고 가장 가벼운 것은 태양의 표면에까지 이를 수 있지만, 가장 높은 것도 원 K를 넘어 나가는 일은 결코 없다. 원 K는 개개의 유성에 비교하여 매우 크지만, 전(全)천공 FGGF에 비하면 극히 작고 위에서 말한 것처럼, 이를테면 천공 FGGF의 중심점이라고 생각된다.

원 K의 바깥쪽에 있는 천공의 입자는 유성과는 비교도 되지 않을 만큼 작지만, 직선운동을 계속하는 힘은 유성보다 더 많이 갖지 않을 수 없는 원인을 아직도 깨닫지 못한다면 다음을 고찰해 주기 바란다. 즉 이 힘은 각 물체 중 물질의 양에만 의존하는 것이 아니고, 물체 표면의 확대에도 의존하고 있는 것이다. 왜냐하면 두 개의 물체가 같은 속도로 움직일 경우에는 한쪽이 다른 쪽에 비해 두 배의 활동량을 갖고 있다는 것은 진실일 테지만, 그렇다고 해서 그 물체가 직선운동을 계속하는 힘까지도 두 배를 갖게 되는 것은 아니다. 두 배의 물질을 가진 물체의 직선운동력도 두 배가 되려면 그것의 (운동 방향의) 표면 또한 두 배가 되어야 하기 때문이다. 이 경우, 그 물체는 자기에게 저항하는 다른 물체에 언제나 두 배만큼 충돌할 것이 분명하다. 만일 그 표면이 두 배 이상의 넓이를 갖는다면, 그 직선운동력은 훨씬 적을 것이다.

그런데 여러분들은 천공을 구성하는 입자는 거의 완전한 구(球)에 가깝다는 것, 아울러 그러한 입자는 모든 형태 중 최소의 표면 아래 최대의 물질을 포함하는 듯한 모양을 갖고 있음을 알고 있다. 그리고 또한 이에 반하여 유성은 매우 불규칙하고 넓은 형태의 소립자로 구성되어 있는 까닭에, 유성은 물질의 양의 비율로는 훨씬 큰 표면을 갖고 있음도 알고 있다. 그리하여 유성은 천공의 대부분의 입자보다도 표면을 많이 갖고 있지만, 천공의 중심과 가까운 곳에 존재하는 보다 작은 어떤 입자와 비교하면(비율로 말하여) 유성의 표면은 작은 것이 된다. 왜냐하면 이 천공의 입자와 같이 빽빽한 질량을 갖고 있는 두 개의 구체 중에서는 작은 쪽의 구는 큰 쪽의 구에 비하여 그 양의 비율로는 항상 많은 표면을 갖고 있음을 알아야만 하기 때문이다.

이러한 일은 모두 경험에 의해 쉽게 입증될 수 있다. 그 까닭은 이러하다. 즉 서로가 뒤얽히고 연결되거나 쌓아 올려진 몇 개의 나뭇가지로 구성되어 있는 하나의 큰 구체에 운동을 주었다고 하자—유성을 구성하고 있는 물질의 입자는 이러한 나뭇가지와 같은 것이라고 상상해야만 한다. 이때 그 구체는 같은 목질(木質)로 구성되어 있지만, 꽉 들어차서 질량적이고 훨씬 작은 다른 구체의 운동에 비교하면 비록 크기에 완전히 비례된 힘으로 운동이 전해졌다 하더라도 이 작은 쪽의 구체만큼 멀리까지 운동을 계속할 수 없음은 확실하다.

이것과 전혀 반대로 다음의 일, 즉 같은 목질로 완전히 꽉 들어차 있어, 질량적인 다른 구체를 만들고, 그 구체가 극단적으로 작기 때문에 (제1의 나뭇가지로 구성된) 구체보다도 운동을 계속하는 힘이 훨씬 적도록 할 수 있으리라는 것도 확실하다. 마지막으로 이 제1의 구체는 그것을 구성하고 있는 보다 크고, 한편 또 바짝 밀어붙여 하나로 되어 있는지의 여부에 따라 운동을 계속하는 힘을 보다 많이 혹은 보다 적게 가질 수 있음은 확실하다.

이상으로 미루어 여러 유성이 태양으로부터 무수한 거리를 두고 원 K보다 안쪽에서 허공에 떠 있는 일이 가능한 이유를 알 수 있고, 또한 태양으로부터 가장 멀리 있어야 할 유성은 단지 외견상 가장 크게 보일 뿐만 아니라 내부가 가장 견고하고 가장 무거운 유성인 이유도 알 수 있다. 그 다음에 주의할 것이 있다. 즉 강물의 흐름을 쫓고 있는 배는 결코 이 배를 끌어당기고 있는 물보다 빠르게 운동하지 않는다는 것과, 또 그 큰 배는 작은 배보다 빨리 운동하지 않음을 우리들은 경험하고 있다.

이와 마찬가지로 유성은 천공의 물질의 흐름에 저항 없이 따르고 천공의 물질과 같은 구동력으로 운동하는 것이긴 하지만, 그렇다고 해서 결코 천공의 물질과 같을 정도로 빠르게 운동하지는 않는다. 그리하여 또한 운동이 각각 다른 것은 유성의 질량의 크기와 유성을 에워싸고 있는 천공의 물질 입자의 작음이라는 것 사이에 존재하는 차이와 어떠한 관계를 가질 것이다. 그 이유는 이러하다. 즉 일반적으로 말해서 하나의 물체가 크면 클수록 이 물체가 스스로 운동의 일부를 다른 여러 물체에 전하는 일은 그만큼 쉽지만, 다른 물체에 있어서는 갖고 있는 운동을 얼마쯤이라도 이 큰 물체에 전하는 일은 그만큼 어려운 것이다.

이것은 몇 개의 작은 물체가 하나로 연합하여 보다 큰 물체에 작용할 때는 이 큰 물체와 같은 만큼의 힘을 가질 수도 있겠지만, 그러한 여러 가지의 소물체는 자기들이 움직이고 있는 것과 마찬가지로 여러 방향으로 신속하게 이 물체에 운동시키는 일은 결코 할 수 없다는 데 기인한다. 즉 만일 그러한 여러 물체가 그 큰 물체에 전달한 어떤 운동에 관해 일치된 운동을 하고 있다 하더라도 동시에 그 다른 운동에 관해서는 어쩔 수 없이 각각 다르고, 이렇게 각각 다른 운동을 소물체는 큰 물체에 전할 수 없는 것이다.

아무튼 이상의 일로 대단히 중대한 두 가지 결론을 얻을 수 있게 된다. 첫째, 천공의 물질은 유성을 태양의 둘레에 회전(공전)시킬 뿐만 아니라, 유성을 유성 자신의 둘레에 (이 일이 일어나지 않도록 방해하는 특수한 원인이 없는 한) 회전(자전)시킬 것이 틀림없다는 것과, 또한 천공의 물질은 유성의 둘레에 작은 천공을 구성하고 있어서 이 소천공이 가장 큰 천공(즉 항성 또는 태양을 중심으로 하는 천공)과 같은 방향으로 운동을 한다는 것이다.

그리고 두 번째는, 크기가 다른 두 개의 유성이 태양으로부터 같은 거리에 있는

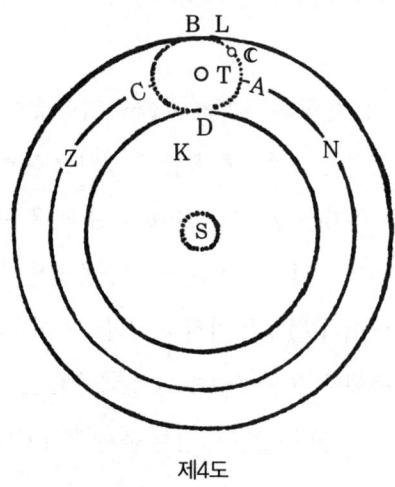

제4도

코스를 천공 중에 선택하도록 배치되어 있다—따라서 그 한쪽이 보다 꽉 들어찬 질량이라면 다른 쪽은 질량보다는 크기가 큰 것이다—하고, 이 두 개가 충돌했다고 하자. 이때 이 두 개의 유성 가운데 크기가 작은 쪽이 큰 쪽보다도 빠른 운동력을 갖고 있다면, 작은 쪽의 유성은 큰 유성의 주위에 있는 소천공과 결합하여 이 소천공과 더불어 연속적으로 회전(큰 쪽의 유성 둘레를 원운동한다)할 수밖에 없게 될 것이다. 왜냐하면 (제4도) 천공의 입자, 이를테면 A 주변에 있는 입자는 그러한 입자가 그 쪽으로 가는 운동을 전하고 있는 T라고 표시된 유성보다도 빨리 움직이는 것이므로, 그러한 입자는 그 유성 T에 의해 방향이 바뀌고 B쪽으로 코스를 선택하지 않을 수 없게 됨은 명백하기 때문이다. 나는 D가 아니고 B라고 한다. 왜냐하면 그러한 입자는 직선운동을 계속하는 경향을 갖고 있으므로 중심 S로 향하기보다는 오히려 그러한 입자가 그리는 원 NACZ의 바깥으로 향하려 할 것이기 때문이다.

그런데 그러한 입자는 이와 같이 A로부터 B에 이행되어 감으로써 입자 자신과 함께 유성 T를 자신의 중심 둘레에 회전(자전)시킨다. 그리하여 거꾸로 이 유성은 이와 같은 방법으로 회전하면서 그러한 입자에 B로부터 C, 이어서 D, A로 향하는 코스를 취하는 원인을 준다. 그리고 또 이 유성은 이러한 입자에 그 유성 둘레에 따로 하나의 천공을 형성케 하는 원인이며, 이 천공과 더불어 그 유성은 항상 운동을 계속하고, 서(西)라고 불리는 부분으로부터 동(東)이라고 불리는 부분을 향해 태양의 둘레뿐만이 아니라 그 유성 자신의 둘레까지도 계속 운동할 것이다.

그리고 ℂ라고 표시된 유성이 T라고 표시된 유성과 마찬가지로 원 NACZ에 따라 코스를 취하도록 배치되어 있으며, 또한 이 유성 ℂ는 보다 작은 만큼 빨리 움직인다는 것을 알면, 이 유성 ℂ가 최초로 천공의 어딘가에서 발견되었다 하더라도 얼마쯤 지나는 사이 소천공 ABCD의 표면을 향해 가기 시작할 것이고, 또한 그곳에 일단 결부된 뒤에는 이 표면에 있는 제2원소의 입자와 함께 T 둘레의 코스를 항상 쫓게 되리라는 사실을 이해하기는 매우 쉽다.

그 까닭은 이러하다. 우리들의 가정에 의하면, 이 유성 ℂ는 만일 다른 유성이 원 NACZ 안에 하나도 없을 경우에는 이 원에 따라 회전(원운동)하는 힘을 이 천공의 물질과 동일하게 갖고 있는 것이므로, 이 유성은 원 ABCD에 따라 회전(원운동)하기에는 다소 많은 힘을 갖고 있으며—왜냐하면 이 원 ABCD는 원 NACZ보다 작기 때문이다—따라서 그 유성은 중심 T로부터 되도록 언제나 멀리 있다고 생각하지 않으면 안 된다. 이것은 하나의 돌이 투석기에 넣어져 활동력이 부여되었을 경우, 그 돌은 언제나 그리고 있는 원의 중심으로부터 멀어지는 경향을 갖고 있는 것과 같다. 그렇지만 이 A의 주변에 있는 유성이 L쪽으로 빗나가는 일은 없을 것이다. 왜냐하면 그 유성이 들어갈 장소인 천공의 물질은 이 유성을 원 NACZ의 쪽으로 밀어내는 힘을 갖고 있을 것이기 때문이다.

이와 마찬가지로 이 유성은 C의 주변에 있을 때도 K쪽으로 내려가는 일은 없을 텐데, 그것은 이때 이 유성을 같은 이 원 NACZ에 또다시 올라가는 힘을 이 유성에 주는 물질에 둘러싸여 있을 것이기 때문이다. 이 유성은 B로부터 Z에도 가지 않거니와 D로부터 N에도 가지 않을 것이다. 왜냐하면 그와 같은 장소에는 C나 A에 가듯이 쉽게 또는 신속하게 이 유성이 움직일 수 없을 것이기 때문이다. 그러므로 이 유성은 소천공 ABCD의 표면에 들러붙은 것처럼 되어 이 소천공과 함께 T의 둘레를 연속적으로 회전(원운동. 즉 공전)해야만 하는 것이다. 이 점은 이 유성의 둘레에, 이 유성으로 하여금 그 자신의 둘레를 회전(자전)하게 하는 별도의 소천공 형성을 방해하는 것이다.

여기서 최근의 천문학자(아마도 갈릴레이를 가리킬 것이다)가 목성과 토성의 둘레에서 관찰한 유성처럼 다수의 유성이 하나의 결합 관계를 형성한 채 존재하며, 하나가 다른 것의 둘레를 운행하는 일이 어떻게 가능한가 하는 것을 나는 여기에 하나도 부가시키지 않는다. 왜냐하면 나는 모든 것을 말하고자 의도하지는 않았으며, 또한 내가 특히 위에서 말한 두 개의 유성에 관해 풀이한 것은 우리들이 살고 있는 지구를 T라고 표시한 것에 의해, 또 그 둘레를 회전하고 있는 달을 ☾ 라고 표시한 것에 의해 여러분들에게 제시하고자 했을 뿐이었기 때문이다.

제11장

무게에 대해

이번에는 여러분들에게 이 지구의 중력(重力)이란 어떤 것인지 고찰해 주고자 한다. 여기서 말하는 중력이란 지구의 모든 입자를 하나로 통합하는 힘이고, 그 힘은 그 입자 하나하나가 보다 크고 보다 견고한가 그렇지 않은가에 따라 각각 지구의 중심 쪽으로 보다 가까워지든가 멀어지게 하는 힘이다. 지구의 중력이란 바로 다음과 같은 것으로써만 성립되고 있다. 즉 지구를 둘러싸고 있는 소천공의 입자가 지구의 입자보다도 훨씬 빠르게 지구의 중심을 굴대로 하여 회전하고, 지구의 입자보다도 좀더 큰 힘으로 지구로부터 멀어지고자 하여, 그 결과 지구의 입자를 지구에 (중심을 향해) 밀어붙이려고 하는 것이다.

이 일 가운데 여러분들은 혹시 내가 지금까지 말한 것에 의거해서는 이해하기 어려운 무엇인가를 발견할지도 모른다. 즉 나는 혜성의 물질을 가장 질량적이고 가장 견고한 물체라고 가정하고서, 혜성처럼 질량이 있고 견고한 물체는 천공의 주변으로 향하는 것 가운데 천공의 중심으로 밀어 보내지는 물체로서는 질량과 견고함이 결여된 것밖에 없다고 말했던 것이다. 더구나 나는 이러한 점으로부터 지구의 중심을 향해 밀릴 수 있는 것은 지구의 입자 중에서도 가장 견고함이 결여되어 있는 입자라는 것과, 또한 그밖의 입자는 중심으로부터 멀어지리라는 귀결이 필연적으로 나와야만 한다고 말하기도 했던 것이다.

그래서 이것에 근거하여 지금 말한 중력의 설명에 무언가 납득되지 않는 게 있다면 다음을 주의해 주기 바란다. 가장 견고하고 질량이 있는 물체는 천공의 중심으로부터 멀어지고자 하는 것이라고 말했을 때, 나는 그러한 물체가 그때까지 이미 이 천공의 물질과 같은 구동력으로 움직이고 있다고 가정하고 있었던 것이다. 왜냐하면 만일 그러한 물체가 아직 운동을 시작하고 있지 않든, 또는 실제로 운동하고 있든 간에 이 천공의 물질의 흐름을 따르는 데 필요한 속도를 갖고 있지 않다면, 그러한 물체는 이 물질에 의해 이 물질의 회전 중심으로 우선 쫓겨가리라는 것은 명백하고, 또한 그러한 물체는 크기도 하고 견고하므로 그만큼 보다 큰 힘과 속도로 천공의 중심으로 밀리게 되리라는 것도 명백하기 때문이다.

그렇지만 또 이러한 점은 위에서 기술한 것과 같이 물체가 혜성을 구성하기에 충분할 만큼의 크기와 견고함을 갖고 있다면, 이윽고 천공의 바깥쪽을 향해 가는 것을 방해하지는 않을 것이다. 왜냐하면 그러한 물체가 어떠한 천공의 중심을 향해 하강해 가면서 획득한 활동은, 그러한 물체에 바깥쪽으로 향하고 천공의 바깥 둘레로 또다시 상승하는 힘을 필연적으로 주게 될 것이기 때문이다.

그러나 이 점을 여러분들이 좀더 명백히 이해할 수 있도록 지구 EFGH, 물 1234, 공기 5678을 생각해 보기로 하자(제5도 참조). 이러한 물과 공기는 내가 곧 뒤에서 말하듯이 지구의 입자 중 그다지 견고하지 않은 입자로써만 구성되고, 지구와 더불어 하나의 덩어리를 형성하고 있는 것이다. 그리고 천공의 물질까지도 고찰해 보자. 이 물질은 단지 원 ABCD와 원 5678의 사이에 있는 전공간을 채울 뿐만이 아니라 좀더 아래의 공기·물·지구의 입자 사이에 있는 작은 틈마저도 모두 채우는 것이다.

또한 다음과 같이 생각해 보자. 즉 이 천공과 지구는 함께 중심 T의 둘레를 돌고 있고, 그러한 전입자는 이 중심 T로부터 멀어지려고 하는데, 지구의 입자보다는 천공의 입자가 보다 활발히 활동하게 되어 훨씬 힘차다고 생각하자. 마찬가지

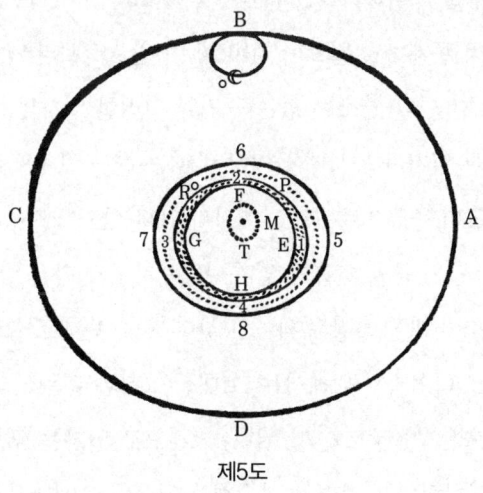

제5도

로 또한 지구의 입자 중에서 천공의 입자와 같은 방향으로 가장 활발히 움직이게
하는 입자는 다른 입자보다 지구의 중심으로부터 좀더 멀어지려 한다고도 생각하
자. 이 점을 근거로 하여 만일 원 ABCD의 밖에 있는 공간은 공허한 것이라고 가
정해 보자. 즉 그 공간이 포함하고 있는 물질은 다른 물체의 활동에 저항할 수 없
는 물질뿐이고, 또한 눈에 띄는 결과는 하나도 생겨나지 않는(왜냐하면 이와 같은
점에 의해 그 공간은 공허라는 이름을 얻고 있는 것이므로) 물질뿐이라고 하면, 원
ABCD 안에 있는 천공의 입자는 모두 우선 원 ABCD로부터 나갈 것이고, 그 다음
에는 공기와 물의 입자가 그 뒤를 따를 것이며, 그리고 마지막으로 지구의 입자도
또한 지구의 덩어리의 나머지 부분에 별로 밀착되어 있지 않는 것일수록 보다 신
속히 이것에 따르게 될 것이다.

　이것은 투석기의 끈으로부터 풀리면 그 속에서 활동력이 부여되어 있던 돌이 곧
투석기 밖으로 튀어나가는 것과 같은 이치이고, 또한 팽이가 돌고 있을 때 그 위에
던져진 티끌이 순간적으로 여러 방향으로 날아가 버리는 것과 같은 이치이다.

그리고 다음의 점을 생각해 주기 바란다. 즉 원 ABCD의 바깥쪽에는 그와 같이 공허한 공간은 전혀 존재하지 않으며, 따라서 이 원 ABCD의 안쪽에 포함되어 있는 천공의 입자가 갈 만한 장소는 없는—만일 그러한 입자의 장소에 그 입자와 똑같은 천공의 다른 입자가 동시에 들어오지 않는 한—것이므로, 똑같이 지구의 입자가 지금보다도 더 중심 T로부터 멀어지기 위해서는 그 지구의 입자의 장소를 채우는 데 꼭 필요할 만큼의 천공의 입자, 또는 지구의 다른 입자가 멀어지려는 지구의 입자의 장소에 대신 하강해 와야만 한다. 또한 반대로 그러한 지구의 입자가 지구의 중심으로 다가가기 위해서는 그 대신 그것과 같은 양의 다른 지구의 입자가 그 장소에 올라오지 않으면 안 된다. 그러므로 입자는 모두 서로 밀어대고 있는 것이다. 그 하나하나는 자기가 상승했을 경우에 그때까지 자기의 장소였던 곳에 들어올 예정이었던 입자와도 서로 밀어대고, 또한 마찬가지로 입자가 하강했을 경우에 그때까지 자기의 장소였던 곳에 들어올 예정이었던 입자와도 서로 밀어대고 있는 것이다. 이것은 저울대의 양쪽이 서로 밀고 있는 것과 같은 것이다. 즉 이 저울대의 한쪽은 다른 쪽이 동시에 반대의 일을 하지 않는다면 상승도 하강도 할 수 없고, 또한 저울대의 무거운 쪽이 다른 쪽을 들어올리게 마련이다.

이와 같이 이를테면 돌 R은 이 돌 위에 있는 공기의 어떤 양(돌의 크기와 똑같다)과 서로 밀어대고 있는 것으로서, 돌이 중심 T로부터 더 멀어질 때는 돌은 자기 위에 있는 이 공기의 장소를 차지할 것이므로, 돌이 상승함에 따라 이 공기가 하강하는 일은 아무래도 불가피한 것이다. 그리하여 마찬가지로 그 돌은 또한 돌 아래에 있는 똑같은 양의 공기—돌이 중심 T에 가까워질 경우에는 이 공기의 장소를 차지할 것이다—와 서로 밀어대고 있고, 그 돌이 하강하는 것은 이 공기가 상승할 때가 되어야만 하는 것이다.

그런데 명백히 이 돌은 같은 연장을 가진 공기의 양과 비교해 볼 때, 지구의 물질을 훨씬 많이 자기 속에 함유하고 있고, 그 대신 천공의 물질을 그만큼 적게 함유하고 있으며, 또한 마찬가지로 이 돌이 함유하고 있는 지구의 입자에는 공기의 물질이 천공의 물질로부터 활동력을 부여받고 있는 만큼의 활동력이 부여되어 있지 않으므로 돌이 공기의 위로 상승하는 힘을 가질 리는 없으며, 오히려 반대로 공기가 그 돌을 하강시킬 힘을 갖게 되리라는 것은 명백하다. 그러므로 공기는 돌에 비한다면 가벼운 것이며, 이에 반하여 참으로 순수한 천공을 물질에 비한다면 무거운 것이다. 이리하여 지구상에 존재하는 물체의 각 입자(땅의 입자)는 T쪽으로 밀어 보내지고 있음을 알 수 있다.

그러나 지구상에 존재하는 물체의 각 입자는 입자를 둘러싼 물질의 어느 것을 막론하고 전체에 의해 이와 같이 T쪽으로 밀어 보내지는 것이 아니라, 그 물질 가운데서 이 입자와 같은 크기를 갖는 어떤 양의 물질에 의해서만 T쪽으로 밀어 보내지는 것이다.

그리고 이 물질이 그 입자의 아래에 있을 경우, 그 입자가 하강할 때는 그 입자의 장소를 차지할 수 있는 것이다. 이 점이 공기나 물의 입자처럼 사람들이 균질(均質)이라 부르는 하나의 물체 중의 각 입자 사이에서는, 가장 낮은 곳에 있는 입자도 가장 높은 곳에 있는 입자에 비해 특히 두드러질 만큼 강하게 밀어 붙여지지 않는 원인이고, 또한 사람이 아주 깊은 물 밑에 있어도 훨씬 위쪽에서 헤엄치고 있을 때 이상으로 등이 밀어 붙여지고 있다고 느끼지 않는 원인이기도 하다.

그러나 만일 천공의 물질은 이렇듯 돌 R을 T쪽으로 돌을 에워싸는 공기의 아래까지 하강시키기 때문에 돌을 이 공기보다도 빠르게 6 또는 7쪽으로, 즉 서쪽 또는 동쪽으로 보낼 것이고, 따라서 그 돌은 지구상에 실존하는 무거운 물체처럼 곧장 수직으로는 하강하지 않는다고 생각된다면 다음과 같은 점을 생각해 주기 바란다. 즉 첫째로 원 5678에 둘러싸인 지구의 물질 입자는, 내가 바로 앞에서 설명했던 방식으로 천공의 물질에 의해 T쪽으로 밀리고, 또한 이러한 입자가 매우 불규칙하고 갖가지의 다른 모양을 갖고 있다면 서로 결합되어 증대할 것이다. 이리하여 지구의 물질 입자는 천공 ABCD의 흐름에 의해 전체가 운반되는 하나의 덩어리만을 구성하게 될 것이다. 그리고 그 덩어리가 회전하는 동안, 그 입자 가운데 이를테면 6의 주변에 있는 것은 2 및 F의 주변에 있는 것과 언제나 마주보고 있으며, 바람이라든가 그밖의 특수한 원인이 그러한 입자를 강요하지 않는 한 눈에 띌 정도로 여기저기로 일탈(逸脫)하지는 않는 것이다.

그런데 여기서 또 한 가지 주의할 것은, 이 소천공 ABCD는 이 지구보다도 훨씬 빠르게 회전하는 것이라는 점, 그러나 이 천공의 물질 가운데 지상의 물체보다도 현저히 빠르게 중심 T의 둘레를 회전할 수는 없다는 점이다. 하긴 이러한 입자는 물체의 틈바구니의 구조에 따라 여러 방향으로 훨씬 빠르게 운동하고는 있지만.

그러므로 다음을 알아주기 바란다. 즉 천공의 물질은 돌 R보다도 큰 힘으로써 천공의 중심으로부터 멀어지려고 하는 까닭에 돌을 천공의 중심에 접근시키는 것인데, 그렇다고 해서 천공의 물질은 비록 돌 이상의 힘으로써 동쪽을 향하고 있다고 하여 그 돌을 서쪽에 물리듯이 강요하지는 않는다. 이 점을 이해할 수 있도록 고찰해 주기 바라는 것은, 천공의 이와 같은 물질은 이 운동을 직선적으로 계속하고자 하는 까닭에 중심 T로부터 멀어지려 하고 있다는 것, 그러나 또 이 물질이 서쪽로부터 동쪽으로 향하는 것은 단지 같은 속도로 운동을 계속하려는 경향을 가졌기 때문이고, 또한 6의 주변에 있거나 7의 주변에 있거나 그 물질에 있어서는 아무래도 좋다는 점이다.

어쨌든 이 (천공의) 물질은 돌 R을 T쪽으로 하강시킬 때는 이 돌을 R의 주변에 남기는 때보다도 어느 정도 직선에 가까운 운동을 하고 있다. 그러나 만일 이 물질이 돌을 서쪽으로 옮기게 한다면, 이 물질은 돌을 본래 있었던 장소에 남겨두거나 자기 앞에 밀어 줄 만큼 동쪽을 향해 빨리 운동할 수 없을 것이다.

그러므로 여기서는 다음의 일도 알아두어야 할 것이다. 즉 천공의 이 물질이 돌 R을 T쪽으로 하강시키는 힘은 이 돌 R을 에워싸고 있는 공기를 T쪽으로 하강시키는 힘보다 강한 것이지만, 이 물질이 스스로 서쪽로부터 동쪽으로 밀어 주는 힘도 공기에 있어서보다 돌에 있어서 더 강력한 것은 아니며, 따라서 이 물질이 돌을 공기보다도 빠르게 서쪽로부터 동쪽으로 움직이는 일도 역시 없는 것이다.

이 점을 이해하기 위해 다음과 같은 일에 대해 고찰해 주기 바란다. 즉 돌을 구성하는 지구의 물질이 있는 것만큼의 천공의 물질이 있어 이 돌에 대해 작용하고, 그 돌을 T쪽으로 하강시키고 있으며, 또한 그 때문에 모든 힘을 사용하고 있는 것이라는 점, 그리고 이 돌 속에는 이 천공의 물질이 이 돌과 같은 확대성을 가진 공기의 양 속에 있는 것보다도 다량으로 포함되어 있으면 있을수록 돌은 공기보다도 훨씬 강하게 T쪽으로 밀릴 것이라는 점, 그러나 돌을 동쪽에 돌리는 점에 관한 한 돌에 작용하고 또한 원 R의 안쪽에 포함되어 있는 공기 속에 있는 지구상의 물질의 입자 전체에 대해 협동하여 작용하고 있는 것은 원 R에 포함되어 있는 천공의 물질의 전체라는 점이다.

따라서 돌에 대해 작용하는 천공의 물질은 이 공기에 대해 작용하는 것보다 많지 않은 것이므로 돌이 공기에 비해 서쪽로부터 동쪽으로 빨리 돌 이유는 전혀 없는 것이다.

이로써 여러분들은 많은 철학자들이 지구의 실제적인 운동을 논증하는 데 사용하고 있는 근거는 내가 서술하고 있는 지구의 운동에 대해 아무런 영향도 미칠 수 없음을 이해하게 되리라. 철학자들이 만일 지구가 움직인다면 무거운 물체는 지구의 중심을 향해 수직으로 떨어질 까닭이 없고, 오히려 중심으로부터 벗어나 천공의 여기저기로 흩어져 버릴 것이라고 말하거나, 또는 서쪽으로 향한 대포가 동쪽으로 향한 대포보다도 훨씬 멀리 닿을 것이라든가, 공중에서 언제나 큰 바람을 느끼든가 잡음을 듣든가 할 것이라고 말해도, 그것은 나의 이론(理論)에 대해 아무런 힘도 미칠 수 없다.

또한 똑같은 일, 즉 지구는 지구를 둘러싼 천공의 흐름에 의해 운반되고 있는 것이 아니라 좀더 다른 힘으로, 또 천공과는 다른 방향으로 움직이고 있는 것이라고 가정할 때만 생길 수 없는 갖가지 사항도 나의 의론에 대해 아무런 힘도 갖지 못하는 것이다.

제12장

바다의 간조와 만조에 관해

이 지구의 각 입자의 무게를 설명하고, 지구의 입자의 무게는 지구의 (입자간의) 틈바구니 속에 존재하는 천공의 물질의 활동도 원인으로서 야기되는 것이라고 했던 만큼, 이번에는 달의 존재 원인이라고 할 수 있는 지구 전체의 어떤 운동 및 이 운동에 속하는 몇몇 특수한 사항에 관해 이야기하지 않으면 안 된다.

그러기 위해서는 B에 있는 달을 고찰해 주기 바란다(제5도 참조. 이 그림은 이 장 전체에 사용된다). B에 있어서 달은, 달의 아래쪽에 존재하는 천공의 물질이 운동하는 속도와 비교하면 움직이지 않는다고 가정할 수 있다. 또한 다음의 사항을 고찰해 주기 바란다. 즉 0과 6의 사이에 있어 이 천공의 물질이 지날 수 있는 공간은 B와 6의 사이에 존재할 수 있는 공간보다도(비록 달이 0과 B 사이의 공간을 점유하고 있지 않다 하더라도) 좁고, 따라서 또한 이 천공의 물질은 그곳에서는 좀더 빨리 운동하지 않으면 안 되므로, 역시 지구 전체를 D쪽으로 미는 힘을 어느 정도 가질 수밖에 없으며, 그러므로 지구의 중심 T는 아는 바와 같이 점 M, 즉 소천공 ABCD의 중심 M으로부터 조금 멀어지는 것이다. 왜냐하면 지구를 현재의 장소에서 지탱하고 있는 것은 다만 이 소천공 ABCD의 물질의 흐름뿐이기 때문이다. 게다가 이 지구를 에워싸고 있는 공기 5678 및 물 1234는 액체이므로 지구를 D쪽으로 미는 것과 같은 힘이 이러한 공기나 물의 유체, 단지 62의 유체뿐만이 아니라 그 반대쪽 84의 유체마저도 T쪽으로 밀어 내리며, 또한 그 대신 51 및 73의 곳에서는 이러한 유체를 높이는 것이다. 이리하여 지구의 표면 EFGH는 둥근 채로 머물러 있는데, 그것은 지구가 단단하기 때문이고, 유체인 물 1234 및 공기 5678의 표면은 타원형을 이룰 것이다.

그러므로 다시 고찰해 주기 바란다. 지구는 스스로 중심의 둘레를 돌고 있는 가운데 나날을 새기고, 그 하루는 우리들의 시간과 마찬가지로 24시간으로 나누어져 있으므로 지구의 측면, 즉 지금 달과 대면하고 있고, 그 때문에 그 위에 물 2의 높이가 가장 낮아져 있는 측면은 여섯 시간이 지나면 천공의 C라고 표시된 곳과 대면하기에 이르고, 그때 F 위의 물은 가장 높아져 있을 것이며, 또 열두 시간이 지나면 천공의 D라고 표시된 곳과 대면할 것이고, 여기서 물은 또다시 훨씬 낮아질 것이다. 이리하여 물 1234에 의해 나타내고 있는 바다는 우리들이 살아가고 있는 지구 둘레의 바다에서 여섯 시간 간격으로 간조와 만조가 있는 것처럼, 우리들이 이야기하고 있는 지구의 둘레에서 여섯 시간 간격으로 간조와 만조를 갖지 않으면 안 된다.

또한 다음의 일도 고찰해 주기 바란다. 이 지구가 E로부터 F를 지나 G로 돌고 있는 동안에, 즉 서쪽로부터 남쪽을 지나 동쪽으로 돌고 있는 동안에 1과 5, 3과 7의 주변에 머물러 있는 물이나 공기의 팽창은 동쪽에서 서쪽으로 옮겨 가고, 그때 썰물은 일으키지 않지만 밀물을 일으킨다. 우리들의 항해사들이 보고한 바에 따르면, 이 밀물은 서쪽에서 동쪽으로의 항해보다도 동쪽에서 서쪽으로의 항해를 훨씬 쉽게 해 주는 조수의 흐름과 참으로 유사한 것이다.

여기서 단 한 가지라도 잊어버리는 일이 없도록 덧붙여 두고 싶다. 달은 지구가 매일 하는 것과 같은 회전(자전)을 매달 1회씩 하고 있다는 점과, 이리하여 달은 최고 및 최저의 조석(潮汐)을 나타내는 점 1234를 조금씩 동쪽으로 나아가게 한다는 점이다. 따라서 이러한 조석은 정확히 여섯 시간마다 차례차례 바뀌는 것이 아니라 매회 약 5분의 1시간만 늦어지는 것이며, 실제 바다의 조석과 같은 것이다.

이에 덧붙여 다음의 점도 고찰해 주기 바란다. 소천공 ABCD는 완전히 둥글지는 않으며 약간 A 및 C쪽으로 기울어 있고, 이 기울어짐에 비례하여 소천공 ABCD는 이 소천공을 둘러싼 다른 천공에 있는 물질의 흐름의 방향을 간단하게는 바꿀 수 없는 B 및 D의 주변에서보다도 A 및 C의 주변에서 그만큼 천천히 운동하는 것이고, 따라서 천공 ABCD의 외면에 언제나 붙여진 듯한 상태인 달은 반달밖에 되지 않는 A나 C의 주변에서보다도 만월이 되는 B의 주변 혹은 초승달이 되는 D의 주변에 있을 때 좀더 빨리 운동하고, 또한 자기의 길에서 벗어나는 일도 보다 적을 것이며, 그럼으로써 또한 바다의 간만도 훨씬 커지게 되는 원인일 것이다. 이와 같은 여러 가지 사항에 관해서는 천문학자들도 역시 실제 달도 똑같음을 관찰한다고는 하지만, 그들 자신이 사용하고 있는 가설에 의해서는 그렇게 쉽사리 이러한 것에 이유를 주지는 못할 것이다.

우리들이 이야기하고 있는 달의 좀더 다른 영향, 즉 만월일 때와 초승달일 때와는 다른 듯한 영향은 달빛에 의존하고 있음이 명백하다. 그리하여 간조와 만조에 관한 좀더 다른 여러 사항 가운데 하나는 바다의 갖가지 상황에 의존하고, 또 하나는 그와 같은 갖가지 사항이 관찰되는 때와 장소에서 불고 있는 바람에 의존하고 있는 것이다.

마지막으로 그밖의 일반적인 운동에 관해서는 지구나 달의 운동이든, 혹은 다른 천체나 천공의 운동이든 간에 내가 위에서 말한 일로써 충분히 이해할 수 있는 것이든가, 또는 나의 지금의 문제에 소용이 되지 않는 것이든가 둘 중 하나이다. 이러한 일반적인 운동은 내가 지금까지 이야기한 운동과 같은 범위 안에서는 일어나지 않으므로, 내가 그것을 기술하고자 마음먹는다면 너무 장황하게 되어 버릴 것이다. 이리하여 나에게는 이제 천공과 천체의 빛이라고 해석해야만 하리라고 말한 천공과 천체의 저 활동에 관해 설명하는 일만 남겨져 있는 것이다.

제13장

빛에 대해

나는 이미 여러 차례 원운동을 하고 있는 물체는 그 물체가 그리는 원의 중심으로부터 멀어지려는 경향을 언제나 갖고 있다고 말했다. 그러나 여기서 좀더 파고들어 천공이나 천체를 구성하고 있는 물질의 입자가 어느 쪽으로 향하는가를 정하지 않으면 안 된다.

그러기 위해서는 다음과 같은 것을 알아둘 필요가 있다. 즉 하나의 물체가 어떤 방향으로 향한다고 가정할 때, 그 물체는 그 자체 안에 하나의 생각 또는 의지를 갖고 있으며, 이것이 그 물체 자신을 운반하는 것이라고 상상해 주기 바라는 것은 아니며, 다만 그 물체는 그쪽을 향해 움직일 수 있도록 놓아져 있다고 생각해 주기 바라는 것이다. 그때 그 물체가 실제로 움직인다고 생각해도 좋고, 어떤 다른 물체가 그 물체를 움직이지 못하도록 방해하고 있다고 생각해도 좋다. 이 후자의 의미로 나는 이 '향한다(경향을 갖는다)'는 말을 사용하는데, 그 까닭은 이 말이 어떠한 노력을 의미하는 것처럼 생각되고, 또한 모든 노력은 저항을 전제로 하는 것이기 때문이다.[1]

그런데 자주 발견되는 일이지만, 온갖 원인이 존재하고 이러한 원인은 어떤 하

---

1 아리스토텔레스에게 있어서 운동은 노력과 저항의 일종의 균형이라고 생각되었다.

나의 같은 물체에 작용할 경우 그러한 결과가 상호간에 부정하는 일이 있다. 그러 므로 갖가지 다른 견해를 쫓아, 어떤 하나의 물체 자체가 동시에 여러 방향으로 향하는 경향을 갖는다고 말할 수 있다. 이리하여 앞서 말했던 것처럼 지구의 여러 입자는 주위로부터 완전히 동떨어져 있는 것이라고 간주되는 한에 있어 지구의 중심으로부터 멀어지려는 경향을 갖고 있는 것이고, 이에 반해 그러한 지구의 입 자를 천공의 입자가 지구의 중심으로 밀어붙이고 있는 힘이라는 사실이 고찰되는 한에 있어서는 지구의 입자는 지구의 중심으로 접근해 가는 경향을 갖는다고 말 할 수 있는 것이다. 그리고 또 만일 그러한 지구의 입자가 그것들보다도 훨씬 질 량이 있는 여러 물체를 구성하고 있는 지구의 다른 여러 입자에 서로 대항하고 있 는 것으로서 간주된다면, 지구의 중심에서 멀어지려는 경향을 갖고 있다고 말할 수 있는 것이다.

　마찬가지로 이를테면 투석기에 넣어져 원호 AB를 따라 원운동을 하고 있는 돌 은(제1도 참조), 그것이 점 A에 있을 때 만일 그 돌의 활동만을 고찰하고 다른 것 은 전혀 염두에 두지 않는다면 C로 향하는 것이다. 그리고 그 돌의 운동은 그 돌 을 붙들어 매고 있는 끝의 길이에 의해 규제되고 결정되어 있다고 생각한다면, 그 돌은 A로부터 원호를 그리면서 B로 향하려는 경향을 갖는 것이다. 마지막으로 또 한 만일 그 돌의 활동 가운데 조금도 방해되는 일이 없는 부분을 고찰의 대상으로 하는 게 아니고, 투석기가 연속적으로 그 돌에 미치고 있는 저항력에 대항하는 그 돌의 활동의 또 다른 부분을 생각한다면, 이같은 돌이 E쪽으로 향하는 경향을 갖 고 있는 것이다.

　그러나 이 마지막 사항을 명확히 이해하기 위해 이 돌이 갖는 A로부터 C를 향 해 운동하려는 경향을 상상하고, 이것을 별도의 두 경향, 즉 원 AB를 따라 원운동 을 하고자 하는 경향과 직선 VXY에 따라 곧장 상승하고자 하는 경향으로부터 합 성된 것이라는 식으로 생각해 주기 바란다. 그리고 이 두 가지 경향의 비율은 투석기가 원의 위 A라는 지점에 있을 때 돌은 투석기의 V라고 표시한 지점에 있고, 투석기가 F의 주변에 있다면 돌은 투석기의 Y의 지점에 있으며, 이리하여 돌은 항상 직선 ACG상에 머물러 있어야만 하도록 되어 있다.

다음에 그 돌이 가진 경향의 여러 성분의 하나, 즉 그 돌을 원호 AB를 따라 운반하는 경향은 이 투석기에 의해 조금도 방해되지 않는다는 점을 고려해 준다면 그 돌의 또 다른 경향, 즉 그 돌이 조금도 방해되지 않을 경우에 선 DVXY를 따라 움직이고자 하는 경향에 대해서만 저항이 있을 뿐이라는 것을 잘 알 수 있을 것이다. 따라서 또한 그 돌은 중심 D로부터 직선적으로 멀어지려는 경향, 즉 그와 같은 식으로 멀어지려고만 노력하고 있음을 잘 알 수 있을 것이다. 그리고 또한 주의해 줄 것은, 이 고찰에 따르면 이 돌은 점 A에 있을 때는 틀림없이 E로 향하는 것이고, I보다도 H쪽으로 운동하도록 되어 있다든가 하는 일은 결코 없다는 점이다. 하긴 사람들이 만일 그 돌이 이미 갖고 있는 운동과 그 돌에 남아 있는 경향과의 차이를 고려하지 않을 경우에는 반대의 일을 곧 믿어 버릴지도 모르겠지만.

어쨌든 여러 천공을 구성하고 있는 제2원소의 입자 하나하나에 관해서도 이 돌과 같은 점을 생각해야만 할 것이다. 즉 예를 들어(제6도) E의 주변에 있는 입자는 그것들 특유의 경향에 의해서는 P쪽으로밖에 향하지 않지만, 천공의 다른 여러 입자, 즉 E 주변의 입자 위쪽에 있는 천공의 입자의 저항은 이러한 E 주변의 입자로 하여금 원호 ER에 따라 운동하는 경향을 갖게 한다. 즉 그와 같이 하도록 하는 것이다.

그러므로 이 저항, 즉 E 주변의 각 입자가 직선상의 운동을 하려는 경향에 대항하고 있는(E의 위쪽에 있는 천공 입자의) 이 저항은 E 주변의 각 입자를 M쪽으로 운동하게 하려는, 즉 그 운동에 대한 노력을 일으키게 하는 원인이다. 마찬가지로 다른 모든 입자에 관해서도 같은 방식으로 판단을 덧붙이면, 어떠한 의미에서 그러한 각 입자가 스스로 구성하고 있는 천공의 중심으로부터 정반대인 장소로 향

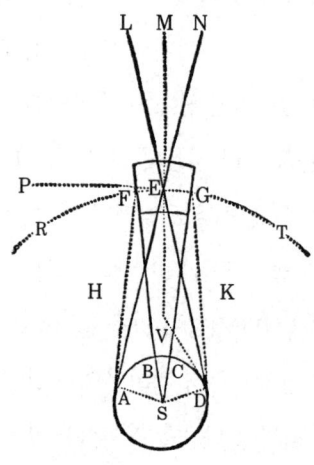

하고 있다고 말할 수 있는지도 알게 될 것이다.

그러나 천공의 입자에 관해서는 투석기 속에 넣어져 원운동을 하고 있는 돌보다도 좀더 고찰해야 할 일이 있다. 즉 그러한 입자는 이러한 입자와 똑같은 모든 입자—이러한 입자와 이러한 입자가 속하고 있는 천공의 중심을 차지하고 있는 천체와의 사이에 존재하는 입자—에 의해 압박될 뿐만 아니라 지금 말한 천체의 물질에 의해서도 역시 압박되지만, 이것들 이외의 것에 의해서는 전혀 압박되지 않는다는 점이다. 이를테면 E 주위에 있는 입자는 M 또는 T, R, K, H 주변에 있는 입자에 의해 압박되는 일은 없으며, 다만 이선분(二線分) AF, DG의 사이에 있는 입자와 태양의 물질에 의해서만 압박되는 것이다. 이것이 E 주변의 입자가 단지 M쪽뿐만이 아니라 L이나 N쪽에도, 또한 일반적으로 말해 태양의 어딘가에 있는 입자로부터 발산되어 E 주변의 입자가 존재하는 장소를 통과하는 직선이 미칠 수 있는 모든 점에도 향하는 원인이다.

그러나 이와 같은 모든 사항을 좀더 알기 쉽게 설명하기 위해 제2원소의 각 입자만을 끄집어내어 고찰하고, 제1원소의 물질에 의해 채워지고 있는 여러 공간의 전부는 태양이 있는 곳에서든 그밖의 공간에서든 일체 공허인 것처럼 생각해 주기 바란다. 마찬가지로 또한 하나의 물체가 무언가 다른 여러 물체에 의해 밀리고 있는지 어떤지를 알기 위해서는 이 물체가 있는 지점을 향해 그러한 다른 여러 물체가 실제로 나아가고 있고, 그 물체가 공허인 경우에는 그곳을 차지하려고 하는지 어떤지를 알아보는 것 이외에 달리 좋은 방법이 없으므로 E 주변의 제2원소의 여러 입자도 그곳(E)으로부터 제거되고 말았다고 상정해 주도록 부탁하고 싶다. 이렇게 해 둔 다음 우선 주의할 사항은, 원호 TER의 윗부분인 M의 주변에 있는 제2원소의 입자는 어느 것이나 E가 있는 지점으로부터 멀어지려고 하는 것이므로, 이러한 입자는 E 주변의 입자가 있는 곳을 채우도록 되어 있지는 않다는 점이다.

그리하여 또한(제2도 참조) 이 원 위, 즉 T 주변에 있는 각 입자도 E 주변의 입자가 있는 곳을 채우지 않는 까닭은, T 주변의 각 입자는 천공 전체의 흐름을 쫓아 T로부터 G로 사실상 운동하고 있는 것이기는 하지만, F 주변에 있는 각 입자 역시 똑같은 속도로 R쪽을 향해 운동하므로, 이러한 입자와 마찬가지로 움직이는 것으로 상정하지 않으면 안 될 공간 E는 만일 다른 입자가 다른 장소로부터 GF간을 채우기 위해 G와 F의 사이로 찾아오지 않는 한 역시 공허였을 것이기 때문이다.

그리고 세 번째로 H 및 K 주변의 입자처럼 원 TER의 아랫부분에 있지만, AF, DG라는 선의 사이에는 포함되어 있지 않은 각 입자도 이러한 입자 하나하나가 갖고 있는 점 S로부터 멀어지려는 경향이 그것들을 E로 나아가게 하는 듯한 어떠한 방식을 취하도록 하기는 하나, 공간 E를 채우기 위해 이 공간 E를 향해 전진하는 일은 전혀 없으리라는 점에 주의해 주기 바란다. 이것은 어떤 하나의 돌의 중력은 그 돌로 하여금 자유 공간을 곧장 하강하도록 할 뿐만 아니라, 그 돌에 있어 달리 하강할 방도가 없을 때는 산비탈의 내리막길을 굴러가도록 하게 하는 것과 같은 이치이다.

그런데 이 공간 E에 이러한 H나 K 주변의 각 입자가 향하는 것을 방해하는 이유는, 운동이라는 것은 모두 가능한 한 직선적으로 연속한다고 하는 점과, 따라서 자연이 동일한 결과에 다다르는 데 몇 개의 경로(經路)를 갖고 있을 때는 언제나 자연은 잘못하는 일 없이 가장 짧은 경로를 택한다는 점에 있다. 왜냐하면 만일 (제6도 참조) K 주변에 있는 제2원소의 각 입자가 E쪽으로 나아간다면, K 주변의 입자보다도 좀더 태양에 가까운 입자가 K 주변의 입자가 떠나 버린 장소를 재빨리 차지할 것이고, 이리하여 그러한 입자의 운동이 가져오는 공간 E가 채워지는 일 및 원주 ABCD상에 E가 채워짐과 동시에 공허해지는 E와 같은 크기의 별도의 공간이 존재하게 되는 일 이외에는 없을 것이기 때문이다.

그러나 명백하게 이 위에서 기술한 것과 같은 결과는 직선 AF, DG의 사이에 있는 입자가 곧바로 E쪽으로 나아가는 경우에야말로 훨씬 쉽게 야기될 수 있는 결과인 것이며, 따라서 AF, DG의 사이에 있는 입자를 방해하는 것이 없을 때는 다른 것은 전혀 E로 향하지 않는다. 이것은 하나의 돌이 직선적으로 낙하할 수 있는 경우에는 결코 지구의 중심을 향해 비스듬히 낙하하지는 않는 것과 같다.

끝으로 다음의 점도 고찰해 주기 바란다. 즉 선분 AF, DG의 사이에 있는 제2원소의 입자 전체는 이 공간 E를 향하여 단번에 전진하고, E가 공허해지자마자 즉시 그것을 채울 것이다. 왜냐하면 만일 그러한 AG, DG 사이의 여러 입자 운동에 뒤이어 생길 것이 분명한 결과에 주의를 기울인다면 여러분들도 이해할 수 있겠지만, 그러한 입자를 선 S로부터 멀어지게 하고 E에 접근시키는 경향만이 존재하며, 한편 이 경향은 선 AF와 BF의 사이 및 선 DG와 CG의 사이에 남아 있는 입자보다도 선 BF, CG의 사이에 있는 입자를 보다 직선적으로 E로 향하게 하는 것이라고 해도 AF, BF 및 DG, CG 사이의 여러 입자도 역시 BF, CG 사이의 여러 입자와 마찬가지로 E로 가도록 하고 있기 때문이다.

AF와 DG 사이의 입자 운동의 결과란, 방금 내가 말했듯이 공간 E가 채워진다는 것일 뿐이고, 원주 ABCD상에서 E와 같은 크기의 또 다른 공간이 동시에 공허해진다는 것일 뿐이다. 왜냐하면 그밖의 (E와 원주상의 장소 이전의) 장소—입자가 지금까지도 채우고 있었고 앞으로도 역시 채우게 될 장소—에서 입자에 생기는 위치의 변화는 거론할 필요가 없기 때문이다.

다시 말하면 그러한 입자는 모두 상호간에 서로 완전히 일치하거나 혹은 매우 유사하다고 가정되어야 할 것이므로, 이러한 저마다의 장소가 어느 입자로 채워져 있는가는 그리 중요하지 않기 때문이다. 그러나 유의해야만 할 것은, 그렇다고 해서 이 점으로부터 여러 입자는 서로 완전히 일치하는 것이라고 결론지어서는 안 되며, 단지 그러한 입자의 부등성(不等性)을 야기하는 원인이 되는 듯한 여러 가지의 운동은 우리들의 의논 대상이 되어 있는 활동에는 하나도 속하고 있지 않다고 결론지어야만 하리라는 점이다.

그런데 공간 E의 일부가 채워지고 다른 한편 D의 주변에 있는 공간이 공허해지기 위한 최단 경로는 직선 DG 또는 DE상에 있는 물질의 전입자가 단번에 E로 나아가는 것뿐이다. 왜냐하면 가령 처음에 이 공간 E로 나아가는 것은 선 BF, CG의 사이에 있는 여러 입자밖에 없다면, 이러한 여러 입자는 스스로의 아랫부분 V의 주변에 별도의 공간을 남기고 이 공간 V에는 D 주변의 여러 입자가 찾아올 것이며, 그럼으로써 직선 DG, DE상의 물질 운동에 의해 야기되는 듯한 결과는 구부러진 선 DVE상의 물질 운동에 태어나는 것이 될 테지만, 이것은 자연의 법칙에 위반되기 때문이다.

그러나 만일 여기서 A와 D간의 거리는 F와 G간의 거리보다도 크고, 따라서 선 AF, DG 사이의 여러 입자의 출발점인 공간보다도 그러한 여러 입자가 전진하여 진입해야만 할 공간(E)이 훨씬 좁다는 사실을 바탕으로 하여 선 AF, DG의 사이에 있는 제2원소의 여러 입자 전체가 단번에 E쪽으로 나아갈 수 있는 이유가 무엇인

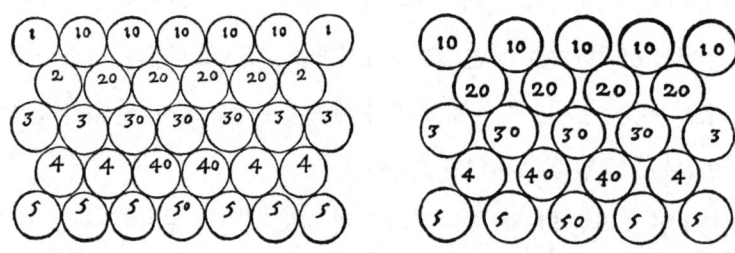

제7도   제8도

가를 이해하는 데 어떠한 난점을 발견한다면 다음의 점을 고찰해 주기 바란다. 즉 그러한 여러 입자의 그 천공의 중심에서 멀어지려는 경향을 현실화하는 활동은, 그러한 여러 입자가 가까운 곳에 있고, 천공의 중심으로부터 같은 정도의 거리만큼 떨어진 곳에 있는 여러 입자에 접촉하도록 강요하는 일은 결코 없으며, 이 천공 중에서 중심으로부터 더 멀리 떨어져 있는 여러 입자에 접촉시키고 강요할 뿐인 것이다.

이것은 소구(小球)의 경우와 마찬가지로서 소구 1, 2, 3, 4, 5(제7도 참조)의 중력은 같은 숫자로 표시를 한 소구가 서로 접촉하도록 강요하지는 않으며, 다만 1이나 10으로 표시된 소구를 2나 20으로 표시된 소구로 지탱하고, 2나 20으로 표시된 소구를 3이나 30으로 표시된 소구로 지탱하도록 강요할 뿐이고, 나머지 또한 마찬가지인 것이다. 그래서 이러한 소구는 제7도에서 볼 수 있듯이 배열될 수 있을 뿐 아니라 제8도, 제9도나 또 다른 무수한 방식으로 배열되어 있어도 상관없는 것이다.

다음으로 고찰해 줄 것은, 이미 말했듯이 제2원소의 이러한 입자는 서로가 분리되어 움직이지 않으면 안 된다는 듯이 제7도의 구와 같은 식으로는 결코 배열될 수 없으며, 더구나 앞서 제기된 곤란이 어느 정도 일어날 가능성이 있는 것은 제7도와 같은 배열뿐이라는 점이다. 왜냐하면 입자가 속하고 있는 천공의 중심으

제9도 　　　　　제10도

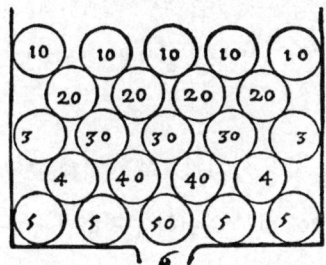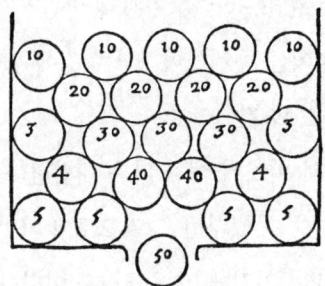

로부터 같은 정도로 떨어진 곳에 있는 천공의 입자 상호간에는 상당한 간격이 있어, 그러한 입자가 갖고 있는 원심적 경향이 선분 AF, DG의 사이에 있는 여러 입자의 전체를 단번에 공간 E가 공허인 때는 E쪽으로 전진시킬 것이라고밖에 생각되지 않기 때문이다. 이것은 제9도와, 그것에 관련되어 제10도에서 볼 수 있듯이 소구 40, 30……의 중력이 이러한 소구를 전체로서 단번에 이 50이라고 표시된 구의 공간에서 나가자마자 이 50이라는 소구가 차지하고 있던 장소에 하강시킬 것이기 때문이다.

　그리하여 이러한 구 속에서 같은 숫자로 표시된 것이 나온 곳보다도 훨씬 좁은 공간 중에 배열을 취하는 일, 즉 서로 접근하여 배열을 취하는 일이 여기서 명백히 알려질 수 있는 것이다. 또한 다음과 같은 점도 명백히 알려진다. 즉 40이라고 표시된 두 개의 구는 30이라고 표시된 세 개의 구보다도 조금 빠르게 하강하고, 그것에 비례하여 서로 좀더 접근할 것이며, 이 30이라고 표시된 세 개의 구는 20이라고 표시된 네 개의 구보다 조금 빠르게 하강하고, 그것에 비례하여 서로 좀더 접근할 것이며, 나머지 또한 마찬가지이다.

　이상의 결과 아마도 여러분들은 나에게 이렇게 말할 것이다. 즉 제10도에서 나타나는 바는 두 개의 구 40, 40은 그것보다 조금이라도 더 하강했다고 하면 서로 붙어 버리지만(이 점은 그러한 구가 그것보다 낮은 곳에 하강하지 못한 채 정지해 버리고 마는 원인이 된다), 이것과 마찬가지로 E쪽으로 나아갈 예정이었던 제2원소의 여러 입자는 우리들이 E의 지점에 있다고 가정한 전체의 공간을 채우기도 전에 정지하고 말 것이라고.

그러나 이것에 대해 나는 대답한다. 그러한 여러 입자가 E쪽을 향해 조금이라도 나아갈 수 있다면, 그것으로써 이미 내가 말한 것을 완전히 증명하기에 충분하다. 즉 E의 지점에 있는 공간은 어떠한 물체로든 이미 채워져 있으므로 여러 입자는 이 물체를 연속적으로 압박하여 그것을 그 장소의 밖으로 밀어내고자 그 물체에 힘을 가한다.

한편, 나는 다음과 같이 대답하겠다. 그러한 입자가 이와 같이 E를 향해 나아가고 있는 동안에도 끊임없이 행하는 별도의 운동은 이러한 여러 입자가 일순간이라 할지라도 같은 모습으로 배치된 채 머물러 있음을 허용하지 않고, 그것들이 서로 붙어 버리는 것을 방해하거나 혹은 오히려 그러한 입자가 서로 접촉한 뒤 또다시 바로 떼어내며, 따라서 그러한 입자가 E쪽으로 E가 완전히 채워지기까지 쉬지 않고 전진하도록 하는 것이라고. 그리하여 이 점으로부터 결론지을 수 있는 것은, 여러 입자가 E쪽으로 향하는 힘은 어느 정도 진동하고 있을 것이고, 또한 여러 입자가 위치를 바꾸는 데 따라 강해지든가 약해지든가 하는 등 갖가지의 작은 동요를 나타낼 것이라는 점이다. 이것은 빛에 매우 어울리는 하나의 성질이라고 생각된다.

그런데 만일 여러분들이 공간 E, 공간 S 및 천체의 여러 입자간에 있는 작은 모퉁이의 전부를 공허하다고 가정함으로써 이상과 같은 모든 점을 충분히 이해했다면, 공허하다고 가정한 그런 공간이 제1원소의 물질로 채워져 있다고 가정함으로써 위에서 설명된 점을 더욱 잘 이해하게 될 것이다. 왜냐하면 공간 E에 존재하는 이 제1원소의 여러 입자는 선 AF, DG의 사이에 있는 제2원소의 여러 입자가 그

제11도

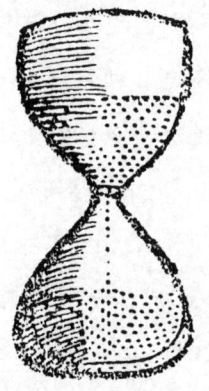

공간 E가 공허했을 경우와 마찬가지로 E를 향해 전진하는 것을 방해할 수는 없기 때문이다. 말하자면 제1원소의 여러 입자는 극도로 미세하고 또한 활동적이기도 하므로 그러한 제1원소가 존재하는 장소에 들어갈 가능성이 있는 다른 어떠한 물체가 있을 수 있는 한 자기들이 있는 장소에서 신속히 벗어나고자 언제나 준비를 갖추고 있는 것이다.

천공의 여러 입자 사이에 존재하는 작은 모퉁이를 차지하는 제1원소의 여러 입자도 이것과 같은 이유로 공간 E로부터 와서 점 S쪽으로 되돌아가는 제1원소의 입자의 저항 없이 장소를 물려주는 것이다. 나는 다른 장소로 향하고 있다고는 말하지 않으며, S로 향하고 있는 것이라고 말한다. 왜냐하면 (제1원소의 입자 이외의) 다른 물체는 보다 밀착되어 있고 또한 보다 크기도 하므로, 따라서 그것들은 보다 큰 힘을 가지고 있고 모두 S로부터 멀어지려는 경향을 갖고 있기 때문이다.

마찬가지로 주의해야 할 일은, 그러한 제1원소의 여러 입자는 S로부터 E를 향해 가는 제2원소의 여러 입자 사이를 지나 E로부터 S쪽으로 옮겨 가지만 상호간에 하나도 방해하지 않는다는 점이다. 이것은 모래시계 XYZ 안에 갇혀 있는 공기는(제11도 참조) 모래 Y를 통과하여 Z로부터 X로 상승하는데, 그럼에도 불구하고 모래 Y는 끊임없이 Z쪽으로 하강하는 것과 마찬가지이다.

마지막으로 공간 ABCD(제6도 참조)에 있어 태양을 구성하고 있는 제1원소의 여러 입자는 점 S의 둘레에서 매우 신속히 원운동을 하므로, 방금 설명한 것에 의해 그러한 여러 입자는 S로부터 모든 방향을 향해 직선상으로 멀어지려는 경향을 갖고 있는 것이다. 이와 같이 직선 SD상에 있는 모든 제1원소의 입자는 점 D에 있는 제2원소의 입자를 일체(一體)가 되어 밀고, 또한 직선 SA상에 있는 모든 제1원소의 입자는 점 A에 있는 입자를 밀며, 다른 지점의 입자들도 그와 마찬가지의 경향을 갖는다.

이와 같은 까닭이므로 이상의 점만으로 직선 AF, DG 사이에 있는 제2원소의 모든 것이 그것들 자신으로서는 E로 향하는 경향을 하나도 갖고 있지 않다고 해도, 그러한 AF, DG 사이에 있는 제2원소를 공간 E에 전진시킬 수 있는 것이다.

그리고 그러한 제2원소의 여러 입자는 공간 E가 제1원소의 물질에 의해서만 차지되고 있을 때조차도 공간 E를 향해 이와 같이 나아갈 것이므로, 공간 E가 다른 어떤 물체에 의해 채워져 있을 때도 마찬가지로 E를 향해 가려는 경향을 갖고 있음은 확실하다. 따라서 그러한 제2원소가 이 물체를 압박하여 마치 그 물체를 그 장소로부터 쫓아내고자 하는 것처럼 이 물체에 힘을 가하는 일도 확실하다. 그러므로 만일 점 E에 있는 것이 인간의 눈이라면, 그 눈은 또한 태양에 의해 선 AF, DG 사이에 있는 천공의 물질 전체에 의해 실제로 밀리고 있을 것이다.

아무튼 이 새로운 세계의 인간은 다음과 같은 성질을 갖고 있음을 알아야만 한다. 즉 이 새로운 세계의 인간은 그들의 눈이 위에서 말한 것과 같은 방식으로 밀릴 때는 우리들이 빛에 관해 갖는 감각과 완전히 일치하는 감각을 갖는 것이라고. 이 점에 대해서는 나중에 좀더 자세히 설명하고자 한다.

제14장

빛의 여러 성질에 대해

나는 아직도 이곳에서 잠시 머무르고자 한다. 이 새로운 세계의 인간의 눈을 이와 같이 압박할 활동의 여러 성질을 설명하고자 하는 것이다. 왜냐하면 그러한 여러 성질은 우리들이 빛 속에서 깨닫는 여러 성질과 완전히 일치하고 있으므로, 여러분들이 그러한 새로운 세계에서 인간의 눈을 압박하는 활동의 여러 성질을 고찰했다면 천체 속에도 천공 속에도 빛이라고 불리는 이 활동이외의 성질이 있다고 상상할 필요는 없음을 여러분들도 나와 마찬가지로 인정하게 되리라는 것을 확신하기 때문이다.

빛의 주요한 성질은 다음과 같다. ① 빛은 광체(光體)라고 이름지어져 있는 여러 물체의 둘레 전체에 빛의 고리를 넓힌다. ② 그리하여 온갖 거리에까지 미친다. ③ 더구나 순간적으로 넓힌다. ④ 뿐만 아니라 대개 빛의 확대 방식은 직선적이고, 이 직선이 빛의 광선이라고 해석되어야 할 것이다. ⑤ 이러한 광선의 몇 개가 여러 가지 다른 점으로부터 와서 어떤 동일한 점에 모일 수 있다. ⑥ 어떤 때는 동일한 점에서 출발하여 다른 여러 점으로 향할 수도 있다. ⑦ 어떤 때는 각각 다른 여러 상이한 점으로부터 나와 또 다른 상이한 점으로 향하고, 동일점을 서로 방해하는 일 없이 통과할 수 있다. ⑧ 그러나 또 광선이 때로는 상호 간섭하는 일도 있을 수 있다. 즉 여러 광선의 힘이 서로 다르고 어떤 광선의 힘이 다른 쪽 광선의 힘보다도 훨씬 클 때는 광선은 서로 간섭하는 일이 있을 수 있다. ⑨ 결국 광선은 반사에 의해 방향을 바꾸기도 한다. ⑩ 또한 굴절에 의해서도 방향을 바꾸기도 한다. ⑪ 광선의 힘이라는 것은 증대시킬 수 있다. ⑫ 마찬가지로 감소시킬 수 있다―광선의 힘의 증감은 빛을 받는 물질의 온갖 구조 또는 성질에 따른다. 이상이 빛 속에서 관찰되는 주요한 성질이다. 그리고 그러한 성질이 우리들이 논하고 있는 이 활동에 완전히 일치하는 것은 다음에서 보는 바와 같다.

(1) 이 활동이 빛을 발산하는 물체 둘레의 온갖 방향으로 퍼지는 이유는 명백하다. 왜냐하면 빛이 생기는 것은 발광체(發光體) 입자의 원환(圓環)운동이기 때문이다.

(2) 이 활동이 온갖 거리에까지 미칠 수 있다 함도 명백하다. 왜냐하면 예를 들어(제6도 참조) AF와 DG의 사이에 있는 천공의 여러 입자는 이미 그것들 자체가 E쪽으로 나아가도록 배치되어 있다는 것, 우리들이 말한 대로 가정한다면, 비록 ABCD 주변의 여러 입자와 E의 여러 입자 사이의 거리가 '큰 하늘'의 가장 높이 떨어져 있는 별로부터 우리들까지의 거리보다도 더욱 크다 해도, 태양이 ABCD의 주변에 있는 여러 입자를 미는 힘이 E까지 퍼지리라는 것은 의심할 여지가 없기 때문이다.

(3) AF와 DG의 사이에 존재하는 제2원소의 여러 입자는 상호간에 모두 가능한 한 접촉하고 서로 밀고 있음을 안다면, 그 최초의 입자를 민 활동은 최후의 입자에까지 즉각 이행하는 것임은 의심할 여지가 없다. 이것은 우리들이 하나의 막대 끝의 한쪽을 미는 활동이 그 순간에 다른 끝까지 전해지는 것과 같다. 혹은 AF, DG 주변의 제2원소의 입자는 막대의 여러 입자와 같이 서로간에 완전히 밀착해 있지 않다는 점으로 미루어 보아도 이의가 생기지 않는 것처럼, 오히려 이것은 제9도에 있어 50이라고 표시한 소구가 6쪽으로 하강할 때 다른 10이라고 표시한 구도 동시에 그곳으로 낙하하는 것과 같다 하자.

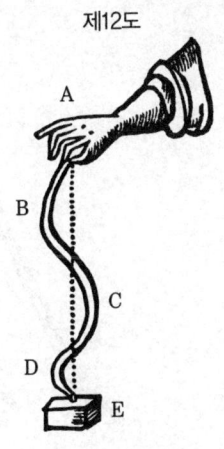

제12도

(4) 이 활동이 전달될 경우에 있어서의 경로이고 광선(光線)인 선에 관해서는 다음과 같은 것에 주의할 필요가 있다. 즉 이러한 선은 이 활동 자체를 전달하는 매개체로서의 제2원소의 여러 입자가 형성하는 선과는 다르다는 점과, 그러한 빛의 선은 그것들이 통과하는 매질(媒質)이 갖고 있는 어떤 물질적인 것은 전혀 없으며 광체(光體)가 빛을 발하고 있는 것에 대하여 어떠한 방식으로 혹은 어떠한 방향으로 활동하는가를 나타내는 데 불과하다는 점, 그럼으로써 또한 이 활동, 즉 빛을 전달하는 역할을 달성하고 있는 제2원소의 여러 입자는 대부분의 경우 결코 차례차례로 직선을 이루도록 배치되어 있지는 않고, 따라서 직선을 구성하는 일은 없는데도 불구하고 빛의 선이라는 것은 정확히 곧은 것이라고 우리들은 생각하지 않을 수 없다. 이것은(제12도 참조) 손 A가 직선 AE를 따라 물체 E를 밀고, 더구나 A가 E를 미는 것은 비뚤어진 막대 BCD를 매개로 한다는 것을 쉽게 알 수 있는 것과 같은 이치이다. 또한(제13도 참조) 1로 표시된 구는 7이라 표시된 구를 미는 데 있어 5, 5를 매개로 해도 다른 2, 3, 4, 6을 매개로 하는 것과 똑같이 직선적으로 밀 수 있다는 것과 같은 것이다.

(5), (6) 여러분들은 또 다수의 광선이 다른 여러 점으로부터 찾아와 어떻게 하

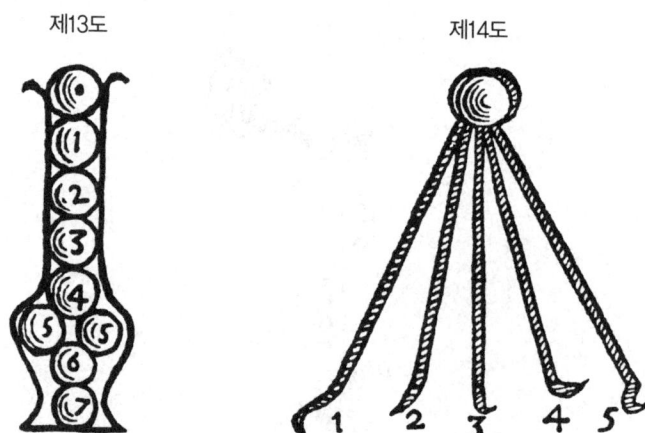

제13도　　　　　　　　제14도

여 동일한 점에 모여들든, 혹은 또 동일한 점으로부터 나와 다른 여러 점으로 향하고 서로 방해하는 일도 없고, 어느 쪽인가의 광선이 다른 광선을 지배하는 일도 없음은 어째서인가를 쉽게 떠올릴 수가 있다. 제6도에서 볼 수 있듯이 ABCD의 여러 점으로부터 찾아오는 다수의 광선은 E라는 한 곳에 모이는 것이고, 또한 한 곳 D로부터 나오는 다수의 광선 중 어떤 것은 E쪽으로, 다른 어떤 것은 K쪽으로, 그리하여 마찬가지로 다른 수많은 장소로 퍼지는 것이다. 이것은(제14도 참조) 끈 1, 2, 3, 4, 5를 당기고 있는 갖가지의 힘은 전부 도르래에 모이고, 또한 이 도르래의 저항은 이 끈을 당기고 있는 여러 손 모두에 퍼지는 것과 마찬가지이다.

(7) 그러나 이와 같은 다수의 광선이 갖가지의 점으로부터 찾아와 갖가지의 점으로 가는 데 있어 서로 방해하지 않고 동일한 점을 통과할 수 있는 점, 제6도에서 두 개의 광선 AN과 DL이 점 E를 어떻게 똑같이 지날 수 있는 것이 가능한가를 생각하기 위해 고찰해야 할 일은, 제2원소의 여러 입자 하나하나는 단번에 온갖 종류의 운동을 받을 수 있다는 점이다. 그러므로 예를 들어 점 E에 있는 입자는 태양이 존재하는 지점 D로부터 온 활동에 의해 L쪽으로, 그리하여 동시에 A라고

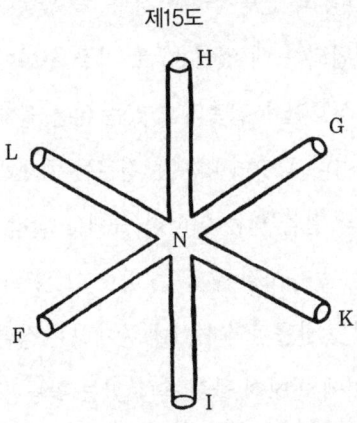

제15도

표시된 지점으로부터 온 활동에 의해 N쪽으로 전체가 단번에 밀릴 수 있는 것이다. 이것을 좀더 잘 이해하기 위해서는(제15도 참조) F로부터 G, H로부터 I, K로부터 L로 세 개의 파이프 FG, HI, KL을 통해 동시에 공기를 밀 수 있다는 것을 살펴보면 된다.

그런데 이러한 파이프는 점 N에서 연결되어 있으므로 그러한 하나하나의 속을 통과하는 공기는 모두 다른 두 개의 파이프 속도 필연적으로 지나야만 하도록 되어 있는 것이다.

(8) 또한 이같은 비유는 어떻게 하여 강한 빛이 좀더 약한 몇몇 빛의 효과를 소멸시키는가를 설명하는 데 도움이 될 수 있다. 왜냐하면 만일 공기를 H나 K를 통해서보다도 F를 통해서 훨씬 강하게 압박한다면, 공기는 I쪽에도 L쪽에도 전혀 향하지 않고, 다만 G쪽에만 향할 것이기 때문이다.

(9), (10) 반사와 굴절에 관해서는 나는 이미 다른 곳(굴절광학)에서 충분히 논했다. 그런데 나는 거기서 빛의 선에 관해 이야기하는 대신 하나의 구 운동을 예로서 사용했고, 그것을 수단으로 하여 나의 의론을 좀더 알기 쉬운 것으로 하고자 했던 것이다. 그러므로 여기에서 나는 여러분들에게 아직도 다음과 같은 점을 고

찰해 주지 않으면 안 된다. 즉 운동하려는 경향, 즉 활동이 어떤 하나의 장소로부터 다른 어떤 장소에 전달되는 데 있어 이 두 장소 사이에 존재하는 모든 공간에 끊긴 데 없이 존재하고 상호간에 접촉하고 있는 많은 물체를 수단으로서 하고 있다는 것과, 이러한 활동이나 경향이 미치는 경로는 매개체로서의 이러한 여러 물체 가운데 최초의 물체의 길을 막는 어떠한 물체도 달리 없다고 가정했을 때 이 최초의 물체를 이 활동이 운동시킬 수 있는 바로 그 경로라는 것, 또한 그 물체의 운동 및 이 물체 속에 있는 활동과의 사이에 존재하는 상위점은, 물체의 운동에는 시간이 필요할 테지만 이에 반하여 물체 속에 있는 활동은 그 물체에 접촉하고 있는 여러 물체를 매개로 하여 일순간에 아무리 먼 거리까지라도 확대될 수 있다는 것 이외에 달리 아무것도 없다는 것이다.

이러한 일에 의해 내릴 수 있는 결론은, 공이 테니스 코트의 벽에 부딪혀 튕겨 나오듯이, 또한 공이 물 속에 비스듬히 들어가든가 나오든가 하면 굴절을 받듯이, 이와 마찬가지로 광선은 투과를 허락하지 않는 물체와 만났을 경우에는 반사할 수밖에 없을 것이고, 또한 빛이 어떤 장소에 비스듬히 들어갔을 경우 그 장소에 있어서의 빛의 확산은 빛이 나온 장소에 비해 보다 간단하든가 곤란하든가 할 때도 이 변화점에 있어 빛은 방향을 바꾸고 굴절을 입을 수밖에 없으리라는 점이다.

(11), (12) 마지막으로 빛의 힘은 모이는 광선의 양에 따라 각 점에서 강하든가 약하든가 할 뿐만 아니라 빛이 통과하는 장소에 존재하는 여러 물체의 구조의 차이에 의해서도 증감한다. 이것은 공중에 던져진 돌이나 공의 속도는 돌이나 공이 운동하는 것과 동일한 방향으로 불고 있는 바람에 의해 증가할 수 있지만, 다른 한편 반대 방향에서 부는 바람에 의해 감소될 수도 있음과 같은 이치이다.

제15장

새로운 세계의 천공의 양상은, 그곳에 사는 주민에게 있어서는 우리들이 사는 세계의 천공의 양상과 똑같게 보이리라는 것

빛과 내가 간주한 활동의 본성 및 그 활동 고유의 사항을 설명했으므로, 내가 지구라고 상정한 유성의 주민들이 빛을 수단으로 하여 우리들의 천공의 양상과 매우 유사한 그들의 천공의 양상을 볼 수 있음은 어째서인가도 설명해야 한다.

먼저 그러한 주민이 S라고 표시한 물체(제4도 참조)를 빛으로 가득 차고 우리들의 태양과 유사하다고 볼 것임은 명백하다. 왜냐하면 이 물체는 그 표면의 여러 점으로부터 광선을 사람들의 눈에 보내기 때문이다. 한편, 또 그 물체는 항성(恒星)보다도 그들에게 훨씬 가깝기 때문에 그것이 항성보다 훨씬 큰 것처럼 보일 것이다. 지구의 둘레를 돌고 있는 소천공 ABCD의 여러 입자가 태양 S로부터의 광선에 어느 정도 저항한다는 것은 사실이지만, S로부터 D까지에 있는 큰 천공의 여러 입자는 그러한 광선을 강화하는 것이며, D로부터 T까지 존재하는 여러 입자는 비교적 소수에 지나지 않으므로 그러한 광선으로부터 아주 약간의 힘만을 빼앗을 뿐이다. 마찬가지로 큰 천공 FG, GF의 여러 입자의 활동도 모두 지구 중 태양에 의해서 조금도 비추어지지 않는 쪽에 있어서는 다수의 항성으로부터 광선이 지구까지 찾아오는 것을 방해하는 데는 이르지 않는다.

즉 큰 천공, 즉 태양이나 항성을 중심으로 하는 여러 천공은 크기가 매우 다르다 하더라도 언제나 같은 힘을 갖고 있을 것이고, 따라서 예를 들어(제2도 참조) 선 SB상에 있는 모든 물질은 선 εB상에 있는 물질이 S로 향하는 것과 같은 정도로 강력하게 ε 쪽으로 향하게 되리라는 점을 알아야만 하는 것이다. 왜냐하면 만일 천공이 이 점에서 상호간에 같지 않다고 하면 그것들은 짧은 시간 안에 어쩔 수 없이 소멸하거나 혹은 적어도 그 점에서 똑같게 될 때까지 변화할 것이기 때문이다.

그런데 이를테면 광선 SB의 온 힘은 광선 εB의 힘과 똑같으므로, 그것보다 약한 광선 TB의 힘은 광선 εB의 힘을 가로막아 이것을 T까지 퍼지지 않도록 할 수 없다. 마찬가지로 항성 A는 그곳으로부터 지구 T까지 광선을 넓힐 수 있다. 왜냐하면 4부터 T까지의 사이에 있는 천공의 물질이 A부터 2까지의 여러 광선에 저항하는 것 이상으로 A부터 2까지에 있는 천공의 물질은 이러한 광선을 조장(助長)하기 때문이고, 한편 또 3부터 4까지의 천공의 물질은 3부터 2까지에 있는 물질이 그러한 광선에 저항하는 것 못지않게 그러한 광선을 조장하기 때문이다.

이리하여 다른 천공의 물질에 관해서도 그 비율로써 판단하면, 이러한 별의 출현 방식은 우리들이 현실 세계 속에서 보는 별과 비교해 보더라도 보다 잡다하지 않은 것처럼 나타나지는 않고, 또한 보다 소수인 것처럼 생각되는 일도 없으며, 혹은 상호간의 차가 적은 것처럼 생각되는 일도 없다는 사실을 이해할 수 있을 것이다.

그러나 그러한 별의 배열에 관해 아직도 다음과 같은 점을 고찰할 필요가 있다. 그러한 별은 그것들이 현실로 존재하고 있는 실제의 장소에 있듯이 나타내는 일은 거의 없는 것이다. 예를 들어 ε라고 표시된 별은 직선 TB상에 있는 것처럼 나타나고, 또 A라고 표시된 다른 별은 T4상에 있듯이 나타나는데, 왜냐하면 여러 천공은 크기에 있어서는 상호간에 같지 않으므로 여러 천공을 둘로 나누는 온갖 표면의 배치는 이러한 별로부터 지구를 향해 여러 천공을 가로질러 통과하는 광선과 직선적인 교류를 하도록 되어 있지는 않기 때문이다.

그러므로 광선이 천공의 온갖 표면에서 비스듬히 만날 때는 '굴절광학'에 있어 증명되어 있는 점을 쫓아, 그 광선이 그러한 표면에서 구부러지든가 많은 굴절을 받든가 하는 것은 확실하다. 왜냐하면 그 광선은 이 표면의 한쪽을 다른 쪽보다도 훨씬 쉽게 통과하기 때문이다. 또한 TB, T4 및 그것들과 똑같은 여러 직선은 지구가 태양의 둘레에서 그리는 원의 지름에 비하여 매우 길기 때문에, 이 원의 어디에 지구가 있든 지구상의 사람들은 언제나 그러한 별을 '큰 하늘'의 동일한 장소에 고정되어 있는 것처럼 보고, 천문학자들이 사용하는 용어로 말하면 그러한 별의 시차(視差)를 깨닫지 못한다고 상정할 필요가 있다.

이러한 별의 수에 관해서는 다음의 점을 고찰해 주기 바란다. 즉 동일한 별이 갖가지의 다른 장소에 나타나는 경우는 흔히 있는데, 그 원인은 그 별로부터 지구를 향해 찾아오는 광선의 방향을 바꾸는 온갖 (천공의) 표면이 도중에 있기 때문이다. 이곳의 보기로서는 A라고 표시된 별은, A24T라는 광선의 경로에 따르면 선 T4상에 있듯이 보이고, 또한 동시에 광선 A6fT의 경로에 의하면 선 Tf상에 있는 것처럼 보인다. 이것은 다수의 표면을 갖도록 절단된 유리, 또는 그밖의 투명한 물체의 맞은편에서 볼 수 있는 대상이 몇 개나 되는 것과 같은 이치이다.

그리고 별의 크기에 관해 고찰해 줄 점은, 별은 아주 멀리 있는 까닭에 실제보다 훨씬 작게 보일 것이 틀림없고, 또한 같은 이유로서 이러한 별 가운데 대다수는 전혀 나타나지 않으며, 또 다른 별은 다수의 별로부터 나오는 여러 광선의 결합에 의해 하나가 되고, 그러한 광선이 통과하는 '큰 하늘'의 부분에 조금쯤 흰 느낌을 주어 이것을 천문학자들이 성운(星雲)이라 부르는 어떤 유의 별무리, 또는 우리들의 현실의 천체로서 시인들이 헤라(Hera)[1]의 유즙(乳汁)으로 인해 하얗게

---

1 그리스 신화 중 최고의 여신. 제우스의 아내이며 여성의 보호신으로서 결혼과 출산을 관장한다.

된 것이라 일컫고 있는 저 커다란 띠 모양의 것과 유사하다는 정도로밖에 나타나지 않는다는 점이다. 그러나 멀리 떨어져 있지 않은 항성에 관해서는, 태양의 크기와 같다고 가정하면, 그것만으로도 그러한 별은 우리들의 세계 중에서도 큰 편에 속하는 것과 같을 만큼의 크기로 나타날 수 있다고 판단하기에 충분하다.

왜냐하면 일반적으로 관찰자의 눈에 빛을 보내는 물체 중 둘레의 물체보다도 훨씬 강한 광선을 보내는 물체는 모두 그 강도에 비례하여 둘레의 물체보다도 훨씬 크게 생각될 것이고, 그러므로 별은, 후에 설명하겠지만 그 별의 천공의 여러 부분 가운데 그 별 가까이에 있고 그 별과 동일한 크기를 갖는 여러 부분과 비교해 볼 때 언제나 훨씬 크게 생각될 것이며, 그리고 이에 덧붙여 표면 FG, GG, GF 등등은 별의 광선의 굴절이 생기는 장소이고, 이러한 표면은 광선의 굴절이 훨씬 증대하도록 구부러져 있을지도 모르기 때문이다. 그런데 그러한 표면이 참으로 단순한 평면이라 해도 광선의 굴절을 증대시키는 것이다.

한편 또 이러한 표면은 매우 유동적이고 결코 운동을 그만두지 않는 물질로 되어 있는 까닭에, 언제나 약간은 흔들리고 물결치고 있으리라는 것은 진실인 듯이 생각되며, 따라서 아득한 저편의 별이 우리들의 현실의 별과 똑같이 반짝이며 떨고 있는 듯이 보일 것이고, 떨고 있기 때문에 크게 보이리라는 것도 진실인 듯이 생각된다. 이것은 호수의 표면이 심하게 일렁이든가 거칠어지지 않고, 다만 한 줄기 바람으로 잔물결이 일 경우에 호수 바닥에서는 달그림자가 떨려 조금 크게 보이는 것과 같은 현상이다.

끝으로 또한 시간이 지남에 따라 이러한 천공의 표면이 조금 변하거나, 또는 혜성이 천공에 이따금 가까워지는 이유 하나만으로 그러한 천공의 표면의 어떤 것이 단시간 내에 상당히 두드러지게 구부러지는 현상이 생길 수 있다. 또한 같은 점에 의해 많은 별이 긴 시간이 지난 다음에 크기를 바꾸는 일 없이 위치가 조금 변경되든가, 또는 위치를 바꾸지는 않지만 크기가 다소 바뀌는 것처럼 보이든가,

혹은 어떤 별은 갑자기 출현하든가 사라지든가 하는 일도 생길 수 있는데, 이러한 현상은 실제의 세계에서 볼 수 있는 그대로이다.

태양과 같은 천공 속에 있는 혹성과 혜성에 관해서는, 이것들을 구성하고 있는 제3원소의 여러 입자는 아주 거칠거나, 또는 수많은 입자가 결합되어 하나로 되어 있으므로, 그러한 유성이나 혜성은 빛의 활동에 저항할 수도 있다는 데 주의해 준다면 다음과 같은 점은 쉽게 이해할 수 있을 것이다. 즉 그러한 유성이나 혜성은 태양이 그러한 유성이나 혜성을 향해 보내고, 그리하여 그곳(유성이나 혜성)으로부터 지구에 반사되어 오는 여러 광선에 의해 나타나리라는 것을. 방 안에 있는 불투명하고 거무칙칙한 온갖 대상은, 그 방을 비추는 불빛이 그러한 온갖 대상에 보내고 그곳으로부터 관찰자의 눈에 돌아오는 온갖 광선에 의해 볼 수 있는 바와 같다.

또한 태양 광선의 강도는 불빛의 광선에 비해 절대적으로 우위를 차지한다. 태양으로부터 멀어지고 광선이 비추는 구면이 확대되는 데 비례하여 빛의 강도는 약해질 뿐만 아니라, 또한 그러한 광선이 통과하는 공기의 저항에 의해 좀더 약해지기도 한다. 그리하여 이 불빛 가까이에 있는 대상은 멀리 있는 대상보다 두드러지게 비추어지는데, 이에 반해 보다 낮은 쪽에 위치하고 있는 여러 유성은 높은 쪽에 위치하고 있는 유성이나 또한 이것들과 비교가 되지 않을 만큼 태양으로부터 멀리 떨어진 곳에 있는 혜성에 비하여 불빛의 경우와 같은 비율로 태양에 의해 더 많이 비추어지는 일은 없다.

그런데 경험이 우리들에게 가르쳐 주는 바에 의하면 이와 똑같은 일은 현실 세계에서도 일어나고 있다. 그렇지만 이러한 일에 이유를 부여함에 있어, 만일 현실 세계에서는 빛이 내가 설명한 듯한 어떤 유형의 활동 또는 경향 이외의 것으로서 대상 속에 존재하는 것이라고 가정한다면, 거기에 어떤 이유를 붙이는 일이 가능하다고는 믿지 않는다.

나는 어떤 활동 또는 구조라고 말한다. 왜냐하면 만일 여러분들이 내가 방금 논증한 점에 충분히 주의를 기울였다면, 즉 태양이 존재하는 공간이 공허하다면 태양의 천공의 여러 입자가 관찰자의 눈으로 향하는 데에는 그러한 여러 입자가 태양의 물질로 압박되는 것과 같은 방식으로, 거의 같은 정도의 힘을 갖고서 향하지 않을 수 없다는 점에 충분한 주의를 기울였다면 다음과 같은 일은 잘 이해했을 것이기 때문이다. 즉 태양이 우리들이 실제로 보고 있는 듯한 상태로 현상(現象)하기 위해서는, 태양은 그 자체에 어떠한 활동을 가질 필요도 거의 없고, 또한 순수한 공간 이외의 것이어야 할 필요조차도 거의 없다는 것을.

이같은 사실은, 이전 시대였다면 여러분들은 대단히 역설적인 명제로서 취급했을 것이다. 그리고 이러한 유성이 그 중심(태양)의 둘레에서 갖고 있는 운동(공전)은, 유성은 반짝거리지만 그 반짝임은 항성과는 다른 방식이고, 더구나 훨씬 약하다는 것의 원인이다. 그렇지만 달은 이 운동을 결여하고 있는 까닭에 전혀 깜빡이지 않는다.

태양과 같은 천공 속에는 없는 혜성에 관해 말한다면, 그러한 혜성은 태양과 같은 천공에 있을 때에 비해서 그야말로 이 태양의 천공에 들어갈 자세를 취하고 있을 때조차 지구 쪽에는 훨씬 적은 양의 광선만을 보낼 수 있고, 따라서 생각건대 그러한 혜성은 그 크기가 대단한 것일 때만 겨우 인간에게 보여질 수 있을 것이다. 그 이유는 태양이 그러한 혜성에 보내는 광선의 대부분은 '큰 하늘'의 일부를 통과할 때, 그곳에서 입는 굴절에 의해 이리저리 분산되기 때문이다.

예를 들어(제16도 참조) 혜성 CD가 S라고 표한 태양으로부터 선 CT, DT간에 있는 모든 광선을 지구에 되돌려 보낸다면, 우리는 다음과 같이 생각해야 할 것이다. 즉 혜성 EF는 선 SGE와 선 SHF 사이에 있는 여러 광선만을 이 태양으로부터 받는데, 이것은 그러한 광선이 S로부터 내가 '큰 하늘'의 일부로 간주하고 있는 표면 GH까지 통과하는 일은 이 표면을 초월하여 건너편으로 가는 것보다 훨씬

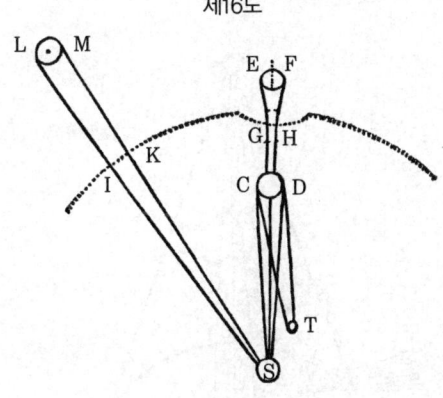

제16도

쉬워서, 그러한 광선이 '큰 하늘'의 그 부분에서 받는 굴절은 매우 크고 바깥쪽으로 매우 빗나가게 되리라는 데 기인하는 것이다. 이 점이 혜성 EF를 향해 진행하고 있는 다수의 광선의 방향을 바꾸는 것이다. 왜냐하면 여러분들도 알고 있는 것처럼 특히 이 표면이 혜성에 접근할 때는 구부러지지 않으면 안 되고 태양의 안쪽으로 구부러져 움푹해지지 않으면 안 되기 때문이다.

그러나 이 '큰 하늘'의 표면이 평평하든 혹은 반대쪽으로 기울어져 있든 간에 태양이 그 표면에 보낸 광선의 대부분은 표면에 도달할 때까지 무엇에 의해서도 방해되지 않는다고 하여도, 적어도 표면으로부터 지구까지 돌아올 경우에는 굴절에 의해 방해될 수밖에 없는 것이다. 이를테면 큰 하늘의 부분 IK는 S를 중심으로 하는 구의 일부분이라고 생각하면, 광선 SIL, SKM이 혜성 LM에 갈 경우 표면의 그 부분에서 구부러지는 일은 결코 없을 것이다. 그러나 그 대신 그러한 광선이 '큰 하늘'의 그 부분으로부터 지구로 돌아오는 도중에서는 크게 구부러질 것이다. 그러므로 지구에 도달한 그러한 광선은 매우 약하고 또한 그 양도 매우 적을 수밖에 없다.

한편, 이러한 현상은 혜성이 태양의 천공으로부터 상당히 멀리 있을 때만 일

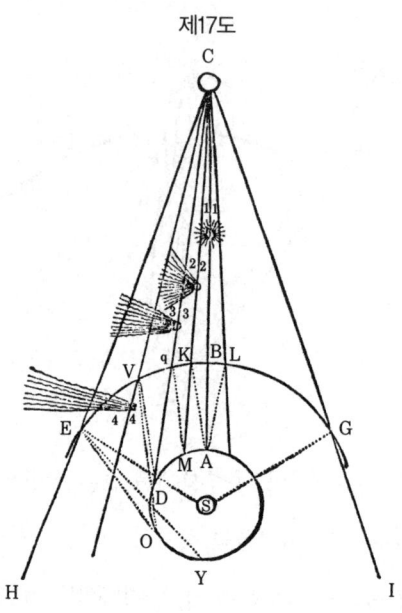

제17도

어나므로(왜냐하면 만일 그 혜성이 태양의 천공에 가깝다면, 혜성은 그 천공의 표면의 안쪽으로 구부러질 것이므로), 혜성이 멀리 있다는 점은 그 혜성이 태양의 천공으로 들어가고자 하는 경우와 같은 양의 광선을 태양으로부터 받는 것을 방해하는 것이다. 그러므로 혜성이 그 혜성을 둘러싸는 천공의 중심에 있는 항성으로부터 받는 광선에 대해 말한다면, 혜성이 그러한 광선을 지구 쪽으로 되돌려 보낼 수 없다는 점에서는, 초승달일 때는 태양의 광선을 반사하지 않는 것과 마찬가지이다.

그러나 이러한 혜성에 관해서는 좀더 분명한 일이 있다. 즉 혜성의 여러 광선 가운데 어떤 것은 꼬리의 모양, 또는 혜성의 둘레의 머리카락 모양을 취하며 나타나는 일이 있는데, 그 원인은 대개 혜성의 여러 광선의 어떤 형태의 굴절 때문이다. 이것은 위의 그림(제17도)을 살펴봄으로써 쉽게 이해할 수 있을 것이다. 여기에서 S는 태양, C는 하나의 혜성, EBG는 천구이고, 위에서 풀이한 점에 따르면 EBG를 구성하고 있음은 제2원소 중에서도 가장 거칠고 가장 활동력이 결여된 여러 입자이다. 또한 DA는 지구의 공전에 의해 그릴 수 있는 원이라고 한다.

그리고 다음과 같이 생각해 주기 바란다. C로부터 B에 찾아오는 광선은 점 A까지 곧장 통과하지만, 그 광선은 점 B에 있어 비로소 확대되고 다른 많은 광선에 나누어지기 시작하여 온갖 방향으로 넓어지는 것이다. 그러므로 그러한 광선은 어느 것이나 모든 광선 중에서 중요하고 가장 강한 중앙의 광선 BA로부터 멀어짐에 따라 차츰 약한 광선이 된다. 다음으로 또 광선 CE는 점 E에 있어 확대를 시작하여 EH, EY, ES와 같은 다른 많은 광선으로 나누어지기 시작한다.

그러나 이러한 분파된 광선 중에서 중요하고 가장 강력한 것은 EH이고, 가장 약한 것은 ES이다. 마찬가지로 CG는 주로 G로부터 I로 통과하는데, S쪽에도 역시 GI와 GS 사이에 있는 모든 공간으로 나누어져 가는 것이다. 그리고 마지막으로 이러한 세 광선 CE, CB, CG 사이에서 상정될 수 있는 다른 모든 광선은 이러한 세 광선에 보다 가깝거나 또는 보다 멀거나에 따라 그러한 세 광선 하나하나의 성질을 많든 적든 갖고 있을 것이다. 이상의 점에 덧붙여 모든 광선은 태양 쪽으로 조금 구부러질 것이라고 말할 수 있을 것이다. 그러나 이 점은 나의 주제에는 전혀 필요하지 않다. 나는 설명을 되도록 간결하고 쉽게 하기 위해 실제로 많은 것을 생략하고 있다.

그런데 위에서 말한 굴절을 가정한다면, 지구가 A의 주변에 있을 때는 광선 BA가 지구상의 인간에게 혜성 C의 물체를 보이게 할 것이며, 또한 BA보다도 약한 LA, KA 및 그밖의 똑같은 여러 광선이 지구상의 인간의 눈에까지 도달하여 빛의 관(冠) 또는 광망(光芒)이 혜성 둘레의 온갖 방향에 똑같이 흩어져 있는 현상을(제11도에서 볼 수 있듯이) 그들에게 보여 줄 것이다. 그러나 이것은 적어도

그러한 여러 광선이 감각되는 데 충분할 만큼의 강도를 갖고 있다는 전제하에서
이다. 실상 그러한 여러 광선은 우리들이 가정하는 바에 의하면 매우 큰 혜성으
로부터 오는 것이고, 혜성보다 작다고 상정해야만 할 항성이나 유성으로부터 오
는 것도 아니므로, 이상의 일은 자주 일어나고 있는 대로이다.

다음의 점도 또한 명백하다. 즉 지구가 M의 주변에 있을 때, 또한 혜성이 광선
CKM을 통해 나타나 있을 때 혜성의 광망은 qM이라는 경로 및 M으로 향하는 다
른 일체의 경로를 지나 나타날 것이다. 이리하여 혜성의 광망(머리카락 모양)은 태
양의 어떤 측과 반대 부분에는 이전보다도 더 넓어지며, 태양에 면하고 있는 부분
에는 이전보다 넓어지지 않거나 또는 전혀 넓어지지 않는 것이다.[2] 이것은 그림의
22(제17도)에서 볼 수 있는 바와 같다. 이리하여 혜성의 광망은 지구가 점 A로부
터 보다 멀어짐에 따라 태양의 반대쪽을 언제나 더욱더 길게 나타내 가며 머리카
락 모양을 조금씩 잃어 혜성이 뒤에 끌고 있는 한 가닥의 긴 꼬리 모양으로 바뀌
는 것이다. 이를테면 지구는 D에 있을 때 광선 qD, VD는 혜성을 그림의 33(제17
도)과 같은 식으로 나타낸다.

그리고 지구가 O의 주변에 있을 때는 광선 VO, EO 및 똑같은 광선은 혜성을
좀더 긴 것으로 나타내 보이고, 마지막으로 지구가 Y의 주변에 있을 때는 혜성은
이미 볼 수 없게 되는 것이다. 왜냐하면 태양이 지구와 혜성 사이에 오기 때문이
다. 그러나 광선 VY, EY 및 똑같은 광선은 혜성의 꼬리를 갈매기 모양 혹은 총 모
양으로 나타내지 않을 수 없다는 것은 그림의 44(제17도)와 같다.

또한 주의해야 할 것은, 구 EBG는 언제나 정확히 둥글지는 않으며, 내가 지금
까지 설명한 것으로부터 쉽게 알 수 있듯이 그 구 EBG가 포함되고 있는 다른 모
든 것도 역시 정확히 둥글지는 않으므로, 혜성의 이러한 꼬리나 총도 언제나 정확

---

2 이 사실은 제롬, 플라카스타스, 아피아누스에 의하여 이미 관측되고 있었다.

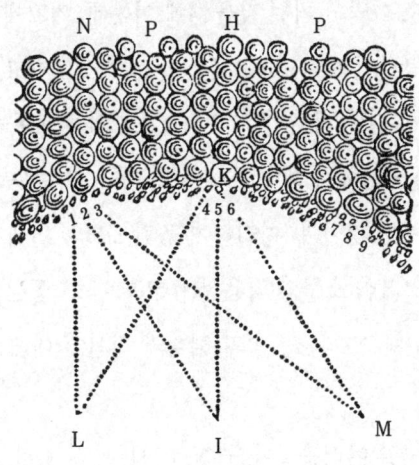

제18도

한 직선을 이루며 나타날 까닭은 없고, 태양과 완전히 같은 면으로 나타날 까닭도 없는 것이다.

　이러한 모든 것에 의해 생기는 굴절에 관한 한 그것이 매우 특수한 성질을 갖고 있고, 다른 곳에서 일반적으로 깨닫게 되는 모든 성질과 다른 성질의 것임을 나는 인정한다. 그러나 그 굴절이 분명히 내가 여러분들에게 갓 서술한 방식으로 생길 것이라는 점에는 변함이 없으며, 그것을 알기 위해서는 이하의 것을 고찰하면 된다(제18도).

　구 H는 I의 쪽에 눌릴 경우에는 H의 아래로부터 K까지의 모든 구마저도 미는데, 그러나 구 K쪽은 K보다도 좀더 작은 다른 많은 구, 예를 들어 4, 5, 6으로 둘러싸여 있음에도 불구하고 5를 I쪽으로 밀고, 이에 반하여 4를 L쪽으로, 6을 M쪽으로 밀며, 나머지 또한 마찬가지이다. 그렇지만 K는 한복판의 구 5를 다른 4나 6 및 그밖의 여러 각도에 있는 이것과 같은 유(類)의 구보다도 훨씬 세게 미는 것이다.

그리하여 이와 마찬가지로 구 N은 L쪽에 밀리면 소구(小球) 1, 2, 3을 밀고 어떤 것을 L, 다른 것을 I, 또 그밖의 어떤 것을 M에 미는데, 거기에는 다음과 같은 차이가 있다. 즉 구 N이 강하게 미는 것은 모든 것 중에서 1이고, 한복판에 있는 2는 아닌 것이다. 또한 이와 같이 다른 구 N, P, H, P에 의해 모든 것이 동시에 밀린 소구 1, 2, 3, 4……는 상호간에 방해하고, 한복판 I쪽으로 갈수록 L이나 M쪽으로 가는 일이 점점 어려워지는 것이다. 이리하여 공간 LIM의 전체가 똑같은 소구로 채워져 있을 경우에는 그러한 소구의 작용선(作用線)이 그 공간 속에서 분배되는 방식은, 내가 구면 EBG(제17도 참조) 속의 혜성의 광선에 대해 말했던 것과 마찬가지이다.

이상의 점에 관해 만일 여러분들이 구 N, P, H, P 및 1, 2, 3, 4 등등(제18도 참조)의 사이에 존재하는 상위는, 구면 EBG(제17도 참조)를 구성하는 제2원소의 여러 입자와 태양의 바로 위의 주변에 있는 여러 입자와의 사이에 존재한다고 내가 가정한 것보다도 훨씬 크다고 반론한다면, 나는 다음과 같이 대답한다. 즉 이 반론에서 지적되고 있는 점으로부터 끌어낼 수 있는 귀결은, 이 구 EBG의 내부에서는 소구 1, 2, 3, 4……가 구성하고 있는 구의 내부에서만큼의 굴절은 생기지 않는다고.

그런데 나는 다음과 같이 대답할 수도 있다. 즉 이 구면 EBG의 바로 아래에 있는 제2원소의 여러 입자와 좀더 아래쪽의 태양 가까이에 있는 여러 입자와의 사이에 더 많은 차이가 있다면 이 굴절은 광선이 좀더 깊이 침투해 감에 따라 더욱더 증대하는 것이고, 따라서 이 굴절은 광선이 지구 DA의 구면에 도달했을 때에는 소구 1, 2, 3, 4……를 미는 활동의 굴절과 같은 정도의 것이 되거나 또는 보다 큰 것이 되기조차 하는 것이라고.

왜냐하면 지구 DA의 구면 주위에 있는 제2원소의 여러 입자는 구면 EBG의 제2원소의 여러 입자와 비교해 볼 때 소구 1, 2, 3, 4……를 다른 구 N, P, H, P

에 비교한 경우와 같을 정도로 작다고 하는 것이 사실인 것처럼 생각되기 때문
이다.

※ 이하의 원본이 밝혀지지 않고 있다.《세계론》은 갈릴레이가 지동설로 인해 단죄된 것과 때를
같이하여 완성되었는데, 데카르트는 지동설의 진리가 이 책의 체계 전체에 관련이 있다고 판단하
여 출판을 단념했다가 후에 발표했다. 이 단계에서 저자 자신이 부분적으로 삭제한 것이 아닌가
추측되는데 확실하지는 않다.

옮긴이의
말

데카르트(Descartes, René)는 1596년 프랑스에서 태어나서, 1650년 스웨덴에서 삶을 마감했다. 데카르트 사상의 중심에 나오는 세계는 자연적 우주로서, 당시 유럽의 군사 문제 및 정치 문제는 아니지만, 그의 삶은 17세기 전반, 특히 30년 전쟁의 유럽 전체를 배경으로 영위되었다. 그러므로 시대의 정치 문제나 군사 문제의 중심에 의외로 밀착된 채 살고 있었다고 할 수도 있다.

데카르트가 태어난 프랑스는 16세기 후반에 구교도와 신교도간의 내전을 경험했는데, 당시의 국왕 앙리 4세는 프랑스를 구교국(舊敎國)으로서 안정시켰고, 재상 리슐리외는 안정을 더욱 공고히 했다. 그러나 신교도의 세력도 만만치 않았다.

데카르트의 아버지는 브르타뉴의 고등법원 법관이었고, 소귀족이었다. 즉 그는 온전한 법관 귀족으로서, 말하자면 왕권에 충실한 인물이었던 것이다(데카르트도 정치적으로는 그와 같은 사고방식을 평생 갖고 있었다).

리슐리외는 프랑스의 재상이었으나, 내면적으로는 독일이나 스페인과 같은 구교국에 대항하여 은밀히 국내의 신교도를 지원함으로써 프랑스의 국력을 신장시키려는 계획을 갖고 있었다. 이 때문에 '30년 전쟁'이 일어나자 관망적 태도를 취하며 거기에서 저절로 이득을 얻고자 했던 것이다.

학문에의 의문

데카르트는 생후 1년 만에 어머니를 잃었는데, 아버지는 어린 그에게 남다른 기대를 가졌다. 그리하여 데카르트는 라 프레시 학원과 푸아티에 대학에서 공부할 수 있었다.

데카르트는 물론 우수한 학생이었다. 학원장과 친척 관계에 있는 그에게는 비교적 시간이 많이 주어졌는데, 몇 개의 강의에는 출석하지 않아도 좋다고 인정했던 모양이다. 게다가 건강상의 이유로 기숙사에서 아침 잠이 허용되었는데, 이것이 습관이 되었다. 잠이 깨었을 때 갑자기 일어나는 것은 좋지 않다는 설을 따라 침대에서 사색을 하는 것이 습관화되었던 것이다.

그러나 데카르트는 처음부터 학자가 될 생각은 없었다. 그러나 아버지는 그를 꿋꿋한 현실인으로 완성시켜, 아마 자기와 같은 법관이 되도록 하고자 했던 것 같다.

데카르트가 학문에 열성을 갖지 못했던 것은 학문에 대한 '의문' 때문이었다. 즉 그는 선생들로부터 '학문은 인생에 쓸모가 있다'고 배운 일이 아무런 쓸모가 없다는 데 실망했던 것이다. 데카르트는 《방법서설》에서 그 이유를 학교에서의 학문 비평으로서 명백히 말하고 있다.

먼저 인문학(人文學)에서, 옛날의 이국의 고사(故事)를 너무 자세히 알면 자기 나라의 현재 사항에 관해 판단을 할 수 없게 된다고 하였다. 역사가 교훈을 준다고는 하지만, 애당초 역사라는 것은 사실을 선택하고 사실의 어떤 것만을 중요시하여 씌어지는 것이므로, 전체의 사태가 실제로 있었던 대로는 제시되지 않는다. 그런 역사가 주는 교훈에 쫓아 지금 행동하게 되면, 이것은 기사도(騎士道) 수업을 실연(實演)하는 것과 같고 기교(奇矯)한 행동에 빠진다고 한다. 데카르트는 '역사는 학문이 아니고 이야깃거리에 지나지 않기 때문에' 우리들의 행위를 다스리는 데 도움이 되지 않는다고 생각하고 있었던 것이다.

이 점에 관련되어 인문학에 대한 데카르트의 최대 불만은 그 도덕론에 있었다. 인문학자란 중세 이래 그리스·라틴 어의 책을 읽고, 라틴 어로 훌륭한 문장을 쓸 수 있는 사람을 가리켰는데, 15,6세기부터는 도덕 교사라는 위치를 차지하고 있었다. 그리스도교의 도덕 신학의 범위를 차츰 벗어나 고대 이교의 도덕론이 새로이 조명되고, 그것을 논하는 것이 인문학자의 소임이 되어 있었다.

이것에 대해 데카르트는 말했다.

"고대 이교의 도덕론은 덕을 매우 존중해야 한다는 생각을 갖게 해 주지만, 그 덕이란 어떠한 것인지를 알려주지는 않을 뿐더러 토대를 갖고 있지도 않아서 마치 사상누각과 같다."

데카르트는 확실한 학문적 인식을 바탕으로 한 도덕을 요구했으나, 그것은 인문학으로서 주어지지 않는 것이었다.

그래서 인문학에 이어 그는 3년간 스콜라 철학을 배웠다. 그리하여 데카르트는 '내용적으로 스콜라 철학의 형이상학이나 자연학의 어느 부분이 불만'인지 지적하지는 않았지만, 형식적으로 스콜라 철학의 논리가 빈약함을 지적하고 있다.

스콜라 철학의 체계적인 서술 방식은 진위(眞僞)가 질문되는 명제를 제시한 뒤, 먼저 그것을 거짓으로 하는 주장을 말하고, 이어 반대로 그것을 참으로 하는 주장을 들고, 끝으로 거짓으로 하는 주장에 대답하여 그 명제를 결국 참이라고 결론짓는 형식이었다. 그런데 이것은 또한 대학에서의 토론 형식이었다. 데카르트는 여기에 불만을 품었다. 즉 어떤 문제에 관한 토론에 있어 상대를 이기려는 동기가 우선 되고, 사항의 참을 명백히 한다는 목표를 잊게 되는 것이다. 그렇다면 '철학은 모든 것에 관해 그럴듯하게 말하고, 학문이 얕은 자의 칭찬을 받는 기술을 가르치는 것'에 불과하게 될 것이다. 그러나 또한 방법적·논리적 이유가 데카르트에게는 있었다. 그것은 위에서 말했듯이 찬성론과 반대론의 대비를 거쳐 결국 찬성론으로 결론짓는다고 할 경우 양론에 의해 성립하는 전제가 얼마쯤 고려되어 있는 셈이다.

그러나 스콜라 철학의 방식으로는 그 전제의 고구(考究)가 철저하지 못하고, 따라서 결론도 명백히 증명된다고는 할 수 없다. 만일 양쪽 주장의 전제가 철저히 음미되고, 그것이 진위의 명백한 전제에까지 이를 수가 있었다면, 당연히 어느 한쪽의 주장이 명백히 진실이고, 다른 것은 명백히 거짓이라는 결론에 도달할 것이 아닌가. 데카르트는 철학이 그와 같은 명백한 진리에 도달해야 한다고 생각했다. 그리하여 그 방법으로는 전제의 추구를 철저히 하는 것, 즉 '분석(전제에 거슬러 올라가는 것)'을 철저히 하는 것이었다. 데카르트는 스콜라 철학에 결여된 것은 그와 같은 철저한 '분석'이라고 주장했던 것이다.

이리하여 철학이 수학과 같을 만큼 명증적인 학문이라는 요구가 제시된다. 사실 데카르트는 학원에서 배운 학문 중 수학만이 지위가 분명한 진짜 지식이라고 인정하고 있었다.

데카르트의 '방법'은 이 분석 과정을 일반화시켜 수학뿐 아니라 자연학과 형이상학의 여러 문제에도 적용하고, 다시 그것에 의해 도덕도 다스릴 수 있다는 가능성을 예상했을 때, 비로소 정식화되는 것이었다. 그리하여 기하학의 '해석'은 역시 나중에 '증명'을 필요로 하듯이, 일반적으로 '분석'은 '종합'에 동반되지 않으면 안 되므로, 진리에 도달하기 위한 '방법'이란 먼저 '분석'에 의해 명백한 참된 전제(원리)에 거슬러 올라가고, 이어서 그 원리로부터 '종합'에 의해 문제가 되어 있는 주장에 이유를 부여하고 증명한다는 것이었다. 《방법서설》은 이것을 네 가지의 규칙으로 하여 제시하고 있다. 첫째, 명증적으로 참이라고 인정된 것만을 받아들일 것. 둘째, 문제의 분석을 충분히 실시할 것. 셋째, 분석이 도달한 단순한 진리로부터 순서를 쫓아 복잡한 것에 이를 것(종합). 넷째, 문제로 삼지 않고 있던 점, 즉 누락한 점이 없는가를 조사할 것.

군대 생활과 네덜란드에서의 생활

　그렇지만 데카르트가 이와 같은 방법을 일반화시켜 포착할 수 있었던 것은 상당한 시간이 지난 후의 일이었다. 데카르트는 학교를 마치자 세상을 보기 위해 파리에 갔고, 이어 군인으로서 네덜란드에 갔다.

　'세상에 나가 여행을 한다는 것은 온갖 우연에 몸을 내맡기는 일, 운명이 내미는 갖가지의 사건 속에서 자기를 시험하는 일'이었다. 그곳에서는 판단을 그르칠 경우 즉시 벌을 받게 되며, 서재에서 사물에 대해 연구하는 것과는 다르다. 그곳에는 때로 유예가 허용되지 않는 사태가 있고, 불충분한 지식으로 판단할 경우도 있는데, 그것을 극복할 수 있는 것은 결국 의지력이다.

　그런데 데카르트는 실사회에서 개별적 경험에 의해 그와 같이 의지의 단련을 받았다 해도, 지성에 있어서는 그와는 달랐다. 데카르트는 제국 여러 지방 사람들의 갖가지 생활 방식이나 풍습을 보고 그곳으로부터 자기까지도 규정하는 원리를 새로이 아는 일은 없었다고 한다. 그가 제국 방랑에서 얻은 두 번째의 것은 다른 사람들의 생활이 각각 우연적 사정에 의한 '습관'에 지나지 않는다는 점에 대한 인식이었다. 국민성이라는 것도 그러한 것이었다.

　'같은 정신을 가진 같은 인간이 어려서부터 프랑스 인 또는 독일인 사이에서 양육되었을 때, 가령 중국인이나 식인종 사이에서 생활했을 경우와 어떤 차이를 보일 것인가.'

　이 점에 대한 자각은, 그와 같은 습관을 도외시했던 인간이 모두 이성적이라고 인정하는 일이었다. '우리들과 전혀 반대의 생각을 갖는 사람들이라고 해서 모두 야만적이고 거칠고 천한 것은 아니며 우리들과 똑같을 만큼, 또는 우리들 이상으로 이성을 사용하고 있다.'는 사실을 그는 여행에서 알았다.

　현실 사회의 다양성과 개별성 속에서는 확실한 지식의 원리가 발견되지 않았다. 오히려 그것은 인간 이성의 보편성을 알려주었고, 확실한 원리의 탐구는 자기 자신은 물론 타인도 균등하게 갖추고 있는 이성 쪽으로 향해져야 한다는 것이었다. 그리하여 데카르트는 세상이라는 책을 연구하여 얼마간의 경험을 획득하려고 애쓰며 몇 년을 소비한 뒤, 어느 날 "나 자신을 연구하자. 그리하여 내가 취해야 할 길을 택하기 위해 내 정신의 온 힘을 사용하자."고 결심했다고 말했다. 여기서의 '어느 날'은 1619년 11월, 독일의 한 여관에 머물러 있을 때였다.

이보다 앞서 데카르트는 지원 장교로서 네덜란드의 브레다로 가서 신교도의 군대에 몸을 던졌다. 이때, 네덜란드는 스페인과 1609년부터 12년 동안 휴전 상태에 들어가 있었으므로 전투는 없었다. 이 브레다 체재의 시기에 데카르트는 그곳의 학자 이사크 베크만과 알게 되었다. 베크만은 자연학을 수학적으로 구성하는 작업을 하고 있었다. 현대적 용어로 말한다면 물리학을 연구하고 있었던 것이다. 그는 갈릴레이나 가상디(Gassendi, Pierre, 1592~1655)와 비슷한 생각을 갖고 있었다. 모든 물체는 기본적인 입자로부터 구성된다는 원자론(原子論)의 입장을 취하고, 그와 같은 입자의 운동법칙을 수학적으로 생각함으로써 역학적 자연관에 이르고자 했던 것이다.

데카르트는 베크만과 의기투합하여 1618년의 마지막 두 달 동안 공동 연구를 했다. 공동 연구의 주제에는 유체의 압력 문제나 낙하법칙의 문제가 포함되었다. 데카르트는 베크만을 수학적으로 도왔으며, 베크만은 데카르트에게 수학적 자연관의 구상을 전했고, 수학이 목수나 석공의 기술에 도움될 뿐 아니라 전우주의 인식에 도움된다는 것을 깨닫게 해 주었다.

데카르트는 다음 해 봄 네덜란드를 떠나 독일로 향했고, 가을에는 커다란 사상적 전환을 경험했다. 이 무렵, 독일에서 전쟁이 일어나자, 데카르트는 참전하기 위해 네덜란드를 떠났는데, 그것이 30년 전쟁의 시작이었다.

그러나 데카르트의 마음은 군사와는 별도의 것, 즉 자신의 사상문제에 집중되었다. 그는 베크만에게 보내는 편지에서 "연속량과 비연속량을 불문하고 모든 양에 관한 여러 문제를 일반적으로 풀 수가 있는 새로운 학문을 생각한다."고 하였고, 기하학과 대수학을 하나로 하는 보편적 수학을 생각하기 시작했다고 하였다. 그리고 그것은 분석 방법의 일반화가 진행되고 있었음을 의미하는 말이기도 했다. 데카르트는 이때 자연학에 있어 베크만의 원자론적 견해(동시에 데카르트 자신의 뒷날의 견해)보다도 오히려 일종의 신비적·상징적인 사변(思辨)에 더 가까웠다. 파라켈수스(Paracelsus, Philippus Aureolus ; 1493~1541), 또 수학적 천문학자인 케플러에게서 볼 수 있는 신비적 자연철학에 접촉했던 것이다.

당시 독일에는 영묘한 지혜를 갖고서 세계의 전체적 개혁을 꾀한다고 일컬어지는 비밀결사대인 '장미십자회'란 것이 있었고, 그 사상은 파라켈수스의 사변적 자연철학을 표방하는 것이었다. 데카르트는 이 장미십자회에 강한 흥미를 나타냈고, "이 학자의 결사는 인간에게 새로운 지혜를, 즉 아직 발견되고 있지 않은 참된 학문을 약속한다."고 했다.

철학자의 삶

이 무렵의 데카르트는 자연학 및 형이상학 문제에 관해 일종의 신비적 상징주의에 기울고 있었다. 당시의 수기가 그것을 뒷받침하고 있다. "사물 속에는 단 하나의 활동력만이 있다. 즉 사랑이고 자비이고 조화이다……. 모든 물체적 형상은 조화에 의해 활동한다. 건조한 것과 뜨거운 것보다도 습기찬 것과 차가운 것이 많다. 그렇지 않다면 활동력이 너무나 빨리 이겨 버려, 세계는 오래 계속되지 못했을 것이다."

그런데 데카르트는 황제의 대관식을 구경한 뒤, 군대로 돌아가던 도중 겨울이 시작되어 어느 마을에 머무르게 되었는데, 거기서 하나의 계시를 얻었다. 즉 많은 사람들의 의견이 모여 탄생한 책의 학문은 불필요한 것이며, 양식 있는 한 사람의 인간이 눈앞의 사상(事象)을 선천적인 이성에 의해 이루는 추리가 오히려 진실에 가깝다는 생각이었다. 데카르트는 그 예로서 자연히 형성된 도시의 불규칙성보다 한 사람의 기사가 황야에 설계한 도시가 전체로서 훌륭하다든가, 또는 관습법의 집합보다도 한 사람의 입법자가 세운 간단명료한 법이 좋다고 했다. 이것은 참된 학문이 내적 · 논리적인 통일을 가져야 한다는 것뿐만 아니라 새로운 철학은 데카르트 혼자로서 시작되는 게 좋고, 또한 그 혼자서 이룩한다는 자신감의 표현이기도 했다.

이리하여 데카르트는 반성을 계속하고 학문의 방법과 자기의 생활 방침을 정했지만, 철학의 기초에 관해 어떤 결정을 내리기에는 아직 이르다고 판단하여 사실상 그 뒤 9년간 지적 방랑을 계속했다.

《방법서설》을 읽고 데카르트가 자신의 삶을 어떻게 보고 있었는가를 생각하면, 제1단계로 학원에서의 공부와 이어서 사회에 진출하여 깨달은 일이(제1부), 제2단계는 독일의 숙소에서 처음으로 철학자가 되기로 마음먹게 된 일로서, 이것은 방법과 생활 방침을 정하는 일이었다(제2부와 제3부). 그리고 제3단계로는 9년 뒤 네덜란드에서 철학의 기초인 형이상학부터 시작하여 자연학 · 인간학을 쌓아올리는 과정이 전개된다.

이러한 세 단계 중 제2의 단계는 독일의 '벽난로가 있는 방'에서의 반성으로서 풀이되고 있다. 이 기간은 데카르트 자신에게 있어 결정적 시기로, 그것을 좀더 자세히 설명한다면, 그는 1619년 10월부터 수개월 사이에 첫째로 분석 방법을 일반화하여 온갖 진리 획득의 절차로서 정식화했는데, 이것은 이미 말한 네 가지의 규칙으로 요약되었다. 둘째로 방법을 분명히 파악함과 동시에, 수학에 있어서는 기하학과 대수학의 새로운 대응이 데카르트에게 직관되고, 따라서 해석 기하학의 열쇠가 주어졌으며, 그때까지 풀리지 않았던 어려운 문제가 차례로 풀렸다. 그런데 셋째는 후일을 위해 그 본래의 추구하는 바인 철학의 기초를 굳히는 데 필요한 준비 작업에 전념하기로 했다고 설명한다.

'벽난로가 있는 방'에서의 이론적 반성의 상태는 이와 같은 것이었다. 그러나 이때 데카르트는 자기 자신의 생활 방침, 즉 새로운 방식의 철학자로서의 생활 방법에 관해서도 예상을 하고 있다. 그것이 《방법서설》 제3부에서 풀이된 유명한 '임시적 도덕'이다. 지금까지의 철학을 파괴하고 재구성하는 동안에도 역시 되도록 잘 살아나가야만 하므로, 임시로 생활 방침을 정한다는 것이다.

그것은 세 가지의 원칙으로 설명된다. 첫째는 자신이 태어난 나라의 풍습 및 어렸을 때부터 가르쳐진 종교를 지니며 중용의 의견을 따르는 일이고, 둘째는 그러면서도 자기의 결단을 분명히 하는 일이다. 이런 두 개의 원칙은 데카르트가 이미 세상에 나와 깨달은 일, 즉 모든 국민의 생활 방식의 차이는 '자연'에 의한 것이 아니고 인위의 '습관'에 의한 것이라는 점, 그러나 또 실생활은 개인의 유예를 용납하는 결단을 요구한다는 것을 내용으로 하고 있다.

특히 학문적 삶이 무엇을 목표로 하느냐를 규정하는 것은 제3의 격률이다. '항상 운명에 의해서보다도 자기에게 이기도록 힘쓰고, 세계의 질서보다도 오히려 자기의 욕망을 바꾸고자 힘쓸 것', 즉 '운명에 의해서보다도 자기에게 이기는 것'을 스스로에게 부여한 것은, 목표로 하는 철학에의 준비 자세를 갖추었다는 의미였다.

그런데 '벽난로가 있는 방'의 데카르트 사색에는 다음과 같은 것이 포함되어 있었다. 즉 학문에 있어서의 '분석 방법'이 어떤 의미로는 도덕의 문제에도 통용되어, 철학의 완성은 도덕마저도 '임시적 도덕'으로부터 '결정적 도덕'에 이르게 하리라는 전망이다. 애당초 분석의 방법이란 주어진 명제의 진위를 물어 그것의 전제를 탐구하고 명백히 진실이라고 인정되는 제1전제에 도달한 뒤, 이번에는 그

제1전제를 출발점으로 하여 단계를 쫓아 나아가며(이것이 '종합'이다), 끝으로 처음의 물음에 답변을 준다는 절차이다. 그러므로 이 답변은 처음에 문제가 된 명제의 긍정일 수도 있지만(이 경우 명제는 '증명'된다), 또한 부정일 수도 있다. 그래서 데카르트가 스스로의 생활 방침을 '임시적 도덕'이라고 할 경우, 그것을 주어진 문제라 간주하고, 앞으로의 철학적 탐구에 의해 그 전제에 거슬러 올라가며, 끝으로 그 '임시적 도덕'을 긍정하거나 부정하거나 어쨌든 분명한 해결로서의 '결정적 도덕'에 이를 수 있다고 생각한 것이었다. 따라서 이론뿐 아니라 도덕에 관해서도 이와 같은 분석 방법을 적용할 수 있기 위해서는 분석에 의해 구해지는 철학의 여러 원리는 이론적 진실을 제시함과 함께 실천적 선도 제시하지 않으면 안 된다.

데카르트의 반성은 이 점에 관해서도 매우 명쾌했고, "내가 취한 길이 내가 도달할 수 있는 온갖 인식을 확실히 획득할 수 있는 길임과 동시에, 또한 그대로 내가 지배할 수 있는 온갖 진실인 선을 확실히 획득할 수 있는 길이기도 하다."고 한다. 지난날 플라톤은 이 데카르트와 마찬가지로 분석 방법을 지혜의 전체에 적용하고 그 방법에 의해 도달되는 원리를 '이데아'라고 명명했는데, 그 여러 가지의 이데아의 정점에는 '선'이 반드시 있어야만 한다고 생각했다. 데카르트가 직면한 문제도 플라톤만큼 극적인 문제는 아니었지만, 같은 것이었다.

체계의 형성 전체로서 말하면, 데카르트의 철학은 '난로가 있는 방' 이후의 여행과 파리 체재 다음에 네덜란드로 옮겨간 뒤 수년간에 형성되었다. 그런데 데카르트의 철학의 기초를 생각하자면, 기록이 불충분한 최초의 시기에 대해서는 추측의 범위를 벗어나지 못한다. 그래서 첫째로 생각되는 일은 '벽난로가 있는 방'에서의 방법에 관해 반성의 출발점이 된 베크만의 자연학 사고 방식이다. 데카르트가 베크만에게서 배운 것은 원자론의 사고 방식이 세계 인식에 수학을 적용하는 일을 가능케 한다는 점이었다. 즉 감각적으로 알려지는 세계를 초월하여 기하학적 성질을 갖는 원자의 객관적 세계를 생각함으로써, 데카르트가 명증적으로 인정한 유일한 학문인 수학에 대한 새롭고 넓은 적용 영역이 열렸다는 사실이다.

하지만 둘째로 데카르트에게 있어서는 객관적 물질 세계가 감각적 경험을 초월한 지성의 경험이라는 점에서 베크만이나 갈릴레이에게 있어서보다 훨씬 큰 의미를 갖는다. 그에게 있어 객관적 세계는 감각적 사실에 대응하는 것으로서, 가설적으로 구성되는 것이 아니고 오히려 지성이 직접적으로 감각없이 아는 것이었다. 기하학은 실험을 필요로 하지 않지만, 그대로 물질 세계의 인식인 것이다. 이 점에서 데카르트는 갈릴레이보다도 케플러에 가깝다. 데카르트는 1625년 이후 파리 체류 기간 동안 역학보다도 기하광학에 전념하면서 빛의 굴절 법칙을 발견했는데, 광학에 대해서는 케플러를 스승으로 했다고 했다. 1633년에 완성된《세계론》을 보아도 중심 문제는 빛이었다.

우리들은 경험을 기다리지 않고 세계의 객관적 본질을 파악할 수 있다고 플라톤은 말했다. 플라톤은 이것에 덧붙여 "영혼이 아직 이 세상에 태어나기 전에 실재를 본 그 기억이 남아 있는" 것이라는, 반쯤 신화적인 설명을 했다. 그것에 대응하는 데카르트의 생각은 신이 우리들의 영혼에 참된 관념을 깃들이게 했다는 것이었다. 참된 관념이란 객관적 실재에 대응하는 관념이라는 것이다. 데카르트가 그의 초기 저작에서 "우리들 속에 학문의 씨앗이 있다."고 한 것이 그런 사고방식이다.《방법서설》에서도 세계론에 관해 말할 때 "신이 자연 속에서 단단히 정하고 있는 것이고, 한편 그 관념을 우리들의 정신 속에 단단히 새기고 있는 것이다."라고 한다. 이것이 '생득관념(生得觀念)'으로서 데카르트 형이상학의 기초가 되는 것이다.

데카르트는 또 파리 체류 중 아우구스티누스의 신학 전통에 접촉했다고 추정된다. 즉 이와 같은 그리스도교 신학과의 접촉에 의해 데카르트의 철학에는 지성의 플라톤주의와 병존하는 또 하나의 요소가 두드러진다. 즉 지성에 대한 의지의 의

의가 새삼 문제로 되는 것이다. 그것은 첫째, 신 그 자체에 관해 지성과 의지의 어느 쪽을 존귀한 것으로 생각하느냐 하는 문제였다. 즉 우리들의 정신 속에 진리를 깃들이게 한 신은 그 자신의 지성 속에 진리의 원형(이데아)을 갖고 있지만, 이 신적 진리는 신의 의지에 의해서도 좌우되지 않는 것인가, 혹은 오히려 신의 의지가 자유롭게 정해진 것인가 하는 문제였다.

그런데 데카르트는, 신은 우리들의 마음에 진리를 깃들이게 하였을 뿐 아니라 신은 그와 같은 진리를 자유롭게 정했으며, 만일 신이 원한다면 '2 + 2 = 4'가 아닌 듯이 할 수도 있었다. 즉 이성적 진리도 신의 자유로운 창조라는 것이다.

그렇지만 둘째, 자유 의지의 문제는 물론 좀더 직접적으로 우리들 자신에게 있어서도 존재한다. 우리들의 자유 의지의 존재는 신의 섭리(이것이 이성인가, 의지의 결정인가는 앞에서 문제가 되었다)와의 관계에 있어 하나의 경이였고, 기적이라고 데카르트는 생각했다. "신은 세 가지의 기적들, 즉 무로부터의 창조, 자유 의지, 신인(神人)을 이룩하셨다." 그러므로 이 기적을 어떻게 생각하는가는 아우구스티누스 이래 신학적 으로 큰 문제였던 것이다.

데카르트는 베크만이나 갈릴레이와 마찬가지로 자연을 감각에 나타난 모습에 있어, 아리스토텔레스의 사고 방식을 초월하여 수학적·기하학적으로 포착하려 했고, 넓은 의미로서의 원자론적 견해를 취하려고 했다. 하지만 그는 베크만이나 갈릴레이와는 달리 수학적으로 그려지는 물질 세계가 바로 실재라는 이유를 플라톤주의에 의해 주려고 한다. 바꾸어 말하면, 원자론적 세계를 지성의 직관에 의해 실재로서 직접적으로 파악하려는 요구를 가졌던 것이다.

그래서 먼저 감각이나 사상에 의존하는 지식을 근본적으로 비판하는 작업이 필요했는데, 이것이 '회의'이다. 그것을 대담하고 근본적인 방법으로 행해야만 하고, 어떤 인식의 방법에 허위가 끼여들 가능성이 조금이라도 있다면, 그 인식의 방법 전체를 거짓으로 간주해 버려야 한다고 생각한다.

그러나 이 거짓이라고 생각하는 나 자신은 그 무엇이지 않으면 안 된다. 그것도 필연적으로 그렇다고 인정되는 것이. 이리하여 "나는 생각한다, 그러므로 나는 존재한다."는 제1원리가 도출(導出)되었던 것이다.

고전으로 미래를 읽는다 015

방법서설(성찰 · 세계론)

초판 발행 _ 1989년 5월 25일
중판 발행 _ 2016년 2월 5일

옮긴이 _ 권오석
펴낸이 _ 지윤환
펴낸곳 _ 홍신문화사

출판 등록 _ 1972년 12월 5일(제6-0620호)
주소 _ 서울시 동대문구 용두 2동 730-4(4층)
대표 전화 _ (02) 953-0476
팩스 _ (02) 953-0605

ISBN 978-89-7055-684-0 03160